Ullstein

ÜBER DAS BUCH:

Dem sensationellen Welterfolg der *Möwe Jonathan* folgte *Glück des Fliegens,* ein Buch, das wiederum viele Menschen begeisterte. Auch Richard Bachs drittes Buch hat mit dem Glück des Fliegens zu tun: Noch einmal werden die verwehten Spuren der Himmelsstürmer und Schauflieger der zwanziger Jahre freigelegt. Mit zwei Freunden machte Richard Bach sich daran, einen ganzen Sommer lang mit einem Doppeldecker durch den amerikanischen Mittleren Westen zu trampen. Hunderte von Männern, Frauen und Kindern entdeckten durch ihn die Wunderwelt des echten Fliegens, und für Bach selbst war es die bedeutungsvolle Wiederentdeckung der wahren Schönheit und Stärke seines Heimatlandes und seiner Bewohner.

DER AUTOR:

Richard Bach, 1935 in Oak Park, Illinois, geboren, entdeckte seine Liebe zur Fliegerei bereits mit siebzehn Jahren. Mit achtzehn wurde er zum Jetpiloten ausgebildet. Er war Schauflieger und Fluglehrer und publizierte Hunderte von Aufsätzen über seinen mit Leidenschaft ausgeübten Beruf, bis er mit seinem ersten Buch, *Die Möwe Jonathan,* einen weltweiten Erfolg errang.

Richard Bach

Vagabunden der Lüfte

Mit Doppeldecker und Schlafsack durch die USA

Ullstein

ein Ullstein Buch
Nr. 23363
im Verlag Ullstein GmbH,
Frankfurt/M – Berlin
Titel der amerikanischen Originalausgabe:
Nothing by Chance

Published by arrangement with Alternate Futures Incorporated, c/o Richard Bach and Leslie Parrish-Bach, William Morrow and Co., 1350 Avenue of the Americas, New York, NY 10019, USA.
Ins Deutsche übertragen von
D. von Olleschik

Neuauflage von UB 33002

Umschlagentwurf:
Theodor Bayer-Eynck
Illustration: Steve Noon
c/o Garden Studio

Printed in Germany 1994
Gesamtherstellung:
Ebner Ulm
ISBN 3 548 23363 5

Oktober 1994
Gedruckt auf alterungsbeständigem Papier mit chlorfrei gebleichtem Zellstoff

Vom selben Autor
in der Reihe
der Ullstein Bücher:

Glück des Fliegens (20711)
Die Möwe Jonathan (20897)
Illusionen (22117)
Brücke über die Zeit (22278)
Der unsichtbare Ring (23161)
Meine Welt ist der Himmel (23305)

Die Deutsche Bibliothek –
CIP-Einheitsaufnahme

Bach, Richard:
Vagabunden der Lüfte : mit Doppeldecker und Schlafsack durch die USA / Richard Bach. [Ins Dt. übertr. von D. von Olleschik]. – Neuaufl. von UB 33002. – Frankfurt/M ; Berlin : Ullstein, 1994
(Ullstein-Buch ; Nr. 23363)
Einheitssacht.: Nothing by chance
<dt.>
ISBN 3-548-23363-5
NE: GT

Kapitel 1

Unter meinen Tragflächen schimmerte der Flußlauf wie dunkler, königlicher Wisconsin-Sommerwein hervor. In tiefem Purpur ergoß er sich von einer Seite des engen Tales zur anderen, um dann wieder hinüberzuwechseln. Eine helle Landstraße übersprang ihn dabei fast spielerisch ein oder zweimal und dann wieder, als webe dort unten irgend jemand wagemutig mit einem kräftigen Faden aus steinhartem Zement.

Wir flogen eine Zeitlang an diesem Band entlang und sahen dabei vereinzelte Dörfer aus den frischen Farben des jungen Grüns hervorleuchten; und es sah ganz so aus, als seien die zugehörigen Bäume gerade im sauberen Landwind reingewaschen worden. Überall erblickten wir diese Anzeichen des sommerlichen Schmuckes; doch für uns bedeutete es zusätzlich auch noch, den Einstieg in das »Große Abenteuer« gefunden zu haben.

Zweitausend Fuß* über Grund umgab uns die scharfe, kühle Luft wie geschmolzenes Silber, und sie reichte noch so hoch über unsere zwei Maschinen hinaus, daß sich darin ein emporgeschleuderter Stein gewiß für immer verloren hätte. Und ganz oben ließ sich sogar noch eben ein wenig vom tiefen Stahlblau des freien Weltraumes erfassen.

Die beiden anderen Kameraden vertrauen mir völlig, dachte ich, und dabei habe ich noch nicht die geringste Ahnung, wie das alles weitergehen soll. Es spielt aber auch gar

* Die Höhenangaben in der Fliegerei sind meist in Fuß gegeben. 1 Fuß = 30,48 cm.

keine Rolle, wie oft ich ihnen das schon gesagt habe; denn sie denken immer noch zuversichtlich, daß ich schon wissen werde, was ich tue. Schließlich sei das Ganze ja auch mein Einfall gewesen. Aber eigentlich hätte ich ihnen wirklich raten müssen, doch besser zu Hause zu bleiben!

Und jetzt schwammen wir in der klaren Silberluft leicht und verspielt dahin wie zwei Elritzen im weiten Meer. Das schlanke, sportliche Flugzeug mit Paul Hansen am Steuer schoß ab und zu eilig vor; aber es kurvte dann stets wieder rechtzeitig ein, um sich in Sichtweite meines knallrot und gelb gespritzten, langsam dahinziehenden Doppeldeckers mit seinem offenen Oldtimer-Cockpit zu halten.

Wir hatten unseren Maschinen den Weg freigestellt, wie man vielleicht einmal Pferden die Zügel schießen läßt; und so suchten sie sich jetzt einen Weg zurück in jene »alten Tage«, und wir ließen uns einfach mitnehmen und waren gespannt, diese »goldene Welt« der herumziehenden Showflieger der dreißiger Jahre neu zu entdecken. Und in diesem einen Punkt waren wir uns völlig einig gewesen: Irgendwo da draußen mußten sich die »großen Tage« der Himmelsstürmer noch einmal wiederfinden lassen!

Ruhig und vertrauensvoll peilte Stuart Sandy McPherson mit seinen neunundzwanzig Jahren vor mir über den gepolsterten Seitenrand seines Cockpits und blickte dabei durch seine goldbraune Springerbrille bis auf den Grund dieses Meeres aus kristallklarer Luft.

»Bei den Showfliegern waren doch auch stets ein paar Fallschirmspringer dabei, nicht wahr?« hatte er dazu gefragt. »Und diese Springer waren doch auch stets junge Kerle, die sich durchbeißen und ihren Lebensunterhalt damit verdienen mußten, daß sie die Eintrittskarten verkauften und Plakate aufstellten, nicht?« Ich hatte das ebenfalls bestätigen müssen und mich ohnehin nicht zwischen ihn und seinen »großen Traum« stellen wollen . . . und ich sah, wie er jetzt ab und zu selbstversunken und glücklich vor sich hin lächelte, während er vor mir durch den Propellerwind nach unten blickte.

Wir flogen in einer Schockwelle mächtigen Donners einher; und das Dröhnen und Rattern meines *Wright-Whirlwind*-Sternmotors brach dabei genauso vehement und ungezügelt hervor, wie er das wohl schon im Jahre 1929, sieben Jahre vor meiner Geburt, getan haben mochte, als er noch brandneu war. Wir wurden in ganzen Wolken aus heißen Auspuff- und Schmierölgasen völlig ertränkt, und gewaltige Propellerböen schüttelten uns kräftig durch.

Anfänglich hatte Stu einmal versucht, mir ein einzelnes Wort über den Raum zwischen unseren Cockpits zuzurufen; aber der Wind hatte seine Laute einfach fortgerissen – seitdem hatte er das nie wieder versucht. Wir lernten daraus für uns, daß diese Himmelsstürmer beim Fliegen wohl nicht allzuviel miteinander gesprochen haben konnten.

Der Fluß machte jetzt eine scharfe Wendung nach Norden, und wir ließen ihn hinter uns, da wir über die sanft gewellten und grasbewachsenen Hügel, glitzernden Seen und unzähligen, einsamen Farmhäuser geradeaus weiterzogen.

Da waren wir also mitten in unserem »großen Abenteuer«! Wir drei und die zwei bescheidenen Flugzeuge stellten dabei den Rest einer Truppe dar, die sich im Frühjahr noch so vorgestellt hatte:

> *Die große amerikanische Flugshow . . . Spezialisten für wagemutige Kunstflüge . . . Authentische Luftkampfvorführungen . . . Aufregende und haarsträubende Flugkunststücke und der sensationelle Fallschirmsprung mit freiem Fall.*

Außerdem können Sie sich jederzeit durch unsere lizenzierten und erfahrenen Piloten selbst in die Lüfte tragen lassen, um sich ihren Wohnsitz einmal von oben anzuschauen ... Tausende unfallfreier Flüge ... Nur drei Dollar pro Flug!

Aber die anderen Teilnehmer und ihre Flugzeuge hatten doch stärkere Verpflichtungen in der modernen Gegenwart gehabt. Sie waren daher von Prairie du Chien in Wisconsin wieder in diese Gegenwart zurückgekehrt und hatten damit Paul, Stu und mich ganz allein in der Vergangenheit des Jahres 1929 zurückgelassen.

Falls wir also in dieser Vergangenheit tatsächlich überleben wollten, mußten wir nunmehr schleunigst Grasflächen und Viehweiden in der Nähe größerer Ortschaften ausfindig machen. Wir mußten eben unsere Kunststückchen alleine vorführen, das Risiko zu dritt auf uns nehmen und zusehen, wie wir trotz alledem immer noch genügend zahlende Passagiere finden konnten.

Bis jetzt hatten wir eindeutig festgestellt, daß fünf Flugzeuge – also gewissermaßen ein kompletter Luftzirkus – immer noch ganze Scharen von Schaulustigen an den Wochenenden anlocken konnten. Ob sich aber unter der Woche auch irgend jemand bereitfinden würde, nur wegen zweier alter Maschinen herauszukommen; noch dazu, wenn diese nicht einmal durch entsprechende Reklame vorher angekündigt waren? ... Unsere Benzin- und Ölversorgung, Verpflegung, das Suchen nach der Vergangenheit und überhaupt unsere ganze übrige Lebensweise hingen völlig davon ab. Aber wir wollten auch einfach noch nicht zugeben, daß die Tage echten fliegerischen Abenteuertums und der ganz auf sich allein gestellten Individualisten wirklich endgültig vorbei seien.

Kurz entschlossen hatten wir also alle unsere aeronautischen Karten zusammen mit der Zeit, der sie entstammten, fortgeworfen – und jetzt wußten wir daher auch gar nicht mehr so recht, wo wir uns eigentlich genau befanden. Inmitten des kühlen, silbrigen und aufgewühlten Luftstroms dachte ich darüber nach, ob wir wohl noch irgendwo über Wisconsin – oder doch schon im nördlichen Illinois sein mochten; denn viel enger ließ sich unser derzeitiger Standort beim besten Willen nicht bestimmen. Es gab für uns einfach keinen Norden oder Süden, Osten oder Westen, sondern nur noch diesen Wind, der von irgendwoher blies und vor dem wir jetzt langsam einhertrieben: Bestimmungsort unbekannt!

So kreisten wir hier einmal über einem kleinen Städtchen, dort über einer einladenden Wiese oder einem langgestreckten Seeufer und blickten dabei stets forschend nach unten . . . Es war ein ganz seltsamer Nachmittag ohne Wahrnehmung von irgendwelchen Himmelsrichtungen oder Entfernungen. Amerika lag einfach vor uns, von Horizont zu Horizont ausgebreitet, weit und groß und frei zugleich.

Als unser Treibstoff bereits ein wenig knapp zu werden begann, umkreisten wir dann endlich doch noch eine kleinere Ansiedlung mit einer Graspiste, wo es auch Sprit und einen Flugzeughangar zu geben schien, und ich entschied mich zur Landung. Eigentlich hatte ich ja immer noch auf eine richtig zünftige Heuwiese gehofft, da die alten Himmelsstürmer stets auf Heuwiesen zu landen pflegten. Dafür hatte aber der Ort selber mit einer gewissen geheimnisumwitterten Verlorenheit zu uns heraufgefunkelt . . .

Auf einem silbrigen Wasserturm stand dort der Name *Rio*, mit großen schwarzen Lettern.

Rio war ein baumbewachsener Hügel, der sich über die anderen flacheren Graskuppen der Umgebung erhob. Unter seinem intensiven Grün schimmerten einzelne Hausdächer und ein paar Kirchtürme hervor, die wie in der Sonne steil aufgerichtete Raketen aussahen. Die Hauptstraße schien sich nur über zwei Häuserblöcke zu erstrekken, um sich dann wieder zwischen Bäumen, Häusern und Feldern zu verlieren. Auf dem örtlichen Schulsportplatz tobte gerade ein Baseballspiel.

Pauls schnittiger *Luscombe*-Eindecker, der bereits bis auf die letzten Liter Benzin leergeflogen war, umkreiste die Landebahn schon recht ungeduldig. Er wartete nur noch auf uns, um auch ganz sicher zu gehen, daß ich meine Meinung nicht noch in letzter Minute ändern und ganz woanders hinfliegen würde. Gewiß hätten wir uns auch nicht so rasch wiedergefunden, wenn wir in diesem so weiten, unbekannten Land auseinandergeraten wären.

Der Landestreifen lag am Rande eines steileren Hügels, dessen erstes Viertel dabei eine so starke Neigung aufwies, daß er im Winter gewiß eine gute Skibahn abgeben mochte. Ich kurvte zur Landung ein und beobachtete dabei das Gras, wie es im Zeitlupentempo nach oben zu wachsen schien, um dann unsere Räder einzufangen. Rasch rollte ich bis vor eine verlassen daliegende Benzinpumpe und stellte den Motor bereits ab, während Paul noch einmal über uns hinwegbrauste, um dann ebenfalls zu landen. Seine Maschine verschwand dabei kurzfristig gänzlich hinter der Hügelkuppe, tauchte dann aber nach kurzer Zeit wohlhalten wieder auf und kam mit leise im Leerlauf tuckerndem Motor den Hang hinunter auf uns zugerollt. Als die beiden Motoren schwiegen, war zunächst weit und breit überhaupt kein einziges Geräusch zu hören.

»Ich hatte schon gedacht, du würdest überhaupt keinen Landeplatz mehr finden!« rief Paul, während er sich aus seiner *Luscombe* herausschälte. »Warum zum Teufel hast du bloß so ewig lange dazu gebraucht? Du bist mir vielleicht ein Navigator! Und warum hast du nicht überhaupt schon vor zwei Stunden einen passenden Landeplatz gefunden, he?«

Paul Hansen war ein breitschultriger, kräftig gebauter Mann, der sich als professioneller Fotograf ständig darüber ärgerte, daß das Image der Welt in Wirklichkeit längst nicht so schön war, wie es das seiner Meinung nach hätte sein sollen. Und unter seinem sorgfältig zurückgekämmten Schopf schwarzer Haare hatte er stets irgendwie das Aussehen eines alten Gauners, der sich jetzt ernsthaft um Rechtschaffenheit bemüht.

»Ach, wegen uns allein wäre das alles ja gar kein Problem gewesen«, erwiderte ich hintergründig und nahm dabei die Beutel an, die Stu mir von oben herunterreichte. »Aber einen geeigneten Platz zu finden, von dem auch du mit deiner Mühle wieder hochkommst ... tja, mein Lieber, *das* war eben dabei das Problem!«

»Was meinst du«, fragte Paul ganz gelassen, ohne die Stichelei wegen seiner Maschine weiter zu beachten, »sollten wir nicht gleich heute abend noch einen Versuch unternehmen – obwohl es dafür ja schon etwas reichlich spät ist? Aber wenn wir etwas zu essen haben wollen, sollten wir doch vielleicht noch versuchen, ein paar zahlende Passagiere anzulocken, oder?«

»Ich weiß nicht recht – hängt eigentlich nur von Stu und dir ab; denn du solltest ja für heute unser Boß sein.«

»Ach, Quatsch! Natürlich bin ich das nicht, und du weißt auch ganz genau, daß ich nicht der Boß bin ... das bleibst nun einmal du!«

»Na schön. Wenn ich dann also der Boß sein soll, dann würde ich sagen, wir starten noch einmal und legen ein paar Runden Kunstflug auf und warten einfach, was sich danach tut ... ehe wir den armen Stu über Bord stoßen.«

»Na, das heißt wohl auch, daß ich meine Maschine wieder entladen muß, wie?«

»Ja, Paul. Das heißt sehr richtig, daß du deinen Hobel leermachen mußt.«

Während er sich murrend dieser etwas mühseligen Aufgabe zuwandte, kam ein roter Farmwagen* von der Landstraße gerumpelt und bog dann in den Feldweg ein, der zu unserer Benzinpumpe führte. *Al's Sinclair Service* stand in großen Buchstaben auf der Seite des Wagens; und wie der gestickte Namenszug auf seiner Brusttasche zeigte, war der Fahrer offensichtlich Al höchstpersönlich.

»Na, das sind mir aber mal ein paar tolle Vögel!« rief Al lautstark zu uns herüber, während er die doppelwandige Stahltür seines Wagens scheppernd zuwarf.

»Tja, das sind sie wohl«, entgegnete ich betont leutselig, »schon 'n büschen alt, wie?«

»Na, das will ich aber meinen! Ihr wollt sicher auch etwas Benzin haben, wie?«

»Ja, aber erst später ... Kommen hier nur mal so vorbei ... machen ein wenig Showfliegen und so. Ob es wohl okay ist, von hier aus ein paar Passagiere durchzuschaukeln? Den Leuten ihre Stadt ein wenig von oben zu zeigen und so ...?«

Wir hatten jetzt eine klare Chance, fünfzig zu fünfzig: Er konnte uns entweder voll akzeptieren – oder aber völlig zu Recht vom Feld verweisen ...

»Aber sicher – das wäre gar nicht so schlecht! Gut, daß ihr da seid! Wäre übrigens für den Flugplatz gar nicht so übel, wenn ihr die Leute dazu bringen könntet, wieder mal herauszukommen ... die haben nämlich schon fast vergessen, daß wir einen haben!«

* Sog. »Pick-up truck«, ein sehr gebräuchlicher, vielseitig verwendbarer Kleinlaster.

Al blickte interessiert über den lederverkleideten Rand in das alte Cockpit.

»Showfliegen sagt ihr? Ist Rio denn dazu groß genug für euch?« Er sprach den Ortsnamen wie »Rei-oh« aus. »Bei ganzen siebenhundertsechsundsiebzig Einwohnern?«

»Ach, siebenhundertsechsundsiebzig ist gerade richtig für uns«, entgegnete ich aufgeräumt. »Wir gehn dann eben noch mal ein wenig hoch und zeigen ein bißchen Kunstflug ... danach wollen wir gern tanken. Stu, stellst du inzwischen schon mal die Plakate draußen auf der Zufahrtsstraße auf, ja?«

Der Junge nickte, ohne ein Wort zu verlieren, und nahm die Schilder auf; dann ging er damit ruhig in Richtung auf die Landstraße fort, um sich auf diese Weise sein Brot zu verdienen.

»Rundflüge drei Dollar«

stand darauf in roten Buchstaben vor weißem Leinenhintergrund.

Wir wußten genau, daß für Showflieger Passagiere die einzige Möglichkeit darstellen, um sicher zu überleben ... viele Passagiere! Und die einzige Möglichkeit, wie man auf der anderen Seite viele Passagiere anlocken kann, besteht nun einmal darin, daß man zunächst einmal ihre Aufmerksamkeit erregt. Wir mußten diesen fremden Leuten einfach klarmachen, daß da draußen auf ihrem Flugplatz urplötzlich etwas ganz Wildes und Wunderbares geschah, wie es das in der Art seit gut vierzig Jahren nicht mehr gegeben hatte ... und wie es das in dieser Form vielleicht auch nie wieder geben würde. Falls wir also in den Herzen all dieser Leute, die wir noch nie zuvor gesehen hatten, vielleicht tatsächlich einen solchen Funken Begeisterung entzünden könnten, dann würden wir uns auch einen weiteren Tank voller Benzin und vielleicht sogar auch ein paar Hamburger leisten können.

Unsere Motoren erwachten noch einmal brüllend zu neuem Leben und ließen ihr lautes Echo von den Blechwänden des Hangars widerhallen, während hinter uns zwei künstlich entfesselte Wirbelstürme das Gras völlig platt an den Boden drückten. Unsere Lederhauben sind festgeschnallt, die Schutzbrillen heruntergezogen, und dann rollen die beiden Maschinen schon mit Vollgas davon, springen ein paarmal über Bodenunebenheiten und erheben sich dann etwas schwerfällig in das tiefdunkle Blau des Abendhimmels, um dort gleich hungrigen Wölfen nach Passagieren zu jagen. Während wir dann über dem nahen Stadtrand hochziehen, schaue ich recht interessiert nach unten und beobachte die Zuschauer beim Baseball.

Noch vor ein paar Jahren hätte mich so etwas gar nicht gekümmert. Damals bestand mein Cockpit noch ganz aus Stahl und Glas und kompliziertem Elektronikgerät . . . und ich saß stolz in einem Jagdbomber der *US Air Force*, der gepfeilte Tragflächen besaß, in der Stunde bis zu zweitausend Liter Treibstoff verbrannte und damit im Sturzflug schneller als der Schall* sein konnte. Damals brauchte ich mir noch keine Gedanken um Passagiere zu machen; und falls es doch welche gegeben hätte, dann wären drei Dollar weder für einen Flug noch einen Start oder auch nur das Anlassen eines Triebwerkes ausreichend gewesen. Ja, das hätte wohl noch nicht einmal die Kosten für den Startwagen abgedeckt, der den Strom für das Anlassen erzeugen sollte. Außerdem würde man mehr als drei Kilometer lange Betonpisten und ein ganzes Heer von Mechanikern benötigen, um einen solchen Düsenjäger für das Showflie-

* Etwa 1200 km/h.

gen einzusetzen ... und man müßte ein Plakat mit folgendem Text aufstellen:

»Rundflüge für 12000 Dollar«

Aber wir hingen im Augenblick vollständig von solchen Drei-Dollar-Passagieren ab; sowohl für Treibstoff, Lebensmittel, Reparaturen als auch für unseren persönlichen Verdienst!

Dann begannen wir mit unseren »todesmutigen Kunstflügen« dreitausend Fuß über dem Sportplatz. Die weißen Tragflächen von Pauls Maschine flippten plötzlich nach oben, und ich bekam so für einen kurzen Moment die öl- und staubverschmierte Rumpfunterseite seiner Maschine zu sehen. Dann tauchte er im rasanten Sturzflug steil nach unten weg. Einen kurzen Augenblick später zog er jedoch die stromlinienförmige Nase seiner Maschine ebenso steil wieder nach oben und stieg immer höher, bis seine Nase genau auf die Nachmittagssonne zeigte und er so an meinem etwas schwerfälligen Doppeldecker vorbeizog. Daraufhin legte er seinen Vogel wieder ganz auf den Rücken, die Räder steil nach oben gereckt, um dann die Flugzeugnase wieder ganz nach unten durchfallen zu lassen und die Flugfigur auf diese Weise zu beenden. Falls er eine Rauchpatrone dabeigehabt und auch gezündet hätte, dann wäre von ihm ein völlig gleichmäßiger, senkrecht im Himmel stehender Looping nachgezeichnet worden.

In der Menge tief unter uns stellte ich mir mehrere nach oben gerichtete Gesichter vor. Wenn wir nur mit der Hälfte dieser Leute fliegen könnten – bei drei Dollar pro Person ...

Jetzt legte ich den Doppeldecker im Sturzflug in eine enge Steilkurve nach links und ließ ihn voll nach unten ausschießen, bis der Wind ganz schauerlich durch all seine Spanndrähte jaulte. Die schwarzgrüne Erde lag direkt vor meiner Flugzeugnase, während der Fahrtwind auf meine Lederhaube einschlug und die Brille vor meinen Augen vibrieren ließ. Dann zog ich den Steuerknüppel wieder rasch an den Bauch zurück, und der Erdboden fiel sofort scharf nach hinten zurück, während vor mir alles von blauem Himmel ausgefüllt war. Als ich jetzt wieder senkrecht nach oben schoß und dabei an meiner Tragfläche entlangblickte, schien sich der ganze Erdball langsam hinter mir zu drehen. Ich lehnte meinen Kopf fest gegen die Nackenstütze und beobachtete, wie sich die Felder, die winzigen Häuser und die vielen Spielzeugautos von hinten immer weiter nach oben verschoben, bis sie alle genau senkrecht über mir zu stehen schienen ... Häuser, Autos, Kirchtürme und ein Meer grüner Blätter – alles im farbechten Detail, während ich das bunte Bild über mir liegend betrachten konnte. In der Rückenfluglage verminderte sich der Fahrtwind, da die ganze Maschine sich nur noch langsam durch die Luft bewegte.

Sagen wir mal, daß wir mit rund hundert Leuten flögen ... das machte dreihundert Dollar oder hundert für jeden von uns – natürlich, noch ohne Sprit- und Ölkosten zu berücksichtigen ... Aber vielleicht kämen ja auch nicht ganz so viele; denn bei hundert wäre es fast jeder achte aus dem Ort ...

Der Erdball drehte sich langsam weiter, um endlich wieder in Normallage vor der Flugzeugnase aufzutauchen, während der Fahrtwind wieder in den Spanndrähten schrillte. Etwas weiter zur Seite versetzt, schien Pauls Maschine gerade mit steil aufgerichteter Nase in der Luft stillzustehen, und seine ganze Erscheinung wirkte wie ein riesiges Lot, das an einem langen Faden vom Himmel hing. Dann war es, als zerrisse diese Schnur plötzlich, und die Maschine kippte über ihre linke Tragfläche ab, um rasch wieder ebenso steil nach unten zu zeigen.

Dabei war das Ganze gar nicht so »todesmutig«, wie unsere Reklamezettel verhießen. Und so etwas gibt es eigentlich für ein Flugzeug auch gar nicht, solange es in seinem Element bleibt. Schwierig wird es stets nur immer dann, wenn sich ein Flugzeug mit der Erde verheddert.

Die beiden Flugzeuge taumelten jetzt über dem Stadtrand aus ihren Loopings über gesteuerte zu den gerissenen Rollen und sie verloren dabei allmählich an Höhe. Jede Minute Kurbelei brachte uns ein paar hundert Fuß näher an die vielfarbige Erde heran. Zu guter Letzt kam der Eindekker dann wie eine schnelle Rakete auf mich losgeschossen, und wir fingen mit dem »authentischen Luftkampf« an. Wir kurbelten dabei mit Rollen, Korkenziehern, Sturzflug und Sackflugtricks umeinander herum; und all diese Zeit wartete an meiner linken Tragflächenstrebe eine große, weiße Rauchpatrone auf ihren Einsatz.

So verschwamm für uns die Welt für ein paar Minuten ganz zu undefinierbarem Grün-Blau und brüllendem Fahrtwind, während die Häuser des Ortes einmal auf dem Kopf und dann wieder unter uns standen.

Nehmen wir einmal an, daß wir auf etwa zweihundert Dollar netto kommen; wieviel würde das dann für jeden von uns bringen? Was ergibt zweihundert geteilt durch drei?

Ich slippte* jetzt unter dem Eindecker durch, drehte dabei nach links ab und beobachtete, wie Paul sich darauf geschickt hinter den Schwanz des Doppeldeckers klemmte.

Was zum Teufel ergibt zweihundert durch drei?!

Über meine Schulter beobachtete ich genau, wie er stieg und stürzte, während er mir folgte . . . und wie er ganz hart kurven mußte, um bei den zwangsläufig enger geflogenen Spiralen des Doppeldeckers dranzubleiben.

* Sinkflug über eine Tragfläche.

Nun, wenn es vielleicht zweihundertzehn Dollar wären, dann ergäbe dann für jeden von uns siebzig Dollar ... siebzig Dollar ohne Benzin und Öl ... sagen wir also rund sechzig Dollar.

In dem wilden, kreischenden Hurrikan eines Sturzfluges mit Vollgas berührte ich jetzt kurz den Zündknopf, der sich zusätzlich an meinem Gashebel befand. Dichter, weißer Rauch quoll plötzlich unter meiner linken Tragfläche hervor; und so zog ich – »tödlich getroffen« – in einer steilen Spirale auf das Flugfeld zu und fing die Maschine erst knapp über den Baumwipfeln ab ... Soweit man diese Anzeichen vom Baseballfeld her beurteilen konnte, war dieser alte Zweiflügler soeben brennend zu Boden gegangen!

Und wenn es mit fünf Flugzeugen geklappt hätte – wenn auch nur recht kurzfristig –, dann sollte es einen Sommer lang vielleicht auch mit nur zwei Maschinen gutgehen. Schließlich brauchten wir ja auch nicht jeder sechzig Dollar. Das einzige, was wir wirklich brauchten, waren Benzin und Öl, und ein paar Dollar am Tag für unsere Verpflegung. Wenn wir das immer gerade schafften, dann könnte man diesen Sommer auch so wirklich durchstehen ...

Ich slippte zur Landung herein, nachdem die Rauchpatrone ganz ausgebrannt war, und rollte wieder den Hügel zur Benzinpumpe hinunter. Das ist der einzige Vorteil, wenn man »abgeschossen« wird – daß man immer als erster wieder an der Benzinpumpe ist. Während Paul gerade erst zur Landung anschwebte, strömte schon längst kühles, rotes Flugbenzin in meine Tanks ... Er stellte seinen Motor bereits ab, als er noch den Hügel herunterkam, und ließ dann die Maschine die letzten dreißig Meter mit stehender silberner Latte ausrollen. Durch das Geräusch des laufenden Benzins, das unter meinem Handschuh aus dem Zapfhahn herausfloß, hörte ich seine Reifen auf dem Kies knirschen, der zwischen Pumpe und Büro lag. Er blieb noch ein paar Augenblicke in seinem Cockpit sitzen, dann kletterte er sichtlich erschöpft langsam heraus.

»Menschenskind, du setzt einem mit deiner verdammten Kurbelei aber ganz schön zu! Mach es das nächste Mal doch bitte nicht allzu eng, ja? Ich habe nun einmal nicht so viel Tragfläche zur Verfügung wie du!«

»Ich mache doch nur so viel, daß es echt aussieht, Paul! Du möchtest doch auch nicht, daß es wie ein Kinderspiel aussieht, oder? Aber wenn du willst ... können wir die Rauchpatrone ja auch jederzeit an *dein* Flugzeug binden ...«

Ein Fahrrad schwenkte von der Straße her ein – zwei Fahrräder, die in voller Fahrt waren. Sie rutschten dann so hart zum Stillstand, daß ihre Hinterräder das Gras hochschleuderten. Die beiden Jungen darauf waren sicher erst elf oder zwölf Jahre alt; aber nach dieser spektakulären Ankunft sagten sie jetzt kein weiteres Wort, sondern standen nur einfach stumm da und starrten abwechselnd uns und die Flugzeuge an.

»Na, wollt ihr beiden fliegen?« fragte Stu mit einem ersten Versuch, seine Karten zu verkaufen. Bei der großen Show hatten wir sogar auch einen eigenen Kartenverkäufer gehabt. Komplett, mit Strohhut, Bambusstöckchen und einer Rolle mit goldenen Tickets ... aber das lag ja nun schon so weit hinter uns, und alles hing jetzt allein von Stu ab, dem eine ruhige, intellektuelle Überredungsweise mehr lag.

»Nein, danke«, entgegneten die Jungen zurückhaltend und beobachteten uns verstohlen weiter.

»Jetzt rollte ein Wagen aufs Gras und hielt neben uns an.

»Geh und schnapp sie dir, Stu-Baby!« rief ich ihm zu und machte mich bereit, den Doppeldecker wieder anzulassen.

Als der gute alte *Wright*-Motor wieder sanft und rund tuckerte, wie der Motor in einem der alten großen *Ford-T-Modelle*, kam Stu mit einem jungen Mann und einer Frau zurück, die sich gegenseitig ständig anlachten, weil sie so verrückt waren, mit dieser seltsamen Flugmaschine fliegen zu wollen.

Stu half ihnen in das breite Frontcockpit, wo er sie nebeneinander mit einem langen Sitzgurt festschnallte. Durch den Motorenlärm rief er ihnen noch zu, daß sie ihre Sonnenbrillen festhalten möchten, falls sie sich über die Windschutzscheibe hinausbeugen wollten. Mit dieser letzten Warnung stieg er dann von der Fläche herunter und ging uns aus dem Weg.

Falls sie tatsächlich Angst hatten, in dieser alten, klapprigen Maschine mitzufliegen, dann war es jetzt zu spät, noch einmal die Meinung zu ändern. Ich zog meine Brille herunter und schob den Gashebel ganz nach vorn. Jetzt waren wir alle drei plötzlich von dem unbändigen Lärmen des wildgewordenen *T-Modells* eingehüllt, das uns hundertfünfzig Stundenkilometer schnelle Winde um die Ohren blasen und die ganze Umwelt in grasgrüne Farben verschwimmen ließ. Anfänglich sprangen dabei noch die rasch schneller werdenden großen Räder dumpf krachend über den unebenen Boden. Dann blieb auch dieses Geräusch zusammen mit dem Erdboden zurück; und jetzt waren nur noch der reine Motorenlärm und der Propellerwind um uns herum, und Bäume und Häuser schrumpften zusammen.

Durch all diesen Wind und den Motorenlärm, das Rumpeln und Kleinerwerden der Erde beobachtete ich meinen Wisconsin-Burschen und sein Mädchen, um zu sehen, wie sie sich dabei veränderten. Trotz ihres Lachens hatten sie beide Angst gehabt; denn ihr ganzes Wissen über Flugzeuge stammte ja nur aus den Schlagzeilen der Zeitungen.

Ein Wissen um Luftzusammenstöße, Abstürze und Unfallopfer. Sie hatten aber mit Sicherheit noch niemals einen Bericht über kleine Flugzeuge gelesen, die ganz normal starten, durch die Lüfte fliegen und danach wieder sicher landen. Sie konnten also nur einfach darauf vertrauen, daß es trotz all der erschreckenden Zeitungsmeldungen möglich sein mußte; und allein auf dieses Vertrauen hin wagten sie ihre drei Dollar und setzten ihr Leben ein . . . und jetzt lächelten sie beide, riefen einander Unverständliches zu und schauten eifrigst hinunter.

Warum war das nur so ein schöner Anblick? War es vielleicht deshalb, weil Furcht häßlich und Freude schön macht? Vielleicht – denn nichts ist wohl so angenehm wie das Gefühl nach der Angst, wenn diese vergangen ist.

Die Luft roch nach Millionen zerdrückter Grashalme, und die Sonne senkte sich weiter herab, um sie von Silber in Gold zu verwandeln. Es war ein wunderschöner Tag, und wir waren alle drei glücklich, so durch den Himmel zu fliegen, als sei alles irgendein lichter, lärmender Traum. Und doch war alles wiederum so genau und klar, wie es ein Traum niemals sein könnte.

Wir waren jetzt schon fünf Minuten in der Luft und drehten gerade unsere zweite Runde um den Ort. Meine beiden Passagiere hatten sich inzwischen völlig entspannt und schienen jetzt in der Luft gänzlich zu Hause zu sein, waren sich dabei aber ihrer selbst gar nicht mehr bewußt, als sie so mit klaren Vogelaugen nach unten spähten.

Das Mädchen berührte jetzt seinen Begleiter leicht an der Schulter, um ihn auf die Kirche aufmerksam zu machen, und ich sah überrascht, daß sie einen Ehering trug. Es konnte noch gar nicht allzu lange her sein, daß sie beide gemeinsam aus der Tür jener Kirche in einen glückverheißenden Reishagel hinausgetreten waren. Und jetzt erschien sie ihnen nur wie ein kleines Spielzeug, tausend Fuß unter ihnen. Dieser winzige Block war alles? Aber – damals war er ihnen doch so groß erschienen, mit den Blumen und der Musik! Oder war es das nur, weil es ein so besonderer Anlaß gewesen war?

Wir gingen tiefer herunter, überflogen den Ort noch ein letztes Mal und glitten dann sanft über die Bäume hinweg nach unten, um zu landen. Sobald die Räder den Boden berührt hatten, ging der Traum in dem Rattern und Rumpeln zu Ende, das uns jetzt anstelle der weichen Luft umfing. Wir rollten immer langsamer und hielten zuletzt, wo wir den Flug begonnen hatten, während der Motor noch leise vor sich hin tuckerte. Stu öffnete hilfsbereit die kleine Seitentür und machte die Sitzgurte los.

»Vielen Dank«, sagte der junge Mann, »das hat wirklich Spaß gemacht!«

»Es war einfach wundervoll!« rief dagegen seine junge Frau ganz strahlend vor Begeisterung, da sie vergessen hatte, zunächst erst einmal wieder die Maske der Konvention über ihre Augen und Worte zu ziehen.

»War nett, mit Ihnen zu fliegen«, erwiderte ich darauf ganz förmlich, die eigene Maske schon wieder fest plaziert, und hielt meine eigene Freude tief in mir verschlossen ... Es hätte noch soviel mehr zu sagen und zu fragen gegeben!

»Sagt mir doch einmal genau, wie das für euch so beim ersten Mal in der Luft war ... War für euch der Himmel auch so blau und die Luft so golden, wie sie mir stets erschienen ist? ... Habt ihr auch dieses tiefe, intensive Grün der Wiesen gesehen, so als ob wir nach dem Start auf riesigen Smaragdfeldern dahintrieben? ... Werdet ihr euch in dreißig oder vierzig Jahren auch noch so deutlich daran erinnern?« Ich hätte das wirklich zu gern gewußt.

Aber statt dessen nickte ich nur kurz mit dem Kopf, lächelte und sagte einfach: »War nett, mit Ihnen zu fliegen ...« Und das war auch schon das Ende dieser Begegnung. Die beiden gingen immer noch lächelnd Arm in Arm zu ihrem Wagen hinüber.

»›Das war's!‹ rief Stu, während er langsam auf mich zukam. »Sonst will im Augenblick keiner mehr fliegen . . .«

Ich kam aus fernen Gedanken zurück . . . »Niemand mehr? Aber Stu, dort draußen stehen doch noch fünf weitere Autos!«

»Sie können doch nicht alle nur einfach zuschauen wollen.«

»Sie sagten, daß sie morgen fliegen wollen . . .«

Wenn wir doch nur noch alle fünf Maschinen beisammen hätten und mehr Betrieb wäre, dachte ich enttäuscht; dann würden sie gewiß noch heute fliegen wollen. Mit fünf Maschinen sähe man eben schon eher wie ein richtiger Luftzirkus aus . . . mit zwei Maschinen sind wir dagegen wohl nur ein reines Kuriosum!

Diese echten Oldtimer, mußte ich plötzlich denken. Wie viele sich von denen wohl tatsächlich als Himmelsstürmer und Luftzigeuner hatten durchschlagen können?

Kapitel 2

Alles war einfach und frei, und es ließ sich gut so leben. Die *Barnstormer* der zwanziger Jahre schwangen sich einfach mit ihren Maschinen in die Lüfte und flogen zu irgendeiner anderen kleinen Stadt und landeten dort auf einer Wiese. Und dann nahmen sie Passagiere zu Lustflügen mit und verdienten damit eine Menge gutes Geld. Wie frei sie gewesen sein mußten, diese Showflieger der alten Tage! Was für ein klares Leben das gewesen sein mußte . . .

Diese alten Himmelsstürmer hatten dabei versonnen ihre Augen geschlossen und mir dann von einer Sonne erzählt, die so frisch und gelb gewesen sei, wie ich das noch nie gesehen hätte . . . mit einem Gras, das so grün war, daß es unter den Rädern regelrecht funkelte . . . einem Himmel so blau und rein, wie es ihn heutzutage gar nicht mehr gebe . . . und Wolken, die in der Luft weißer als der Weihnachtsschnee aussahen! In den alten Tagen war Amerika eben noch ein Land, in dem sich ein Mann völlig frei bewegen konnte. Als er hinfliegen konnte, wo immer er wollte – und nur sich selbst darüber Rechenschaft geben mußte.

Ich hatte viele Fragen gestellt und den alten Veteranen aufmerksam zugehört; und tief in meinen eigenen Gedanken fragte ich mich, ob ein entschlossener Mann heutzutage nicht immer noch dasselbe fertigbringen würde . . . und zwar draußen im weiten und ruhigen Mittleren Westen?

»Ganz auf uns allein gestellt, Junge«, hörte ich sie stolz sagen. »Ja, das war verdammt schön! An den Wochentagen schliefen wir für gewöhnlich recht lange und arbeiteten dann bis zum Abendessen an unseren Maschinen; dann kamen die Leute, und wir flogen mit ihnen bis zum Sonnenuntergang und auch noch weiter in den Abend hinein ... Besondere Zeiten? ... Pah! Ein Tausend-Dollar-Tag war gar nichts Besonderes! An den Wochenenden flogen wir dann meist schon von Sonnenaufgang an und hörten kaum einmal vor Mitternacht auf ... Ganze Schlangen warteten aufs Fliegen! ... Großartiges Leben, Junge! ... Standen am Morgen auf, hatten uns einfach ein paar Decken zusammengenäht, mit denen wir unter den Tragflächen schliefen, standen auf und fragten einfach: ›Freddie, wo woll'n wir heute hin?‹ Und Freddie – der ist allerdings schon tot – ein hervorragender Pilot; aber er kam nicht mehr aus dem Krieg zurück ... und Freddie entgegnete einfach: ›Wie steht denn der Wind?‹ – ›Kommt heute aus dem Westen‹, sagte ich ... ›Dann laß uns eben nach Osten fliegen‹, entschied Freddie. Und wir ließen unseren alten *Hisso Standard* wieder an, warfen all unseren Krempel hinein – und weg waren wir, mit dem Wind, um Benzin zu sparen.«

»Natürlich gab es nach einer Weile auch mal Schwierigkeiten. Da war zum Beispiel das Jahr mit diesem großen Wirtschaftskrach, 1929 ... Danach hatten die Leute natürlich nicht mehr allzuviel Geld fürs Fliegen übrig, und wir mußten auf fünfzig Cent pro Flug heruntergehen, wo wir sonst leicht unsere fünf oder zehn Dollar hatten. Konnten davon kaum noch das Benzin bezahlen. Wenn wir zu zweit arbeiteten, mußten wir manchmal tatsächlich den Sprit aus der einen Maschine ablassen, um wenigstens die andere fliegen lassen zu können. Dann kam aber glücklicherweise der Luftpostverkehr auf und bald danach die Luftverkehrslinien, die auch jede Menge Flugzeugführer gebrauchen konnten ... Aber eine Zeitlang, als alles gut lief, ist das doch ein verdammt feines Leben gewesen. Ja, so von 1921 bis 1929 herum, da war es ziemlich gut. Alles zum ersten Mal und vor allen anderen tun können!«

Die alten Augen waren wieder geschlossen und schwelgten in den reichhaltigen Bildern der Vergangenheit.

Und dann hatte ich wieder zu grübeln angefangen . . .

Vielleicht waren diese guten alten Zeiten doch noch nicht endgültig vorbei, sondern warteten gerade jetzt dort hinter dem Horizont auf ihre Neuentdeckung. Falls ich noch ein paar andere, begeisterungsfähige Piloten und einige alte Maschinen auftreiben könnte . . . vielleicht ließen sich dann diese Tage doch noch einmal wiederfinden. Diese weite, freie Luft und die unbegrenzte Freiheit! Und falls ich damit beweisen könnte, daß ein Mensch doch immer noch seinen eigenen Weg wählen und auch seine eigene Welt und Zeit zum Leben aussuchen kann, dann könnte ich damit letztlich auch beweisen, daß die automatischen Walzstraßen, die blindwütigen Computerkolosse und all der hektische Aufruhr in den großen Städten eben doch nur die eine Seite des Lebens ausmachen. Und dazu auch noch eine Seite, die wir für uns nicht auszuwählen brauchten, es sei denn, wir wollten das ausdrücklich so. Ich könnte vielleicht sogar beweisen, daß Amerika in seinem Innersten doch noch nicht völlig umgewandelt worden ist; daß unter der rauhen Oberfläche der anderslautenden Schlagzeilen die wahren Amerikaner doch immer noch ein besonnenes, tapferes und liebenswertes Volk seien.

Als mein ungewisser, kleiner Wunschtraum bekannt wurde, beeilten sich nicht wenige Leute mit den unterschiedlichsten Ansichten, ihn sogleich wieder totzutrampeln. Immer wieder bekam ich zu hören, daß es sich dabei nicht nur um ein riskantes und törichtes Unternehmen handele, sondern daß das Ganze ohnehin völlig unmöglich und ohne jede Hoffnung auf Erfolg sei. Die guten alten

Tage seien nun einmal dahin . . . aber das weiß doch jeder! Na ja, vielleicht war das hier früher einmal ein gemütliches und freundliches Land; aber heutzutage erheben doch die Leute gegen jeden Fremden sofort scharfe Anklage, wenn er auch nur seinen Hut unmotiviert fallen läßt. Die Leute sind eben heute anders . . . Du landest da vielleicht auf der Heuwiese eines Farmers, und er läßt dich gleich wegen unbefugten Betretens ins Gefängnis werfen, nimmt dir das Flugzeug wegen angerichteten Flurschadens ab und beschwört zusätzlich, daß du das Leben seiner ganzen Familie ernstlich bedroht hast, als du tief über seine Scheune geflogen bist.

Heutzutage verlangen die Leute eben selbst das Schöne mit Komfort und Sicherheit! Du könntest sie sicher nicht einmal gegen Bezahlung dafür gewinnen, in einem vierzig Jahre alten Doppeldecker mit völlig offenem Cockpit zu fliegen, wo sie peitschenden Winden und spritzendem heißem Öl ausgesetzt sind. Und da erwartest du, daß sie für diese Mühsal auch noch bezahlen werden? Sicher würdest du dafür auch gar keine Versicherung finden; selbst Lloyd's in London würde so etwas wohl nicht unter tausend Dollar die Woche übernehmen. Showfliegen . . . nein wirklich! Bleib doch mit den Füßen ein wenig auf der Erde, mein Freund . . . dies sind immerhin die sechziger Jahre!

»Was hältst du von einem Sprung?« fragte Stu unvermittelt und holte mich damit wieder in das spätnachmittägliche Rio zurück.

»Wird schon etwas spät!« entgegnete ich, und die unglückverheißenden Stimmen der Zweifler schwanden. »Aber was soll's . . . ist eigentlich ein recht ruhiger, guter Tag dafür. Laß uns halt einen Versuch unternehmen.«

Stu war im Nu fertig. Er zwängte sich rasch und entschlossen in sein Gurtzeug, klinkte den Reservefallschirm vor der Brust ein, warf seinen Springerhelm auf den Vordersitz und bereitete alles für seinen Teil der Aufgabe vor. Dann zog er sich schwerfällig und behangen wie ein Tiefseetaucher, mit Schnappverschlüssen und Nylongurten über einem leuchtendgelben, einteiligen Springeranzug, in das vordere Cockpit hinein und schloß hinter sich die kleine Seitentür.

»Ich bin soweit!« rief er. »Laß uns starten!«

Es fiel mir schwer zu glauben, daß dieser Bursche, der so voller innerem Feuer steckte, Zahnmedizin studieren wollte. Ausgerechnet Zahnmedizin! Aber irgendwie würde ich ihn schon noch davon überzeugen, daß das Leben etwas mehr anzubieten hatte als die steril aufgebaute Sicherheit eines Zahnbehandlungszimmers!

Im selben Augenblick, als wir uns in die Lüfte schwangen und den Boden hinter uns ließen, sang ich plötzlich den alten Schlager *Rio Rita*, den Namen dabei ganz lang ausziehend. Mir fiel nur ein kurzes Stück der ersten Strophe ein, und ich wiederholte es immer wieder, während wir laufend an Höhe gewannen. Stu blickte mit einem seltsam entrückten Lächeln über die Seitenwand seines Cockpits und schien an etwas weit Entferntes zu denken.

»Rita ... rye-oh Rita ... nothing ... sweetah ... Rita ... oh Rita ...«

Ich stellte mir dazu all die Saxophone und das übrige Orchester durch das Donnern des Motors hindurch vor. Wenn ich an Stus Stelle wäre, würde ich jetzt wohl kaum lächeln. Ich würde sicher an den Erdboden denken, der dort unten schon wartete.

In 2500 Fuß drehten wir genau in den Wind und flogen so direkt über das Flugfeld zurück.

»Rye-oh Rita ... la dee ... deedah ... dahdee ... oh Rita ... my baby an' me, oh Rita ...«

Stu kam jetzt aus seinen fernen Gedanken zurück und peilte scharf über den Bordrand nach unten. Dann richtete er sich auf und ließ eine Rolle mit farbigem Kreppapier über Bord fallen. Sie verfehlte unseren Schwanz nur knapp und entrollte sich dann zu einem langen gelbroten Farbstreifen, der sich langsam nach unten schlängelte. Ich kreiste und stieg dabei weiter, während Stu dem Streifen aufmerksam nachblickte. Als er dann am Boden auftraf, nickte er zufrieden und lächelte mir kurz bestätigend zu.

Wir nahmen jetzt wieder Kurs auf das Flugfeld. Diesmal waren wir in 4500 Fuß. Mir grauste bei dem bloßen Gedanken, daß er nun tatsächlich freiwillig aus dem sicheren Flugzeug hinausspringen wollte. Es war doch ein verdammt langer Weg nach unten.

Stu öffnete seine Cockpittür gegen den Windstrom, während ich den Doppeldecker langsamer werden ließ, um für ihn den Winddruck etwas zu verringern. Es vermittelte mir ein eigenartiges Gefühl, dabei zuzusehen, wie er jetzt aus dem Vordersitz auf die Tragfläche kletterte und sich zum Absprung bereit machte, während wir gut anderthalb Kilometer hoch waren. Er schien fest zum Absprung entschlossen zu sein, und ich hatte plötzlich irgendwie Angst um ihn. Es liegt ein himmelweiter Unterschied zwischen den leicht hingeworfenen Worten über das Fallschirmspringen, solange man sicher auf dem Boden steht, und der Tatsache selber, wenn man erst einmal im Fahrtwind auf einer Tragfläche steht, gegen den mörderischen Luftstrom ankämpft und durch völlig offenen Luftraum auf die winzig kleinen Bäume und Häuser und das flach am Boden aufliegende Filigranwerk der Straßen hinunterblickt.

Aber Stu ging jetzt ganz in seiner Aufgabe auf. Er stand ruhig und sicher auf der Gummimatte über der Tragflächenwurzel, das Gesicht zum Heck der Maschine, und er wartete darauf, daß sein Zielpunkt am Boden in Sicht käme. Mit einer Hand hielt er sich dabei an einer Flügelstrebe fest und mit der anderen an der Seitenwand meines

Cockpits. Falls er dabei überhaupt etwas fühlte, schien er mir den Augenblick zu genießen.

Dann sah er das, worauf er die ganze Zeit gewartet hatte, den Mittelpunkt der Graspiste und den winzigen, kaum sichtbaren Windsack. Er beugte sich kurz zu mir herüber und rief: »Springe jetzt ab!« Und dann war er ganz einfach verschwunden!

Die Stelle, auf der er noch eben gestanden hatte, war völlig leer. Vor einem Augenblick hatte er noch mit mir gesprochen – und jetzt war er unwiederbringlich fort!

Einen Moment fragte ich mich fast, ob er denn überhaupt einmal bei mir im Flugzeug gewesen war. Ich blickte über die Seitenwand nach unten und sah ihn als winzige Figur mit ausgestreckten Armen und Beinen der Erde entgegenfallen. Aber irgendwie schien es mir mehr als nur ein bloßes Fallen zu sein. Irgendwie kam es mir schneller vor. Er schien förmlich auf den Boden loszurasen, als sei er aus einer Kanone abgefeuert worden.

Ich wartete lange, bis er von einem winzigen Kreuz zu einem bloßen Fleck geworden war. Sein Fallschirm öffnete sich immer noch nicht; und es war wirklich kein angenehmes Gefühl, hier so völlig hilflos auf den Schirm warten zu müssen. Nach einer schrecklich langen Wartezeit hatte ich plötzlich die Gewißheit, daß sich sein Schirm überhaupt nicht mehr öffnen würde ... Der allererste Sprung aus unserer Drei-Mann-Show – und sein Fallschirm versagte! Ich fror ein wenig bei dem Gedanken. Vielleicht war sein Körper jetzt schon dieser blattförmige Fleck neben dem Wäldchen am Platzrand ... oder jener andere dort beim Hangar? Mist! Wir hatten unseren Springer verloren ...

Dabei war ich gar nicht einmal wegen Stu selber traurig; denn er hatte ja schließlich gewußt, was er für ein Risiko einging, als er mit dem Springen angefangen hatte. Aber noch vor ein paar Sekunden hatte er dort neben mir auf der Tragfläche gestanden – und jetzt war er für immer fort!

Sein Hauptschirm mußte irgendwie versagt haben, und er hatte wohl den Reserveschirm nicht rechtzeitig aufbekommen. Ich zog den Gashebel zurück und ging in engen Spiralen herunter, während ich genau die Stelle im Auge behielt, an der er verschwunden war. Irgendwie war ich ein wenig geschockt, daß ich gar nicht traurig sein konnte. Es war einfach ein Jammer, daß es auf diese Weise und so früh in unserem Sommer passiert war. Aus war's mit der Zahndokterei!

In diesem Augenblick öffnete sich plötzlich tief unter mir sein Fallschirm. Es kam für mich genauso überraschend wie der Moment, als Stu so plötzlich von meiner Fläche verschwunden war: ein schlagartig aufgegangener orange-weißer Pilz, der sacht durch die Luft nach unten schwebte und dabei sanft im Wind dahintrieb.

Er lebte! Irgendwie hatte er es doch geschafft . . . hatte im letzten Augenblick noch den Reserveschirm aufbekommen. Hatte sich in letzter Sekunde vom sicheren Tode freigekämpft, dann die Reißleine gezogen und war dadurch dem Leben wiedergegeben worden. Er mußte jetzt jeden Augenblick unten aufkommen, mit einer wilden Story zu erzählen und dem Schwur, daß er nun nie wieder springen würde; aber der bunte Pilz stand noch lange in der Luft und trieb langsam dahin.

Wir, der Doppeldecker und ich, stürzten uns hinunter, daß die Spanndrähte sangen – und je näher wir dem Fallschirm kamen, desto höher schien er noch über Grund zu sein. Ich fing unseren Sturzflug bei 1500 Fuß ab und umkreiste den kleinen Mann, der an dünnen Strippen unter seinem mächtigen, pulsierenden Nylondom hing.

Er hatte sogar noch zuviel Höhe! Demnach hatte es

überhaupt gar keine Schwierigkeiten gegeben, und genausowenig hatte irgendeine Gefahr bestanden! Die Gestalt, die dort unter dem sicheren Nylondach baumelte, winkte mir zu und ich wackelte zur Antwort mit den Tragflächen – verwirrt und dankbar, daß er noch lebte. Und während ich ihn umkreiste, kreiselte auch sein ganzer Fallschirm, drehte und drehte sich um sich selbst, ein seltsamer, schwindelig machender Anblick.

Natürlich, der Blickwinkel! Deshalb konnte er jetzt noch so hoch oben sein, während ich mir so sicher gewesen war, daß er bereits tot auf dem Boden liege . . . der Blinkwinkel, aus dem ich ihm nachgeschaut hatte. Ich hatte ja fast genau von oben auf ihn hinuntergeschaut, und sein einziger Hintergrund war dabei natürlich die weite Erde gewesen. Sein Tod war also nur Illusion gewesen!

Er zog jetzt an einer der Fallschirmleinen, und der Schirm drehte sich rasch herum, eine Umdrehung nach links und dann eine nach rechts. Er konnte also sogar die Drehrichtung seines Schirmes genau bestimmen und fühlte sich in seinem Element sichtlich zu Hause. Es fiel mir sehr schwer zu glauben, daß dieser wagemutige Fallschirmartist derselbe sanftmütige, ruhige Junge sein sollte, der sich erst vor einer Woche so schüchtern unserem großen Luftzirkus angeschlossen hatte, als wir in Prairie du Chien angefangen hatten. Ich mußte dabei wieder an eine der Regeln denken, die ich als Erfahrung aus zwölf Jahren in der Fliegerei mitgenommen hatte; danach spielt es überhaupt keine Rolle, was ein Mann sagt oder wie er es sagt – sondern nur, was er tut und wie er es tut!

Auf dem Boden wuchsen jetzt Kinder wie Pilze aus dem Gras und strömten alle dem mutmaßlichen Landepunkt zu. Ich umkreiste den Schirm, bis er nur noch zweihundert Fuß über Grund war; dann hielt ich meine Höhe, während er das letzte Stück weitersank. Stu schwang jetzt seine

Füße noch ein paarmal hin und her – die letzten Übungen vor der Landung.

Jetzt schwebte er noch friedlich in der sanften Luft, und im nächsten Moment sprang ihm der Boden förmlich entgegen und traf ihn recht hart. Er fiel, machte eine Springerrolle und stand sofort wieder auf seinen Füßen, während der weite, weiche Nylondom seine perfekte Form verlor und um ihn herum zu Boden flatterte wie ein großes, verwundetes Riesentier der Lüfte. Das Monster verlor jetzt jegliche Gestalt und verwandelte sich in einen großen, farbigen Fetzen, der reglos am Boden lag. Und Stu wurde wieder der Stu im gelben Springeranzug, der mir ein beruhigendes Okay zuwinkte. Dann umringten ihn die Kinder.

Als ich danach mit dem Doppeldecker zur Landung einkurvte, merkte ich plötzlich, daß meine Maschine ein Problem hatte. Mein *Whirlwind* reagierte nicht mehr auf seinen Gashebel. Gashebel auf Vollgas . . . nichts! Ein wenig weiter nach vorn, und der Motor reagierte mit einem plötzlichen Aufbrüllen. Gashebel zurück . . . er dröhnte weiter. Ganz zurück . . . und er erstarb mit sehr unnatürlichem Klang. Höchstwahrscheinlich war irgend etwas mit dem Gasgestänge nicht in Ordnung. Sicher kein größeres Problem; aber damit konnte ich natürlich vorerst keine Passagierflüge machen!

Ich kam ziemlich abrupt zur Landung herein, schwebte über dem Hügel ein und stellte den Motor ab. Al vom *Sinclair Service* kam herüber.

»Mann, das war recht gut! Hier warten schon eine ganze Reihe Leute, die einmal mit dem Doppeldecker fliegen möchten. Das geht doch sicher noch heute nachmittag, oder?«

»Ich glaube nicht«, entgegnete ich langsam. »Wir beschließen den Tag immer gern mit dem Fallschirmsprung, damit alle mit einem guten letzten Eindruck nach Hause gehen. Wir sind aber ganz sicher morgen wieder hier, und ich würde mich sehr freuen, wenn die Interessenten dann wiederkommen würden.«

Was waren das nur für dumme Sprüche! Wenn das eine unserer Richtlinien sein sollte, dann hatte ich sie eben zum ersten Mal aufgestellt. Dabei hätte ich liebend gern bis zum Sonnenuntergang Passagiere geflogen; aber mit einem defekten Gasgestänge ging das ja nicht gut ... und ich wollte auch nicht gerade, daß sie unbedingt sahen, daß ich ihre Rundflugmaschine nach jedem kleinen Flug reparieren mußte.

Stu kam jetzt von seiner Zielmarke herüber, und der Doppeldecker zog dabei eine ganze Menge seiner Bewunderer an. Ich blieb neben dem Flugzeug stehen und versuchte sie davon abzuhalten, mir durch die Leinwandbespannung des Unterflügels zu treten, wenn sie hochstiegen, um einmal in die beiden offenen Cockpits zu schauen. Die meisten der Erwachsenen blieben hingegen in ihren Autos sitzen und schauten nur zu. Aber einige kamen dann doch noch näher heran, um sich die Flugzeuge anzusehen und um mit Paul zu sprechen, der gerade seine *Luscombe* polierte ... und mit mir, während ich auf die Kinder achtete.

»Ich war gerade bei dem Spiel der Unterliga, als ihr über uns wegbrummtet«, sagte ein Mann. »Mein Junge wurde dabei ganz verrückt; er wußte zuletzt gar nicht mehr, ob er nun auf das Spiel achten oder nach oben auf die Flugzeuge schauen sollte. Schließlich setzte er sich auf das Wagendach, und von da konnte er dann ungehindert beides sehen.«

»Euer Springer ... der ist aber noch ziemlich jung, nicht? Mich würde man ja nicht für alles Geld in der Welt dazu bringen, aus so einem Flugzeug herauszuspringen!«

»Ist das eigentlich alles, was ihr so für euren Lebensunterhalt tut, einfach so herumfliegen? Habt ihr auch Ehefrauen oder so etwas?«

Natürlich hatten wir Ehefrauen, und unsere Familien waren genauso in unsere Flugabenteuer verwickelt wie wir selber; aber wir hatten uns gedacht, daß die Leute so etwas nicht gerne hören würden. Showflieger können eigentlich vom Image her nur sorgenfreie, leichtfüßige, spaßliebende, helle und farbenfrohe Personen aus einer anderen Zeit sein. Wer hätte denn auch schon jemals von einem verheirateten Luftzigeuner gehört? Und wer könnte sich einen solchen Piloten an ein völlig normales Wohnhaus gebunden vorstellen?

Unsere Imagepflege verlangte einfach, daß wir diese Frage lachend abschüttelten und ein getreues Abbild lustiger Gesellen abgaben, die nicht den kleinsten Gedanken an den nächsten Morgen verwandten. Falls wir in diesem Sommer überhaupt an irgend etwas gebunden sein würden, dann wäre es wohl mit Sicherheit dieses Image einer totalen Freiheit ... und wir versuchten verzweifelt, auch danach zu leben.

Wir antworteten also meist mit einer Gegenfrage: »Ehefrauen? ... Können Sie sich eine Ehefrau vorstellen, die ihren Mann mit solchen Flugzeugen im ganzen Lande herumfliegen ließe?« Damit waren wir unserem Image wieder etwas mehr gerecht geworden.

Rio war durch unsere Ankunft wie verwandelt. Es hatte nur siebenhundertundsechsundsiebzig Einwohner, und gut ein Zehntel davon war am Abend nach unserer Ankunft auf dem Flugfeld. Und ausgerechnet jetzt war der Doppeldecker aus dem Verkehr gezogen! Dann ging auch die Sonne unter, und die Menge verlief sich langsam in der Dunkelheit ... und zuletzt waren wir mit Al ganz allein übrig.

»Ihr Jungs seid für diesen Platz das Beste, was er jemals

erlebt hat«, sagte er ganz bedächtig, während er zu seinem eigenen Flugzeug im Hangar hinüberblickte. Er mußte nicht sehr laut sprechen, um an diesem milden Wisconsin-Abend weit gehört zu werden.

»Viele Leute würden ja sicher auch gern unsere Cessnas fliegen; aber sie sind sich nicht darüber im klaren, ob wir auch sicher genug sind. Dann kommen sie hierher und sehen, daß ihr eure Maschinen wie die Irren herumreißt und auch noch von den Tragflächen springt . . . und dabei wird ihnen oft plötzlich klar, daß *wir* wirklich sicher sind!«

»Wir sind froh, Ihnen so aushelfen zu können«, fügte Paul trocken hinzu. Die Baumfrösche fingen gerade ihr helles Quarren an.

»Wenn ihr wollt, könnt ihr heute nacht hier in meinem Office bleiben. Ich gebe euch noch einen Schlüssel. Ist vielleicht nicht das Allerbeste; aber es schlägt das Draußenschlafen bei weitem . . . vor allem, wenn es regnet.«

Wir nahmen das Angebot gern an und trugen unsere Berge von Habseligkeiten hinein, um den Fußboden des Büros mit einer wild zerklüfteten Lage aus Fallschirmen, Stiefeln, Schlafsäcken, Notgerät, Seilen und Werkzeug auszulegen.

»Ich kann immer noch nicht begreifen, wie wir all dieses Zeugs immer wieder in unsere Flugzeuge bekommen«, seufzte Paul und setzte die letzte von seinen Kamerakisten ab.

»Falls ihr mit in die Stadt wollt«, sagte Al aufmunternd, »ich fahre jetzt rein. Nehme euch gern mit.«

Wir willigten sofort ein; und als die Flugzeuge ordnungsgemäß abgedeckt und festgezurrt waren, sprangen wir auf die Ladefläche des *Sinclair*-Lkw. Unterwegs teilten wir unsere Tageseinnahmen, während der Fahrtwind auf uns einpeitschte. Zwei Passagiere zu je drei Dollar.

»Es ist schon gut«, meinte Stu trocken, »daß nicht alle

Maschinen von Prairie du Chien dabeigeblieben sind. Wenn man sechs Dollar durch zehn teilen müßte, bliebe für den einzelnen wohl nicht sehr viel übrig.«

»Sie hätten aber zum Beispiel gut diese anderen Passagiere fliegen können«, brummte ich.

»Ich mache mir deswegen keine Sorgen«, meinte Paul zuversichtlich. »Irgendwie habe ich es im Gefühl, daß wir auch ganz allein recht gut zurechtkommen werden. Und wir haben übrigens auch heute schon genügend Geld für ein Abendessen verdient . . . und das ist doch eigentlich das einzige, worauf es ankommt . . .«

Der kleine Lkw hielt an der *Sinclair*-Tankstelle, und Al zeigte auf eine A-&-W-Snackbar, die einen Block weiter unterhalb lag.

»Dort ist am längsten offen. Ich glaube, sie schließen erst gegen zehn. Und wir treffen uns dann morgen wieder auf dem Flugplatz, okay?«

Al verschwand danach in seiner dunklen Tankstelle, und wir gingen zu dem bezeichneten *Root-Beer**-Stand. Jetzt wünschte ich mir schon fast, daß wir dieses Showflieger-Image nach Belieben auch wieder ablegen könnten; denn am Rio-A-&-W-Stand beobachteten uns alle Drive-in-Kunden so genau, als seien wir Tennisbälle, im Zeitlupentempo aufgenommen.

»Ihr seid doch die Leute mit den Flugzeugen, nicht?« Die Bedienung, die uns jetzt den hölzernen Picknicktisch ans Auto hängte, war ganz ergriffen; und ich hätte ihr am liebsten gesagt, daß sie das einmal ganz vergessen solle und doch bitte so tun möge, als seien wir ganz normale Kundschaft. Ich folgte Paul und Stu und bestellte auch ein Paar Würstchen mit *Root Beer*.

»Es wird schon klappen«, sagte Paul beruhigend. »Wir

* *Root Beer*, Limonade aus Wurzelextrakten, z. B. Sassafras.

hätten heute abend zum Beispiel leicht zwanzig Passagiere haben können, wenn du dich nicht gescheut hättest, ein paar Minuten an deiner Maschine zu arbeiten. Wir hätten damit sicher ganz gut abschneiden können ... und dabei sind wir hier einfach so hereingeschneit! Vor gut fünf Stunden haben wir noch nicht einmal gewußt, daß es einen Ort wie Rio überhaupt gibt. Wir werden ein Vermögen verdienen!«

»Vielleicht, Paul ...«

Als Verantwortlicher für diesen Tag war ich mir dabei nicht so ganz sicher ...

Eine halbe Stunde später betraten wir das kleine Büro am Flugplatz und schalteten das Licht ein, das uns zunächst einmal blendete und die Nacht vertrieb. Es gab zwei Liegen in dem Raum, die Paul und ich sofort aufgrund unserer Seniorität in der Gruppe für uns beanspruchten. Stu gaben wir die Rückenkissen von den Couches.

»Wie viele Passagiere werden wir morgen wohl haben?« fragte Stu, den sein »niederer Status« nicht weiter zu stören schien. »Wollen wir darüber nicht eine kleine Wette abschließen?«

Paul meinte, wir würden sechsundachtzig haben, und Stu tippte auf hunderteins. Ich lachte sie beide aus und behauptete fest, daß die Zahl vierundfünfzig sein werde ...

Wir lagen damit alle weit daneben; aber das spielte für den Augenblick keine Rolle. Wir schalteten das Licht aus und gingen zu Bett.

Kapitel 3

Ich erwachte und summte schon wieder die Melodie von *Rio Rita;* das Lied ging mir einfach nicht aus dem Kopf . . .

»Was ist das eigentlich für ein Lied?« fragte Stu ganz harmlos.

»Na, komm! Du kennst *Rio Rita* nicht?« entgegnete ich recht erstaunt.

»Nein. Habe ich noch nie gehört!«

»He, Paul! Hast du eigentlich schon einmal daran gedacht, daß Stu, unser junger Stu, höchstwahrscheinlich kein einziges Lied aus der Kriegszeit kennt? . . . Wann bist du denn geboren . . . 1947? Guter Gott! Kannst du dir überhaupt irgend jemanden vorstellen, der *neunzehnhundertsiebenundvierzig* geboren ist?«

»Wir sind drei Caballeros . . .«, sang Paul versuchsweise eine andere Melodie und sah Stu dabei fragend an.

». . . drei lustige Caballeros . . .«, fügte ich ergänzend hinzu.

Stu verwunderte sich über das seltsame Lied, und wir waren höchlichst überrascht, daß er auch das nicht kannte. Hier saß also eine Generation, die an einem Wisconsinmorgen auf dem Flugplatz den krampfhaften Versuch machte, sich mit einer anderen Generation auf halber Strecke zu treffen und dabei überhaupt nicht weiterkam und von unserem Springer nur ein müdes Lächeln erntete, während er sich den Gürtel seiner Drillichhose enger schnallte. Wir versuchten noch eine ganze Reihe anderer Lieder an ihm auszuprobieren – alle mit dem gleichen negativen Effekt . . .

»Erinnerst du dich nicht an dieses Lied, Stu? Meine Güte, wo warst du denn damals bloß?« Wir ließen ihm gar keine Gelegenheit zur Antwort. »Was kommt dann?« Paul war sich bei den Strophen nicht ganz sicher, und ich sah ihn dafür strafend an.

»... *But to the everlasting glory of the Infantry!*« Sein Gesicht hellte sich auf, und er fuhr fort: »... *Shines the name of Rodger Young! Shines the name ... ta-ta-tata ... of Rodger Young ...*«

»Stu, was ist denn bloß mit dir los? Sing doch mal mit, Junge!«

Wir sangen dann noch *»Wing and a Prayer«* und *»Praise the Lord and pass the ammunition«*, nur um ihn sauer zu machen, weil er nicht eher geboren war. Doch das schien alles überhaupt nichts zu nützen, denn er sah ausgesprochen glücklich aus.

Wir gingen dann zu Fuß in die Stadt, um zu frühstükken.

»Komme noch gar nicht drüber weg«, sagte Paul endlich.

»Worüber?«

»Daß Stu schon so früh anfängt ...«

»Daran ist doch nichts verkehrt«, entgegnete ich. »In der Welt hat man seinen Erfolg ja auch meist nicht schon, wenn man gerade angefangen hat, sondern wohl erst, wenn man fast schon aufhört.«

Auf dem Reklameschild im Fenster stand: *»Willkommen Reisender – tritt ein«!* Darüber war eine Leuchtreklame angebracht, von deren Neonröhren schon die Farbe abblätterte. Es stand einfach *»eat«* darauf.

Das Ganze war nur ein kleine Snackbar mit kurzer Theke und fünf einzelnen Tischnischen. Die Bedienung hieß Mary Lou, und sie erschien mir fast wie ein Mädchen aus einem fernen und wunderschönen Traumland. Sie war so hübsch, daß mir die übrige Welt daneben fast grau erscheinen wollte, und ich mußte mich vor Überraschung auf dem Tisch abstützen, ehe ich mich hinsetzte. Die anderen beiden schienen überhaupt nicht berührt zu werden.

»Wie schmeckt hier das *French Toast** ?« fragte ich sie.

»Es ist recht gut«, antwortete sie ... Was für ein wunderbares Mädchen!

»Ist das auch garantiert? Es ist recht schwer, ein gutes *French Toast* zu backen ...« Wie schön sie war!

»Garantiert ... ich mache es selbst. Es ist wirklich ein sehr gutes Toast.«

»Gebongt! Und bitte zwei Glas Milch, ja?«

Sicher war sie Miss Amerika, die nur eine kurze Gastrolle in einer kleinen Snackbar im Mittleren Westen gab. Ich war von dem Mädchen ganz bezaubert und fragte mich weshalb, als Paul und Stu ihr Frühstück bestellten. Natürlich, weil sie so hübsch war! Das ist ja schon genug. Das darf aber nicht sein – das wäre zu seltsam! Von hier und auch von unserer überlaufenen Eröffnungsshow in Prairie du Chien fing ich an zu vermuten, daß es in all diesen Städtchen im Lande wohl gut mehr als zehntausend so bezaubernd schöne Frauen geben könne ... Und was würde ich da wohl machen? Mich etwa von allen verzaubern lassen? Mich der Verzauberung durch zehntausend verschiedene Frauen aussetzen?

Das Schlechte an diesem ewigen Herumzigeunern, dachte ich, liegt doch wohl eigentlich darin, daß man stets nur die glatte Oberfläche sieht, ein verheißungsvolles Funkeln in dunklen Augen oder ein wundervolles, kurzes

* Toastscheibe, in eine flüssige Eisoße getaucht und dann kurz gebacken, bis das Ei angestockt ist. Beliebte amerikanische Frühstücksvariante.

Lächeln. Aber die endgültige Klärung der Frage, ob das nun einfach reine Fassade für den Gast sei oder sich dahinter doch eine ganze, interessante Persönlichkeit verberge, brauchte eben mehr Zeit; und wenn diese nicht zur Verfügung steht, entscheidet man sich eben im Zweifelsfalle doch meist für die reizvollere zweite Möglichkeit.

Mary Lou war also gewissermaßen ein Symbol! Ohne es zu ahnen, mit dem bloßen Wissen, daß einer der Männer an dem Vierertisch *French Toast* und zweimal Milch bestellt hat, ist sie für mich zu einer Sirene an einer mörderischen Klippe geworden. Und um zu überleben, muß sich der Himmelsstürmer jetzt an seine Maschine fesseln und sich dazu zwingen, nur einfach neutraler Betrachter zu bleiben, während er sehnsüchtig vorbeitreibt.

Ich blieb das ganze Frühstück über schweigsam . . .

Wisconsin steckte so tief in ihren Worten, mußte ich unwillkürlich feststellen, daß es schon beinahe Schottisch klang. »*Toast*« hörte sich bei ihr wie »*Toahst*« an und »*two*« klang wie ein weiches »*too*« . . . und die gebräunten Kartoffelschnitzel der Beilage nannte sie »*poataytoahs*«. Der Wisconsiner Dialekt ist ein schottisch-schwedisches Amerikanisch mit ganz langgezogenen Vokalen. Und Mary Lou, deren Muttersprache es war, hörte sich beim Sprechen genauso schön an, wie sie anzusehen war.

»Ich glaube, für mich ist es allmählich Zeit, ein paar Klamotten zu waschen«, meinte Paul, während er seinen Kaffee trank. Das schockte mich aus meinen Mädchenträumen heraus.

»Aber Paul! Denk an den Ehrenkodex der Himmelsstürmer! Man bricht diesen Kodex, wenn man stets ganz saubere Wäsche trägt. Ein Showflieger muß doch immer ein wenig ölverschmiert aussehen . . . oder hast du schon jemals von einem piekfeinen Himmelsstürmer gehört? Mann! Was willst du da bloß einführen?«

»Hör mal! Ich weiß ja nicht, was du machen willst; aber ich gehe jetzt in die Münzwäscherei . . .«

»*Die Münzwäscherei*! Menschenskind, was bist du denn eigentlich?! Ein berühmter Großstadtfotograf oder so etwas? Wir könnten wenigstens an den Fluß gehen und unsere Sachen auf einem flachen Felsen ausschlagen! *Münzwäscherei!*«

Aber ich konnte ihn nicht von dieser unerhörten Ketzerei abbringen, und er sprach deswegen noch einmal mit Mary Lou, als wir fortgingen.

». . . und bei den Trockenautomaten läuft alles besser auf Mittelstellung anstelle auf ganz heiß«, sagte sie in ihrer Sprechweise und fügte dann noch mit einem völlig umwerfenden Lächeln hinzu: »Das schrumpft Ihre Sachen dann auch nicht so sehr . . . jedenfalls nicht ganz so sehr.«

»*Die berühmten amerikanischen fliegenden Münzwäscher*«, murmelte Stu spöttisch, als er unsere Klamotten alle in die Maschine stopfte. Während sie dann kräftig herumgewirbelt wurden, bummelten wir ein Weilchen faul durch den ganzen Supermarkt. Stu ging nachdenklich an dem Tiefkühlschrank im Hintergrund des großen, von Holzsäulen gestützten Verkaufsraums vorbei.

»Wenn wir uns nun ein paar *TV-Dinners* mitnähmen«, grübelte er laut, »und sie hinten auf der Auspuffverkleidung festbinden würden . . . und den Motor fünfzehn Minuten lang laufen ließen . . .«

». . . dann hätten wir die ganze Soße fein über den Motor verteilt«, ergänzte Paul ablehnend.

Dann gingen wir unter dem ausladenden Blätterdach mit seinem kühlen Schatten die Häuserblocks der Hauptstraße entlang. Die weiße, geklinkerte Methodistenkirche stieß ihre spitzen Nadeltürme durch das dichte Blätterdach hindurch und schien damit das Gebäude außerhalb menschlicher Sicht im Himmel zu verankern. Es war ein ruhiger windstiller Tag; nur ab und zu einmal bewegte sich ein einzelner, hoher Ast und warf dann seinen dunklen, bizarren Schatten über den glatten Rasen.

Hier stand ein Haus mit Fensterhälften aus geflecktem Glas, dort eins mit einer ovalen Glastür voller Rosen und Erdbeeren. Ab und zu umrahmte ein Fenster auch einmal eine Lüsterlampe mit Fransen. Hier existierte der Begriff Zeit wohl überhaupt nicht, dachte ich. Es ist aber auch nicht etwa so eine aufgetakelte und verstaubte Filmkulisse, sondern das hier ist Gegenwart, mit sanften, weichen und wohltuenden Farbtönen, die sich die ganze Hauptstraße von Rio entlangziehen.

Wir kamen dann noch an einer weiteren Kirche vorbei; und hier wurden singende Kinder auf dem Rasen behütet. Sie sangen voller Hingebung »*London bridge is falling down*«*, hielten sich dabei an den Händen, bildeten mit erhobenen Armen eine Brücke und duckten sich beim Durchgehen darunter. Sie befanden sich alle auf dem Rasen und schienen uns überhaupt nicht zu bemerken, als seien wir Leute aus einem anderen Jahrhundert, durch die sie einfach hindurchsehen konnten.

Diese Kinder hatten hier auf dem Rasen offensichtlich schon seit ewigen Zeiten immer *London bridge* gespielt . . . und würden es auch wohl in alle Ewigkeit weiter tun. Wir waren für sie einfach nur Luft. Nur eine der Frauen, die auf sie aufpaßten, sah jetzt nervös hoch, wie ein Reh wittert, das die Gefahr zwar noch nicht voll erfaßt hat und deshalb noch nicht im Wald verschwunden ist, das aber bereits mißtrauisch zu werden beginnt. Sie erfaßte auch nur instinktiv, daß wir stehengeblieben waren und zuschauten. Es wurde kein Wort gesprochen, nur die *London bridge* fiel

* Kinder-Singspiel, entsprechend zu »Goldene Brücke«. Die Kinder werden von den heruntergelassenen Armen gefangen usw.

wieder herunter und fing zwei weitere Kinder ein, die dann ihrerseits mit zur Brücke gehörten. Das Spiellied lief dabei immer endlos weiter, und wir gingen schließlich davon . . .

Am Flugfeld standen unsere Maschinen noch genauso, wie wir sie verlassen hatten. Während Paul nun seine Anziehsachen sehr ordentlich zusammenlegte, stopfte ich die meinigen recht achtlos in einen Beutel und machte mich dann daran, das Gasgestänge zu reparieren. Es waren weniger als fünf Minuten stiller und konzentrierter Arbeit, in diesen so langsam dahinziehenden Tagesstunden im Alltag eines Showfliegers

Paul, der einmal selbst Fallschirmspringer gewesen war, half Stu, den Hauptschirm in der ruhigen Luft des Hangars neu zusammenzulegen. Als ich zu ihnen hinüberging, knieten sie gerade tief in Gedanken am Ende der langen Nylonseile. Sie bewegten sich überhaupt nicht, saßen einfach auf dem Boden und dachten angestrengt nach. Sie beachteten mich überhaupt nicht.

»Na, ihr habt wohl Schwierigkeiten, wie?« fragte ich.

»Inversion«, erwiderte Paul abwesend.

»Aha . . . und was ist eine Inversion?«

Paul blickte nachdenklich auf seine vielen Nylonschnüre und überlegte. »Ach, ich habe gestern dummerweise den Schirm über mir zusammenfallen lassen«, erwiderte Stu, »und als ich dann darunter hervorkroch, muß ich dabei wohl die Leinen etwas durcheinandergebracht haben . . .«

»Ah, ja«, jetzt konnte ich es sehen. Das gleichmäßige Bündel der Leinen, die von Stus Gurtzeug bis an den Rand der Schirmkappe liefen, wurde von einem einzigen verdrehten Paar gestört.

»Hake doch einmal den Schnappverschluß dort drüben aus«, sagte Paul nach einer Pause, »und dann laß ihn einmal hier durchlaufen.« Hoffnungsvoll zog er dabei ein paar Leinen auseinander. Stu öffnete den Schnappverschluß an seinem Gurtzeug und tat, wie Paul ihn geheißen hatte; aber die Leinen blieben so verheddert wie vorher. Es war wieder ganz still in der Halle, und die Stille wurde durch das angestrengte Nachdenken noch weiter vertieft. Ich konnte diese gespannte Atmosphäre nicht länger ertragen und ging wieder hinaus. Die Zeit konnte ich dann ebensogut dazu benutzen, die Lager meines Motors neu abzuschmieren.

Draußen hörte man keinerlei Geräusch; nur die Sonne schien voll auf das langsam wachsende Gras . . .

Gegen Mittag waren der Motor abgeschmiert und die Fallschirmleinen entwirrt, und wir gingen wieder die vertraute Straße zu unserer Snackbar hinunter, setzten uns in Nische Nummer vier zum Essen hin und ließen uns wieder von der reizenden Mary Lou bedienen.

»Man gewöhnt sich ziemlich rasch an das alles, und man wird auch selbst bekannt dabei, nicht?« meinte Paul nachdenklich, während er sein Roastbeef verzehrte. »Wir sind hier erst einen Tag und kennen Al und Mary Lou – und fast alle anderen wissen, wer wir sind. Ich kann schon den Tag voraussehen, an dem wir uns hier ziemlich geborgen fühlen würden und gar nicht mehr weiterziehen wollten . . .«

Er hatte recht damit. Sicherheit ist eigentlich immer ein Netz aus lauter bekannten Dingen. Wir fanden uns in dem Städtchen zurecht, wußten zum Beispiel, daß seine Hauptindustrie eine Handschuhfabrik war, die täglich um 16.30 Uhr schloß und dann für uns potentielle Kunden freisetzte.

Hier waren wir tatsächlich geborgen, und die Angst vor dem Unbekannten außerhalb von Rio hatte schon angefangen uns näherzurücken. Es war ein ganz eigentümliches Gefühl, wenn man anfing, so ein kleines Städtchen zu kennen. Ich fühlte es jetzt und nippte etwas verstimmt an meinem Schokoladen-Milch-Shake.

Als wir vor einer Woche in Prairie du Chien angefangen hatten, war es genau dasselbe gewesen. Wir hatten uns dort schließlich auch ziemlich sicher gefühlt, bei dreihundert Dollar Garantiesumme für unseren Auftritt zum *Historical-day*-Wochenende, plus all dem Extrageld, das wir durch die Passagierflüge einnehmen konnten. Und bis Samstag nachmittag hatten wir durch den Massenandrang fast sechshundertfünfzig Dollar verdient. Das ließ sich nicht als guter Start verleugnen!

Teil der garantierten Vorführung war allerdings auch die angekündigte *Vorführung waghalsiger Flugkunststücke*. Und in einer ruhigen Stunde hatte ich mir gedacht, daß ich vielleicht auch einmal meine Taschentuchnummer zeigen könnte. Das Aufnehmen eines weißen, in Bodennähe aufgespannten Seidentuchs mit einem unter dem Flügelrandbogen befestigten Stahlhaken war nicht einmal so schwierig; aber es sah recht gefährlich aus und eignete sich daher gut als Luftzirkusnummer.

Rasch war mein Doppeldecker gegen den Wind hochgeschossen, der inzwischen zu kräftigen zwanzig Knoten aufgefrischt hatte. Die Nummer schien recht gut zu laufen, und die Tragfläche kam genau im richtigen Augenblick herunter. Aber jedesmal wenn ich hinüberblickte, sah ich wieder einen leeren Haken und konnte über meine Schulter zurück das Tuch unberührt auf dem Boden erkennen. Beim dritten Versuch – natürlich ärgerte ich mich bereits über mein so offensichtliches Versagen – konzentrierte ich mich ganz eisern auf die Aufgabe. Ich ließ die weiße Seidenfläche genau auf der richtigen Linie auf mich zukommen und sah sonst nichts außer einem grünen Streifen des Erdbodens, der ein paar Fuß unter mir mit gut einhundertundsechzig Stundenkilometern dahinflitzte. Dann nahm ich die Tragfläche eine volle Sekunde vor der Zeit herunter und wartete, bis das Weiße genau in den Haken hineinzufliegen schien, um dann zu einer triumphalen Steilkurve hochzuziehen. Aber ich hatte das Tuch wieder verpaßt! Ich richtete mich im Cockpit auf und schaute zum Flächenende hinaus, um sicherzugehen, daß der Haken überhaupt noch dran war. Er war dran – und er war völlig leer!

All die vielen Leute am Boden dachten gewiß schon, was für ein verdammt armseliger Luftzirkus das sein mußte, sagte ich mir grimmig. Die sind ja nicht einmal in der Lage, mit drei Versuchen so ein einfaches, altes Taschentuch vom Boden zu holen ...

Beim nächsten Versuch legte ich mich in eine steile Rechtskurve und fing meine Maschine erst knapp in Grashöhe ab, weit vor dem mich immer noch verhöhnenden Taschentuch und direkt auf dieses zuhaltend. Diesmal muß ich es bekommen, dachte ich, und müßte ich es mir mit dem Erdboden zusammen holen!

Ich blickte auf den Fahrtmesser, der 110 mph* anzeigte, und drückte den Knüppel noch ein wenig weiter nach vorn. Das Gras raste zwischen den großen Rädern dahin, und einzelne Halme des Wildweizens schlugen bereits dagegen. Eine winzige Linkskorrektur und noch ein klein bißchen tiefer herunter ... Genau in dem Augenblick schlugen meine Räder auf dem Boden auf – und zwar hart genug, daß mein Kopf heruntergerissen wurde und mir die Sicht kurzzeitig verschwamm. Der Doppeldecker sprang wieder hoch in die Luft, und ich drückte den Knüppel erneut heftig nach vorn und bereitete mich auf das Flächendippen für die Tuchaufnahme vor.

In dieser Sekunde ereignete sich vor mir eine gewaltige, harte Explosion. Alles umher wurde schwarz, und der Motor heulte wie wild geworden schrill auf! Der Propeller hat den Boden berührt ... und ich stürze ab! Was ist passiert?

* mph = miles per hour. Eine Landmeile gleich 1,6 Kilometer.

Die Räder müssen vorhin abgerissen sein; sicher habe ich gar kein Fahrwerk mehr . . . und jetzt wirbelt der Propeller die Erde auf . . . wir werden uns sicher überschlagen . . . sind viel zu schnell . . . hochziehen! Hochziehen! . . . Volle Pulle! . . . ich fliege wieder – aber nichts! Der Motor gibt gar keine Leistung her . . . der Propeller ist hin . . . ich muß landen . . . Drähte, Bäume, das Feld . . . der Wind!

All diese Gedanken schossen mir gleichzeitig durch den Kopf – und hinter allem die sichere Gewißheit, jeden Augenblick abzustürzen!

Ich spürte die ungeheure Wucht, mit der das Flugzeug auf dem Boden aufschlug, klammerte mich verzweifelt an meinem Cockpit fest, gab Vollgas und rupfte die Maschine wieder in die Luft. Doch das einzige, was ich mit dem vorgeschobenen Gashebel erzeugte, war ein fürchterliches Geheul, aber keinerlei Kraft! Der schwer angeschlagene Doppeldecker taumelte daher nur aufgrund seiner Massenträgheit noch einmal vom Boden hoch.

Wir würden es bestimmt nicht mehr über die Telefondrähte da vor uns schaffen! Es war ganz eigenartig – mit 110 mph waren sie noch so nahe gewesen; aber jetzt waren sie überhaupt nicht mehr zu erreichen. Rein instinktiv lenkte ich das Flugzeug in den Wind, und mit Vollgas, einem wild heulenden Motor und nur einhundert Fuß Höhe verlangsamte sich alles ringsumher. Ich fühlte jetzt, wie das Flugzeug erzitterte und abschmieren wollte, und paßte konzentriert auf, daß es nicht zu langsam wurde, indem ich nachdrückte; denn sonst würde es in diesem Zustand wie ein Stein zu Boden fallen. Aber ich kannte meinen Doppeldecker auch genau und wußte, daß wir eine Weile einfach so in der Luft hängen würden, um dann gegen den Wind ganz langsam hinunterzusinken.

Ich fragte mich dabei, ob sich die Leute am Boden wohl fürchten mochten, da es von unten gewiß recht schlimm aussehen mußte: erst die riesige Staubwolke mit davonfliegenden Rädern, dann dieses ungewöhnliche Heulen des Motors und jetzt hoch oben in der Luft das Schütteln und Aufbäumen der Maschine vor dem Absturz. Seltsamerweise war es meine einzige Sorge, wie das alles wohl vom Boden aussehen mochte . . .

Wir sanken jetzt wie in Zeitlupe gegen den Wind herunter und landeten dann etwas unsanft im hohen Gras. Es hatte kein weiteres Hindernis vor uns gelegen, und die Landebahn war uns ganz langsam entgegengekommen, um uns zuletzt sanft mit ihrem Grün zu streifen. Den Motor konnte ich in diesem Augenblick nicht mehr gebrauchen und schaltete daher die Zündung und den Brandhahn ab. Mit etwa zwanzig mph rutschten wir jetzt ganz leicht über die Gräser, und da es für mich im Augenblick nichts anderes zu tun gab, legte ich auch noch den Gemischregler auf Abstellen . . . Es hatte keinerlei Landestoß oder Vorfallen im Sitz gegeben, und alles verlief wie in starker Zeitlupe.

Ich wartete recht ungeduldig darauf, hinaus zu können, um zu sehen, was nun tatsächlich passiert war. Ich hatte meine Sitzgurte schon aufgemacht und richtete mich im Cockpit auf, noch ehe wir ganz zum Stillstand gekommen waren.

Der Doppeldecker legte sich jetzt mit dem rechten Unterflügel heftig auf eine Seite, so daß Gras und Erde durch die Luft flogen. Es sah nicht gerade sehr glücklich aus! Der rechte Unterflügel war völlig zerknittert, was eigentlich nur bedeuten konnte, daß unter der Bespannung ein Querträger gebrochen war. Wie traurig, dachte ich, während ich so im Cockpit stand, daß diese Flugshow für mich nun schon zu Ende ging!

Ich beobachtete mich sehr sorgfältig, um genau festzustellen, wann ich anfangen würde mich zu fürchten; denn nach einem solchen Ereignis sollte man eigentlich wohl Furcht empfinden. Die Angst ließ sich aber offensichtlich viel Zeit – und mehr als alles andere war ich maßlos enttäuscht. Da lag nun plötzlich ein solcher Berg von Reparaturarbeit vor mir . . . und ich würde so viel lieber fliegen!

Ehe die Menschenmenge angelaufen kam, sprang ich aus meiner Maschine, schob die Schutzbrille hoch und besah mir den Schaden. Es fiel wirklich nicht leicht, dabei optimistisch zu bleiben. Außer dem gebrochenen Holm war auch noch der Propeller verbogen; beide Blattspitzen waren weit nach hinten gedrückt worden. Das rechte Rad hatte sich losgerissen, war aber nicht vollständig abgebrochen, sondern hatte sich bei der Notlandung nur ganz tief in die Flächenwurzel des Unterflügels gebohrt. Das war der ganze Schaden, und eigentlich war es nicht ganz so schlimm, wie es sich angefühlt hatte.

Quer über das Flugfeld kam jetzt die große Meute der Neugierigen, um nachzusehen, was von dem alten Flugzeug übriggeblieben war. Die Männer gingen dabei mit langen Schritten, während die Jungen vorliefen. Nun, ich glaube, an ihrer Stelle wäre ich auch herübergekommen, um zu schauen; aber ich war in Gedanken inzwischen schon längst weiter, und die Vorstellung, das Ganze jetzt immer wieder von neuem erklären zu müssen, machte mir nicht gerade Vergnügen. Da sich außerdem die erwartete Angst immer noch nicht eingestellt hatte, wollte ich die Zeit wenigstens dazu nutzen, um mir ein paar passende Bemerkungen zurechtzulegen.

Ein großer Lkw kam jetzt direkt über den Rasen auf mich zugerollt. *Geh zur Marine* stand darauf in fetten, weißen Buchstaben; und auf seinem Dach war außerdem noch ein Paar großer Lautsprecher montiert, um diese Aufforderung lautstark unterstreichen zu können. Jedenfalls mußte es in diesem besonderen Augenblick wohl viel vernünftiger erscheinen, der Marine beizutreten.

Paul war als erster bei mir; er war völlig außer Atem und hatte all seine Kameras am Hals hängen. »Menschenskind ... und ich dachte schon ... du seist hin!«

»Was meinst du damit?« erwiderte ich ganz ruhig. »Ich bin doch nur etwas unsanfter gelandet als gewöhlich. Fühlte sich ganz so an, als hätten wir etwas gerammt.«

»Ach, du kannst dir ja gar nicht vorstellen, wie das aussah! ... Erst hast du den Boden gerammt und dann ... dann hast du dich ganz aufgebäumt ... über deine Nase nach vorn! Ich dachte schon ... jetzt müßtest du dich mit Sicherheit überschlagen! Es sah tatsächlich schlimm aus! Ich dachte wirklich, daß es aus sei mit dir!«

Inzwischen hätte er eigentlich auch seinen Atem schon längst wieder unter Kontrolle haben müssen. War denn der Anblick meines Unfalles wirklich so schlimm gewesen, daß ihn das so sehr beeindrucken konnte? Falls aber irgend jemand ein Recht darauf hatte, sich Sorgen zu machen – dann war das ja wohl ich selber. Denn es war schließlich meine Maschine, die dort völlig ramponiert auf dem Rasen lag.

»Ach, woher denn, Paul! Gar keine Chance für einen Überschlag ... hat es denn wirklich so böse ausgesehen?«

»Ja, sicher ... ich dachte ... oh, mein Gott! ... Jetzt hat's Dick erwischt!«

Ich glaubte ihm einfach nicht. So schlimm hätte es doch niemals sein können ... aber wenn ich andererseits so zurückdachte ... dann war der erste Aufschlag ja doch ganz schön hart gewesen. Und dann dazu noch der explosionsartige Knall! Natürlich hatte es uns auch nach vorn geworfen ... aber doch wohl nicht so weit, daß wir uns dabei hätten überschlagen können ...

»Na«, sagte ich dann nach einer Weile ironisch, »du

mußt schon zugeben, daß das Ganze eine Nummer war, die sich nicht so leicht übertrumpfen läßt!«

Ich fühlte jetzt, wie sich bei mir eine innere Spannung aufzulösen begann, unter der ich in der Luft gestanden hatte, um dadurch jede einzelne Bewegung meines Flugzeuges zu erfühlen. Jetzt lockerte sich das alles, und ich fühlte mich wie befreit – nur hatte ich noch keinerlei Vorstellungen, wie lange wohl die Reparatur dauern würde. Das war mir bei dem Ganzen der einzige unangenehme Gedanke; denn ich wollte ja das Flugzeug so bald als möglich wieder hergerichtet haben.

Dreißig Stunden später war der Doppeldecker repariert, getestet und flog schon wieder Passagiere!

Es war fast wie ein Wunder, dachte ich, und grübelte darüber nach. Als wir Prairie du Chien verlassen hatten, war Rio für uns das neue Unbekannte gewesen . . . und jetzt, nachdem uns eben dieses Rio so sehr vertraut geworden war, spürten wir die Fessel dieser Sicherheit und fühlten uns dabei etwas unwohl.

Kapitel 4

Am Nachmittag kam starker Wind auf und verwandelte Stu sofort wieder vom Springer zum erdgebundenen Kartenverkäufer.

»Der Wind ist jetzt ungefähr 15 Knoten* stark«, meinte er besorgt, »das ist mir etwas zuviel, um mich beim Springen wohl zu fühlen ...«

»Ach, komm schon«, entgegnete ich ablehnend, und überlegte, wie stark sich ein solcher Wind wohl auf seinen Schirm auswirken mochte. »Fünfzehn blöde Knoten? Das kann dir doch wohl nichts anhaben!«

Es wäre interessant zu wissen, ob Stu sich von seinen besseren Argumenten abbringen ließe.

»Das ist ganz schön viel, und ich möchte dabei lieber nicht springen.«

»Aber all die vielen Leute! Die sind doch nun einmal herausgekommen, um dich zu sehen! Die Menge wird sicher sehr enttäuscht sein, wenn du kneifst ... Irgend jemand sagte mir übrigens gestern, daß dein Sprung der allererste auf diesem Platz war – und jetzt warten alle schon gespannt auf den zweiten. Du solltest vielleicht doch besser springen ...«

Falls er jetzt nachgegeben hätte, hatte ich mir schon eine entsprechende Lektion für ihn zurechtgelegt – daß nämlich nur Schwächlinge in einer Angelegenheit nachgeben, von der sie genau wissen, daß sie nicht korrekt ist.

* 1 Knoten = 1,852 Stundenkilometer, als Windangabe üblich und sonst zur Geschwindigkeitsangabe in der Militärfliegerei.

»Fünfzehn Knoten sind eine ganze Menge Wind, Dick«, ergänzte Paul vom Hangar her. »Aber weißt du, wir müssen den Schirm sowieso noch einmal ausprobieren, um ganz sicherzugehen, daß die Leinen nicht mehr verheddert sind. Sei doch so nett und leg einmal für uns das Gurtzeug an, und wir werfen den Schirm einmal kurz in den Wind, um zu sehen, daß er sich richtig öffnet.«

»Ich ziehe euren komischen Fallschirm gern einmal an«, entgegnete ich forsch, »vor eurem Schirm habe ich doch keine Angst!«

Paul brachte mir sofort das Gurtzeug herüber und half mir beim Anlegen. Während er das tat, fielen mir gleich massenhaft all die Stories ein, die ich zu dem Thema gehört hatte ... Von all den Piloten, die im Sturm hilflos von ihrem Schirm umhergeschleift worden waren. Kurzum, ich fing an, doch einige Bedenken zu bekommen; aber jetzt war ich bereits angeschnallt und stand mit dem Rücken zum Wind, der mir jetzt auch noch stärker zu blasen schien ... Paul und Stu standen beide neben den Nylonbahnen, die im Gras ausgebreitet waren, und warteten darauf, sie in die rasch vorbeigleitende Luft werfen zu können.

»Bist du fertig?« rief Paul.

»Einen Augenblick!« Mir gefiel sein Tonfall überhaupt nicht, und ich wollte auch genau dort bleiben, wo ich jetzt stand. Ich grub also die Haken in die Erde, entriegelte den Schnellverschluß, der den Schirm zum Einfallen bringen würde, falls irgend etwas schieflaufen sollte.

»Drück aber bitte nicht auf den *Capewell*-Verschluß«, ermahnte mich Paul. »Das verheddert sich sonst alles noch einmal. Wenn du den Schirm zum Einfallen bringen willst, mußt du einfach an den unteren Leinen ziehen ... Bist du jetzt endlich fertig?«

Direkt unterhalb von mir stand ein niedriger Holzzaun mit Stacheldraht, genau in Windrichtung! Falls ich geschleift werden sollte, müßte ich genau dort hineingezogen werden. Aber andererseits bringe ich ja auch gut zweihundert Pfund auf die Waage ... und eine so leichte Brise könnte mich mit Sicherheit nicht bis dorthin schleifen!

»Fertig!«

Ich stemmte mich fest gegen den Wind, während Paul und Stu den Schirn in die Luft warfen und mir dabei fast etwas zuviel Enthusiasmus an den Tag zu legen schienen. Der Wind fing sich sofort im Schirm und blies ihn auf wie den Spinnaker an einem Rennboot; und jedes Gramm dieser Kraft fuhr an den Leinen entlang und schnitt mir dabei tief in die Schultern. Es war fast so, als ob ein starker Traktor anruckte, der bei mir angekuppelt war.

»He!« Ich flog aus meinem ersten festen Ankerplatz, dann aus dem zweiten, wo sich meine Stiefel noch einmal eingegraben hatten ... und dann auch aus dem dritten. Ich glaubte, bald das Gleichgewicht zu verlieren und dann durch den Zaun gezogen zu werden ... Diese Monsterqualle zog mich Stück für Stück über den Boden, während Paul und Stu dabeistanden und lachten. Es war das erste Mal, daß ich Stu überhaupt lachen hörte!

»Halt fest, Mensch!«

»Das ist doch wirklich nur eine kleine Brise! Das ist doch noch gar nichts! He, festgehalten!«

Ich hatte meine kleine Lektion über Wind und Fallschirme verstanden und griff nach den unteren Leinen, um den Schirm vor dem Zaun zum Stillstand zu bringen, während ich immer weiter darauf zurutschte. Ich zog heftig – aber es passierte überhaupt nichts. Ich rutschte eher noch schneller und verlor erneut fast das Gleichgewicht. Da kümmerte ich mich nicht länger um all die Feinheiten von Stus Schirm und zog hart an allen unteren Leinen, die ich erreichen konnte. Und jetzt fiel der Schirm tatsächlich sehr plötzlich zusammen, und ich stand wieder allein im milden Nachmittagswind.

»Was war denn nur los?« rief Paul spöttisch. »Konntest du das Ding denn nicht festhalten?«

»Doch, natürlich – aber ich wollte nur all diese Leinen nicht an dem Zaun zerschneiden. Wollte euch nur viel Arbeit ersparen.«

Ich ließ das Gurtzeug rasch aufschnappen.

»Stu, ich glaube, du solltest heute wohl besser nicht springen. Dieser Wind ist doch wohl etwas zu stark. Natürlich wirst du trotzdem springen wollen; aber es wäre wohl klüger, heute nachmittag unten zu bleiben. Ja, ich glaube, das wäre sehr viel klüger.«

Schweigend nahmen wir dann den riesigen Schirm zusammen und trugen das leichte, aber sehr bauschige Bündel in den windstillen Hangar zurück.

»Du solltest wirklich auch irgendwann einmal springen, Rich«, meinte Paul nachdrücklich. »Es gibt einfach nichts Vergleichbares . . . das ist das wahre Fliegen! Mann, da bist du ganz hoch oben ohne Motor oder sonst irgend etwas. Nur du ganz allein! Verstehst du? . . . Du solltest es wirklich einmal probieren.«

Ich hatte eigentlich noch nie den Wunsch gehabt, aus einem intakten Flugzeug herauszuspringen; und auch Pauls Gefühlsausbruch konnte mich da im Augenblick nicht umstimmen.

»Irgendwann einmal«, entgegnete ich darauf, »wenn die Flügel meiner Maschine abbrechen, werde ich es schon versuchen. Ich möchte nämlich auch gleich mit einem richtigen, echten Absprung anfangen – und nicht mit all dem statischen Zeugs, das man auf den Springerschulen anfänglich lernen muß. Ich will mal sagen, daß ich im Augenblick noch nicht ganz soweit bin, um meine ›Sprungkarriere‹ anzufangen.«

Al's *Sinclair*-Wagen fuhr gerade vor, und im Führerhaus saß noch ein anderer gutgekleideter Herr neben ihm. Es war der Besitzer dieses Flugplatzes, den wir als Lauren Gilbert kennenlernten.

Lauren überschlug sich förmlich bei der Begrüßung. Er selbst hatte das Fliegen erst mit fünfzig kennengelernt und war seitdem diesem Vergnügen völlig verfallen ... und gerade erst gestern hatte er den schriftlichen Test für seine Instrumentenfluglizenz geschrieben.

Unsere »Richtlinie« verlangte natürlich, daß er einen Freiflug bekam – schließlich gehörte ihm ja dieser Platz. Zehn Minuten später war der Doppeldecker schon für diesen ersten Flug am Nachmittag in der Luft. Er diente uns gleichzeitig als Reklameflug, um den Leuten anzuzeigen, daß wir wieder bei der Arbeit waren und schon lustig Passagiere durch die Lüfte schaukelten. Darin lag dann gleich der stille Vorwurf, warum sie selbst noch nicht mit von der Partie waren und von dort oben auf den Ort herunterblickten ...

Für jede Ortschaft muß man sich einen eigenen Flugweg für die Rundflüge austüfteln. Für Rio war das ein Start nach Westen mit anschließender flacher Steigkurve nach Süden und dann Osten ... Übergang zum Horizontalflug in tausend Fuß Höhe; dann die Einleitung des Rückfluges, wobei der Ort in einer fortlaufenden Rechtskurve bis zum Flugfeld umkreist wurde. Daran schloß sich eine Steilkurve im Norden des Platzes an, aus der heraus ich dann über die Telefondrähte zur Landung hereinslippte. Insgesamt ergab das genau einen Zwölf-Minuten-Flug, ließ alle Passagiere einen Blick auf ihr Wohnhaus werfen und vermittelte ihnen darüber hinaus das Gefühl für die Freiheit des Fliegens und ein Erlebnis, über das sich berichten ließ und das man in der Familienchronik oder in den Sammelmappen aufzeichen konnte.

»Das war recht nett«, meinte Lauren, während Stu ihm die kleine Seitentür öffnete. »Sie müssen wissen, daß dieser Flug für mich der allererste in einem Flugzeug mit offenem Cockpit war. Das ist noch echtes Fliegen! Es war einfach wundervoll! Dieser alte Doppeldecker da oben im Wind . . .«

Wir gingen alle schon zum Büro zurück, als zwei Jungen auf ihren Fahrrädern angeradelt kamen. Sie hießen Holly und Blackie.

»Na, Jungs, wollt ihr auch einen Rundflug machen«, fragte er sie leutselig.

»Wir haben dafür leider kein Geld«, antwortete Holly. Er war vielleicht dreizehn Jahre alt und hatte klare, wache Augen.

»Hört mal her! Wenn ihr nachher wiederkommt und meine Cessna wascht und poliert, dann bezahle ich euch einen Flug . . . Na, was sagt ihr dazu?«

Zunächst verharrten die beiden in ungemütlichem Schweigen, dann kam zögernd die Antwort: »Ooch . . . nein, danke, Mister Gilbert!«

»Ja, was soll denn das heißen? Das ist höchstwahrscheinlich der letzte dieser alten Doppeldecker, den ihr jemals sehen werdet! Ihr werdet überall erzählen können, daß ihr in einem Doppeldecker geflogen seid! Und es gibt sicher nicht mehr allzu viele Leute, Erwachsene mit eingeschlossen, die von sich behaupten können, daß sie noch in einem echten alten Doppeldecker geflogen sind!«

Wieder das seltsame Schweigen . . . ich war sehr überrascht. Als ich damals dreizehn war, hätte ich an dieser Cessna sicher ein ganzes Jahr gearbeitet, um einen einzigen Flug in irgendeinem Flugzeug zu ergattern.

»Blackie, und wie steht es mit dir? Wenn du mir mein Flugzeug säuberst, dann gibt es für dich einen Freiflug im Doppeldecker!«

»Ach nööh . . . danke!«

Lauren bearbeitete sie heftig, und ich wunderte mich dabei sehr über ihre Angst; doch die Jungen sahen nicht auf und sagten auch nichts . . . Dann stimmte endlich Holly dem Angebot zu, wenn auch sehr zögernd, und Lauren wandte darauf seine ganzen Überredungskünste Blackie zu.

»Blackie, warum willst du denn nicht mit Holly zusammen hochgehen? Ihr könntet doch gut zusammen fliegen!«

»Ach . . . ich möchte eigentlich lieber nicht . . .«

»*Was?!* Aber, wenn jetzt der kleine Holly fliegt und du nicht, dann giltst du doch als Angsthase!«

»Tja«, erwiderte Blackie ganz ruhig, »aber das macht nichts, denn ich bin ja doch größer als er!«

Zu guter Letzt fiel aber doch noch aller Widerstand, dank Laurens Überredungskünsten, und beide Jungen kletterten gemeinsam in die Maschine . . . Sicher erwarteten sie das Allerschlimmste! Der Motor sprang lärmend an und fächelte ihre nüchternen Kindergesichter mit seinem Propellerwind. Einen Moment später waren wir dann schon in der Luft. Tausend Fuß höher peilten sie dann bereits interessiert über den Lederrand des Vordersitzes, zeigten dabei ab und zu hinunter und riefen einander über den Lärm hinweg etwas zu. Gegen Ende des Fluges benahmen sie sich dann schon wie alte Hasen, lachten während der Steilkurven und blickten völlig furchtlos an den Tragflächen entlang zur Erde hinunter. Als sie dann nachher aus dem Cockpit wieder auf die Erde zurückkehrten, sahen sie rein äußerlich völlig gefaßt und ruhig aus.

»Das war sehr schön, Mister Gilbert . . . wirklich Klasse! Wenn Sie wollen, kommen wir dann gleich am Samstag zum Arbeiten.«

Es war im Augenblick schwer zu sagen, ob sie sich noch lange an diesen Flug erinnern würden. Würde er für sie bleibende Bedeutung behalten? Man müßte in zwanzig Jahren noch einmal vorbeikommen und sie dann fragen, ob sie sich noch erinnern . . .

Jetzt kamen die ersten Autos; aber sie kamen wieder einmal nur zum Schauen – nicht zum Fliegen.

»Wann macht ihr denn den nächsten Fallschirmsprung? Ist es schon bald?« Mit diesen Fragen war ein Mann ausgestiegen und kam auf uns zu.

»Es ist recht windig«, antwortete Stu, »ich glaube, daß wir daher heute wohl gar nicht mehr springen können . . .«

»Was soll denn das heißen? Da bin ich jetzt den ganzen Weg hierhergefahren, um den Absprung zu sehen, und dann sagen Sie so einfach, daß es heute zu windig sei?! Der Wind ist doch kaum zu spüren! Was ist denn mit euch los . . . habt ihr etwa Angst und wollt euch drücken, wie?«

Seine Stimme besaß gerade genügend Schärfe im Tonfall, um etwas weh zu tun.

»Mann, bin ich froh, daß Sie hergekommen sind!« rief ich und wandte mich ihm mit völlig echt wirkender Begeisterung zu, um den jungen Stu aus der Feuerlinie zu nehmen. »Bin ich froh, Sie zu sehen! Tja, wir hatten tatsächlich schon befürchtet, daß wir den Sprung heute wegen des starken Windes hätten ausfallen lassen müssen; aber jetzt sind Sie ja hier. Wundervoll! Sie können den Absprung sofort für Stu machen; ich hatte mir sowieso schon immer gedacht, daß der Junge ein wenig zu ängstlich sei. Nicht wahr, Stu?«

Je mehr ich sagte, desto mehr ärgerte ich mich über diesen unverschämten Patron!

»Hallo, Paul! Hier haben wir einen Springer! Bring doch mal gleich den Schirm mit, daß wir ihn sprungfertig machen können!«

»Aber, einen Moment mal . . .«, stotterte der Mann erschrocken.

»Möchten Sie lieber aus dreitausend oder viertausend Fuß abspringen? Wir können uns da ganz nach Ihnen richten. Stu hat sonst immer den Windsack als Zielpunkt genommen; aber vielleicht wollen Sie ja ein wenig dichter bei diesen Drähten drüben landen . . .?«

»He, Freunde, es tut mir leid; aber ich wollte wirklich nicht selber . . .«

»Aber das ist schon ganz in Ordnung! Wir sind ja froh, daß wir Sie gefunden haben. Ohne Sie hätten wir heute sicher keinen Sprung zeigen können. Wir sind Ihnen wirklich sehr dankbar dafür, daß Sie hergekommen sind und für uns springen wollen . . .«

Paul hatte sofort verstanden und kam jetzt rasch mit Stus Fallschirm und Helm auf uns zu.

»Ach, ich möchte doch lieber nicht! Ich verstehe jetzt auch die Sache mit dem Wind etwas besser . . .«, entgegnete der Mann hastig, winkte uns noch einmal zu und ging dann rasch zu seinem Wagen zurück.

Die ganze Szene hätte wirklich direkt aus einem Drehbuch sein können, so gut klappte alles; und ich setzte diesen Trick gleich auf meine Merkliste für den Fall, daß wir ihn noch einmal gegen irgendeinen rabiaten, enttäuschten Zuschauer anwenden müßten.

»Und was hättest du nun gemacht, wenn er keinen Rückzieher gemacht hätte?« fragte Stu interessiert. »Was wäre gewesen, wenn er tatsächlich auf dem Sprung bestanden hätte?«

»Ich hätte wohl nur genickt und ihn dann ganz schnell in das Gurtzeug gesteckt. Ich war ziemlich fest entschlossen, ihn hochzunehmen und dann einfach über Bord zu werfen!«

Eine Zeitlang saßen die Leute nur so in ihren Autos herum und beobachteten alles ganz genau; sie wollten aber absolut nicht anbeißen, wenn Stu sie ansprach.

»Wollen Sie nicht für einen kurzen Flug mitkommen?« fragte er zum Beispiel an einem geöffneten Fenster. »Rio mal so aus der Luft besehen, hm?«

Die Gestalt im Wagen schüttelte aber nur abweisend den Kopf: »Ich sehe es lieber vom Boden aus . . .«

Wenn dieser Tag typisch für unsere weiteren Versuche als Flugzirkus war, dann waren wir erledigt . . . dann waren die guten alten Zeiten wirklich ein für allemal vorbei!

Gegen 17.30 Uhr an diesem Nachmittag kam endlich ein furchtloser alter Farmer angefahren. »Ich habe da eine kleine Farm, ungefähr zwei bis drei Kilometer von hier. Könnten Sie mich da vielleicht einmal hinfliegen, damit ich mein Haus aus der Luft sehen kann?«

»Aber sicher«, antwortete ich.

»Und was soll das kosten?«

»Drei Dollar in bar, in gutem amerikanischem Geld.«

»Na, worauf warten wir dann noch, junger Mann?«

Er war sicher nicht weniger als siebzig Jahre alt; aber er durchlebte den ganzen Flug mit wachen Sinnen. Schlohweiß flatterten seine Haare im Fahrtwind, und er wies mir den Flugweg; und dann zeigte er mir sein Haus und die Scheune. Es sah alles so nett und adrett aus wie auf einem Wisconsin-Reiseprospekt: leuchtend grünes Gras, schneeweiße Gebäude, hellrot leuchtende Scheune und leuchtend gelbes Stroh im Schober.

Wir flogen zwei Vollkreise, bis eine Frau auf die Wiese hinaustrat und zu uns hochwinkte. Er winkte heftig zurück und winkte immer noch, als wir schon wieder zurückflogen.

»Ein guter Flug, junger Mann«, meinte er zufrieden, als Stu ihm aus dem Cockpit heraushalf. »Das waren wohl die besten drei Dollar, die ich je ausgegeben habe! War aber auch das erste Mal, daß ich mit einer dieser Maschinen in der Luft war . . . und jetzt habt ihr mich fast ein wenig traurig gemacht, daß ich das nicht schon längst einmal gemacht hatte . . .«

Mit diesem Flug fing unser Tag erst richtig an; und von da an blieb ich bis Sonnenuntergang im Cockpit und wartete stets nur so lange am Boden, bis der nächste Passagier eingestiegen war.

Stu hatte inzwischen ein nettes Stückchen Werbepsychologie hinzugelernt und gewöhnte sich an, die Leute beim Aussteigen zu fragen, wie es ihnen denn gefallen habe . . . Ihr helles Vergnügen und die aufgeregte Begeisterung überzeugten dann stets die noch wartenden Zweifler, daß auch sie noch in einen solchen Flug investieren sollten. Ab und zu traten einmal auch Passagiere nach dem Flug an mein Cockpit und fragten, wo sie denn selbst das Fliegen erlernen könnten und wieviel das wohl kosten würde. Al und Lauren hatten also doch recht behalten, daß wir viel für Rios Sportfliegerei tun konnten. Und ein weiteres Flugzeug auf dem Flugfeld hätte den Flugverkehr leicht um 25 Prozent anheben können . . . und drei weitere hätten ihn gewiß verdoppelt. Aber Himmelsstürmer kommen und gehen immer innerhalb weniger Tage; und so hörten wir auch nie mehr, was in Rio nun eigentlich weiter geschah, nachdem wir wieder abgeflogen waren.

Die Sonne versank schon, als Paul und ich nur so zum Spaß noch einmal zu einem letzten Formationsflug aufstiegen, und wir konnten beobachten, wie unter uns nacheinander schon die Lichter in den dunklen Straßen aufblitzten. Als wir wieder gelandet waren, hatten wir auch kaum genug Licht, um sicher zurückzurollen – und wir fühlten uns so, als ob wir viel länger als nur einen halben Nachmittag gearbeitet hätten!

Wir deckten noch die Flugzeuge ab, bezahlten unsere Spritrechnungen und hatten uns gerade müde in unsere Schlafsäcke gerollt und Stu dabei noch einmal zum Lichtausmachen aus seinem Bett gescheucht, als ich ein Paar perlförmiger, tiefschwarzer Augen entdeckte, die uns unter einer Werkzeugkiste hervor beobachteten.

»He, Leute!« rief ich. »Wir haben eine Maus hier drin!«

»Wo siehst du eine Maus?« fragte Paul zurück.

»Unter dem Werkzeugkasten bei der Tür!«

»Schlag sie tot! Tritt sie doch mit deinem Stiefel, Stu!«

»Paul, du blutrünstiger Mörder, du!« schrie ich ganz aufgebracht. »In diesem Haus wird nicht gemordet! Wenn du den Stiefel aufhebst, Stu ... dann bekommst du es mit der Maus und mir zu tun!«

»Na, dann wirf sie halt zur Tür hinaus«, brummte Paul, »wenn sie dir so viel bedeutet.«

»Nein!« rief ich ganz entschieden. »Der kleine Bursche verdient auch ein Dach über seinem Kopf. Wie würde es dir wohl gefallen, wenn dich jemand nachts ganz plötzlich in die Kälte hinauswerfen würde?!«

»Draußen ist es ja gar nicht so kalt«, erwiderte Paul verdrossen.

»Es geht hierbei auch eher ums Prinzipielle! Schließlich war sie vor uns hier ... folglich gehört ihr dieser Platz auch eher als uns ...«

»Okay ... okay!« rief er verärgert. »Dann laß halt deine Maus hier! Laß sie nur ruhig auf uns herumklettern ... aber ich verspreche dir, daß sie mächtig verdroschen wird, wenn sie dabei auf mich klettern sollte und hier herumtrampelt!«

Stu knipste gehorsam das Licht aus und kroch dann zu seinen Kissen zurück. Wir sprachen dann im Dunkeln noch eine Weile darüber, wie freundlich unsere Gastgeber doch zu uns waren – und eigentlich war es so auch mit der übrigen Stadt gewesen.

»Aber ihr habt doch sicher auch bemerkt, daß wir hier überhaupt keine Frauen als Passagiere hatten ... oder doch fast keine?« fragte Paul nachdenklich. »Kaum ein weiblicher Passagier ... und in Prairie du Chien hatten wir so viele!«

»Dort haben wir ja auch eine Menge Geld eingenommen ... und das haben wir hier ja wohl auch nicht so ganz«, meinte ich darauf.

Er breitete die Daten vor uns aus.

Siebzehn Passagiere ... gleich einundfünfzig Dollar ... davon gehen natürlich noch neunzehn Dollar für unsere Benzinrechnungen ab ... das macht dann ... na ja, für jeden etwa zehn Dollar für drei Stunden Arbeit ... so ungefähr wenigstens.«

»Nicht schlecht«, meinte Paul. »Zehn Dollar für drei Stunden Arbeit ... und das an einem Werktag ... das macht also rund fünfzig Dollar pro Woche, alle Unkosten außer dem Essen schon abgerechnet ... und ohne den Samstag und Sonntag einzurechnen. He, Mann! Davon könnte man doch leben?!«

Ich hätte ihm nur zu gern geglaubt.

Kapitel 5

Als erstes am nächsten Morgen stand Paul in Flammen! Er hatte sich ganz in seinen Schlafsack eingerollt, und am hinteren Ende kamen jetzt unter seiner Hutkrempe feine Rauchkräusel hervor!

»Paul, du brennst!«

Er bewegte sich nicht . . . und erst nach einer kurzen, gespannten Pause erwiderte er ganz ruhig: »Ich rauche eine Zigarette.«

»Als allererstes am Morgen? Noch vor dem Aufstehen? Menschenskind – und ich hatte wirklich schon gedacht, daß du in Flammen stehst!«

»Jetzt hör mal«, entgegnete er brummig, »laß mich gefälligst mit meinem Rauchen in Ruhe, ja?«

»Na, dann entschuldige . . .«

Ich blickte mich etwas in dem Raum um. Von meiner niedrigen Position her sah er mir mehr denn je wie eine etwas vernachlässigte Müllablage aus. In der Mitte des Raumes stand ein gußeiserner Holzfeuerofen. In erhabener Eisenschrift stand darauf *Warmer Morgen*, und durch seine vielen geschlitzten Zuglöcher sah er mich wie mit Augen an. Dieser Ofen schien mich nicht gerade willkommen zu heißen!

Rings um seine gebogenen Eisenfüße lagen all unsere vielen Vorräte und Ausrüstungsgegenstände verstreut. Auf dem einzigen Tisch befanden sich mehrere Flugmagazine, ein Reklamekalender mit einigen alten Peter-Gowland-Mädchenfotos und Stus Reservefallschirm mit draufgeschnalltem Höhenmesser und einer Stoppuhr. Und direkt darunter lag mein roter Plastikkleidersack mit geschlossenem Reißverschluß ... und an seiner einen Seite schaute ich plötzlich auf ein frisch hineingenagtes Loch, etwa in Vierteldollargröße.

Da war ein Loch in meinem neuen Kleidersack! Von einer Krise in die andere.

Wütend sprang ich aus dem Bett, schnappte mir den Sack und riß ihn rasch auf. Unter meinem Rasierzeug, den Levis und einem Paket mit Bleistiften lag meine Notration: eine Schachtel mit Halbbitterschokolade und einige Päckchen mit Käsekeksen ... Ein halbes Schokoladenstück und die Käseseite von einem Cracker waren aufgefressen worden. Die Keksseite selbst war dabei völlig unberührt gelassen worden. Diese Maus! Diese Maus von letzter Nacht, die unter dem Werkzeugkasten ... Mein kleiner Freund, dessen Leben ich noch vor Pauls Brutalität gerettet hatte. Diese Maus also hatte zum Dank meine Notration angefressen!

»Du kleiner Teufel!« zischte ich wütend durch meine zusammengebissenen Zähne.

»Was ist denn wieder los?« fragte Paul, rauchte dabei weiter und drehte sich nicht einmal um.

»Ach nichts weiter ... die Maus hat meinen Käse gefressen.«

Jetzt stieg von der Couch eine etwas größere Rauchwolke auf, die gesteigertes Interesse zu verraten schien.

»*Die Maus*? Etwa diese Maus von letzter Nacht, von der ich gemeint hatte, daß wir sie besser hinauswerfen sollten?! Und für die du dann soviel Mitleid übrig hattest? Hat etwa diese Maus deine Sachen gefressen?«

»Jaa ... etwas Käse und ein wenig Schokolade.«

»Wie ist sie denn da rangekommen?«

»Na, sie hat sich eben ein Loch durch meinen neuen Kleidersack gefressen.«

Paul hörte jetzt eine ganze Weile nicht mehr zu lachen auf. Ich zog derweil schwere Wollsocken an und stieg in meine Stiefel mit dem seitlich angesteppten Notmesser.

»Wenn ich diese Maus noch einmal an meinem Kleidersack sehe«, fügte ich wütend hinzu, »dann bekommt sie sechs Zoll kalten Stahles zu spüren, garantiert ohne weitere Fragen! Das war wirklich das letzte Mal, daß ich eine Maus verteidigt habe. Man hätte annehmen können, daß sie vielleicht deinen verrückten Hut oder Stus Zahnpasta oder halt sonst irgend etwas fressen würde . . . aber nein, ausgerechnet meinen Käse! Verdammter Mist! Nächstes Mal, Baby . . . kalter Stahl!«

Zum Frühstück aßen wir dann zum letzten Mal von Mary Lous köstlichem *French Toast.*

»Wir fliegen heute wieder fort, Mary Lou«, meinte Paul dazu, »und du bist nicht ein einziges Mal rausgekommen, um zuzuschauen oder bei uns mitzufliegen. Du hast da bestimmt etwas Gutes verpaßt! Es ist schon hübsch in der Luft da oben . . . und jetzt wirst du wohl nie mehr aus erster Hand kennenlernen, wie schön der Himmel sein kann!«

Sie lächelte wieder ihr bezauberndes Lächeln und entgegnete ganz ruhig: »Da oben ist es sicher ganz hübsch; aber Leute, die darin leben wollen, sind mir dann doch etwas zu albern.«

So dachte also unsere reizende Kleine über uns!

In gewisser Weise war ich etwas verletzt. Wir zahlten dann, sagten Mary Lou noch einmal auf Wiedersehen und fuhren auf Als Laster zum Flugplatz hinaus.

»Könntet ihr nicht so um den sechzehnten oder siebzehnten Juli zufällig wieder hier vorbeikommen?« fragte er uns. »Wir haben dann das große Feuerwehrpicknick. Da gäbe es sicher eine Menge Leute für eure Rundflüge! Wir hätten euch gern wieder hier . . .«

»Kann man nie wissen, Al! Wir haben heute noch keinerlei Vorstellung, wo wir um diese Zeit sein werden. Sollten wir aber zufällig in der Nähe sein, dann werden wir natürlich gern vorbeikommen.«

»Ihr seid hier jederzeit herzlich willkommen!«

Als wir dann abflogen und noch eine letzte Abschiedsschleife über Als Anwesen und Mary Lous Café zogen, war es Mittwoch vormittag. Al winkte zu uns herauf, und wir wackelten zum Gruß mit unseren Tragflächen; aber Mary Lou war offensichtlich zu beschäftigt und hatte keine Zeit für »diese albernen Burschen, die da im Himmel leben wollen«. Eigentlich war ich deswegen immer noch ein wenig traurig ...

Und damit lag Rio endgültig hinter uns, und das Frühjahr wechselte zum Sommer hinüber.

Kapitel 6

Wie all die anderen Städtchen im Mittleren Westen tauchte auch der nächste Ort zunächst einmal als Haufen grüner Bäume irgendwo mitten in der Weite der Landschaft auf. Zuerst dachten wir, daß es nur Bäume allein seien; aber dann kamen die Kirchtürme in Sicht und danach die Häuser am Stadtrand. Und mit einem Male wurde plötzlich erkennbar, daß dort unter den dichten Baumkronen tatsächlich massive Wohnhäuser und damit auch potentielle Flugpassagiere zu finden waren.

Das Städtchen zog sich an zwei Seen entlang und um eine riesige Graslandepiste herum. Fast hatte ich deswegen schon weiterfliegen wollen, denn ich entdeckte dort unten mindestens fünfzehn kleinere Flugzeughangare, und die Landebahn hatte sogar Landelichter. Das war wirklich schon ziemlich weit abseits von der üblichen Heuwiese, die wir suchten! Aber andererseits waren wir auch wieder recht knapp bei Kasse, und das Flugfeld lag verführerisch nahe an dem Städtchen dran, und dann funkelten auch noch die beiden kühlen Seen klar und einladend zu uns herauf.

Kurz entschlossen gingen wir also doch hinunter und landeten knapp hintereinander auf der einladenden Graspiste. Der Platz lag völlig verlassen da. Wir rollten bis zum Tankplatz, dessen Anlage unter stählernen Falltüren im Gras verborgen war, und stellten die Motoren ab.

»Was hältst du davon?« rief ich zu Paul hinüber, als dieser aus seiner Maschine herauskletterte.

»Sieht doch ganz nett aus . . .«

»Aah, ich meine eher, daß das für uns ein paar Nummern zu groß ist!«

»Sieht aber trotzdem recht gut aus . . .«

Neben dem Tankplatz befand sich auch ein kleines Tankstellenbüro, das jetzt allerdings verschlossen war.

»Entspricht nur nicht so ganz meinen Vorstellungen von einer Heuwiese für Himmelsstürmer.«

»Mit all diesen Leuten ringsumher könnte es aber doch recht gut laufen.«

»Sie werden sicher wie gewöhnlich nach dem Abendessen vorbeischauen.«

Jetzt kam ein alter Buick aus dem Städtchen auf uns zugerollt und schwankte auf seinem Weg bis zum Tankbüro ganz bedrohlich über die Bodenunebenheiten. Dort blieb er dann stehen, und ein magerer, faltiger Mann stieg lächelnd aus.

»Ich nehme an, Sie brauchen etwas Benzin?«

»Doch, das könnten wir gebrauchen.«

Er stieg zu dem Häuschen hinauf und sperrte die Tür auf.

»Hübschen Platz haben Sie hier«, sagte ich anerkennend.

»Ach ja, ist gar nicht schlecht, für einen Rasenplatz . . .«

Das hörte sich ja nicht gerade gut an, dachte ich mir. Wenn ein Besitzer Gras offensichtlich nicht allzusehr schätzt, dann plant er in Gedanken sicher schon eine Zementlandebahn. Und wenn er eine Zementbahn im Sinn hat, dann will er auch sicher lieber mit zuverlässigen Geschäftsflugzeugen sein Geld verdienen – jedenfalls wohl kaum mit Showfliegern, wie wir es waren.

»Was habt ihr denn da vorhin gemacht? Wolltet ihr ausprobieren, wie nahe man sich kommen kann, ohne sich zu rammen?«

Er drückte kurz auf einen Schalter, und die Benzinpumpen fingen leise zu summen an. Ich sah Paul bedeutungsvoll an und dachte mir: Das habe ich ja gleich gesagt – mit *dem* Platz hätten wir uns gar nicht erst einlassen sollen!

»Ach, das war nur so ein wenig lockerer Formationsflug«, antwortete Paul ganz nüchtern, »das machen wir jeden Tag.«

»Jeden Tag? Was macht ihr denn dann? Seid ihr etwa Teil einer Flugshow?«

»Ja, in etwa ... wir zigeunern nur so herum«, ergänzte ich. »Wir wollten hier eigentlich gern ein oder zwei Tage bleiben, ein paar Rundflüge verkaufen und die Leute ganz allgemein durch unsere Darbietungen zum Flugplatz lokken.«

Er dachte eine Zeitlang darüber nach und schien dabei die gesamte Tragweite des Gesagten abzuschätzen ...

»Dieser Platz gehört mir natürlich nicht selber«, sagte er dann vorsichtig, während wir unsere Maschinen weiter betankten und etwas Öl nachfüllten. »Gehört der Stadt, wird aber vom Club betrieben; daher könnte ich eine solche Entscheidung auch nicht allein fällen. Da muß ich schon eine Vorstandssitzung einberufen ... das ließe sich vielleicht noch heute abend arrangieren ... und ihr könntet dann ja herkommen und selbst mit den Herren reden.«

Ich konnte mich an kein einziges Beispiel erinnern, daß Himmelsstürmer sich jemals mit Vorständen getroffen hätten, um darüber entscheiden zu lassen, ob sie nun in dieser Stadt arbeiten dürfen oder nicht. »Ach, so bedeutend ist das Ganze ja gar nicht«, entgegnete ich abwehrend. »Wir haben ja nur die beiden Mühlen hier. Wir machen ein wenig Formationsflug, und Stu hier springt mit dem Fallschirm ab. Das wär's schon in etwa ... und dann sind da natürlich noch die Passagierflüge.«

»Ich würde sagen, daß wir aber trotzdem die Versammlung abhalten müssen. Was verlangt ihr eigentlich dafür?«

»Für die Flugvorführungen gibt es keine Eintrittskarten . . . das ist alles gratis«, entgegnete ich knapp und rollte dabei den Benzinschlauch wieder in die Grube zurück. »Wir wollen dabei auch nur genügend Geld für Benzin, Öl und ein paar Hamburger verdienen . . . drei Dollar pro Flug.«

Das war eine völlig andere Begegnung als der übliche Beifall, den wir sonst in den kleineren Städtchen schon fast selbstverständlich erwarteten!

»Ich heiße übrigens Joe Wright«, stellte er sich vor.

Wir stellten uns ebenfalls der Reihe nach vor, und Joe ging dann ans Telefon, um den Vorstand des Fliegerklubs von Palmyra zusammenzutrommeln. Als er damit fertig war, sagte er ganz ruhig. »Wir werden heute abend zusammenkommen und möchten gern, daß Sie dann herüberkommen und mit uns sprechen. In der Zwischenzeit werdet ihr sicher etwas zu essen haben wollen. Da unten an der Hauptstraße kann man ganz gut essen. Ich könnte euch jetzt gleich mitnehmen, wenn ihr wollt; ansonsten gibt es hier auch noch ein Taxi . . .«

Ich wäre zwar lieber zu Fuß gegangen; aber Joe bestand darauf, und so zwängten wir uns alle in seinen Buick und fuhren mit. Er kannte die Stadt recht gut und machte mit uns auf dem Weg zur Snackbar eine nette Besichtigungsfahrt durch das Städtchen. Palmyra war mit prachtvollen Rasenflächen gesegnet; es gab auch einen Teich, so ruhig wie ein Lilienweiher und in so grünlichen Farben schimmernd, wie es nur Mühlteiche tun sollen. Es gab da Feldwege durch das Hinterland, von hohen Baumkronen überschattet, und ruhige Nebenstraßen mit Häusern unter zeitlosen Schindeln, mit geflecktem Glas und den ovalen Haustüren mit dem bekannten Erdbeerglas. Jeder Tag als Himmelsstürmer machte mir die Tatsache ein wenig klarer, daß sich die Zeit nur in den großen Städten fortbewegte.

Ehe wir also noch zu unserem Lkw-Rastplatz kamen,

kannten wir so schon das ganze Städtchen, dessen Hauptindustrie diesmal eine unter den alten Bäumen wohlverborgene Gießerei war; und wir kannten auch Joe Wright selber recht gut, der ein uns freundlich gesonnener, freiwilliger Flugbetriebsleiter war. Er setzte uns dann am Eingang zum Café ab und verließ uns, um noch ein paar weitere Anrufe zu tätigen und die Versammlung weiter vorzubereiten.

»Mir gefällt das hier alles überhaupt nicht, Paul«, sagte ich mißmutig, nachdem wir wieder einmal unser bescheidenes Standardmahl bestellt hatten. »Ich sehe auch überhaupt nicht ein, warum wir uns um einen Ort kümmern sollten, an dem das Fliegen keinen Spaß macht! Denkt doch immer daran, daß wir freie Leute sind und hinfliegen können, wo immer wir hin wollen. Es gibt hier noch Tausende andere Orte außer diesem einen!«

»Sei doch nicht immer so rasch mit deinem Urteil«, erwiderte er. »Was ist denn schon dabei, wenn wir zu ihrer kleinen Besprechung hingehen? Wir gehen einfach hin, sind etwas nett zu ihnen, und danach werden sie das Ganze sicher gutheißen. Danach gibt's dann für uns keinerlei Probleme mehr ... und es weiß jedermann, daß wir in Ordnung sind.«

»Aber siehst du denn nicht, daß wir uns dabei selber weh tun, wenn wir zu dieser Besprechung hingehen? Wir sind doch nicht zuletzt deshalb hierhergekommen, um all diesen Kommissionen und Versammlungen zu entgehen und um festzustellen, ob sich da draußen in den kleineren Orten nicht doch noch richtige, echte Leute finden lassen. Und bei eben diesem Geschäft wollten wir doch nichts anderes als ein paar alte, ölverschmierte Showflieger sein ... und dabei völlig frei und ungebunden umherfliegen können, wo und wann uns das gefällt!«

»Aber sieh mal«, wandte Paul ein. »Dies hier ist doch ein guter Flugplatz, nicht?«

»Schon falsch! Hier sind mir schon viel zu viele andere Flugzeuge!«

»Er liegt aber dicht genug an der Stadt, es gibt hier Seen zum Baden und viele Leute, okay?«

»Na ja . . .«

Wir ließen es vorerst dabei, obgleich ich immer noch weg wollte und Paul absolut fürs Bleiben war und Stu keine Partei ergreifen wollte; aber ich nahm an, daß auch er eher dem Bleiben zuneigte.

Als wir dann zu unseren Maschinen zurückkamen, parkten dort schon einige Autos, und mehrere Leute aus Palmyra schauten bereits interessiert in die offenen Cockpits. Stu entrollte darauf eilig seine Plakate und machte sich an die Arbeit.

»Palmyra einmal aus der Luft, Leute! Netteste Stadt auf der Welt . . . wer möchte denn als erster fliegen?«

Ich schlenderte ebenfalls auf einige der geparkten Wagen zu, als die Neugierigen am Cockpit gesagt hatten, daß sie nur schauen wollten.

»Haben Sie keine Lust zu einem kleinen Rundflug, Sir?«

»He he he he!« Das war die einzige Antwort, die ich bekam, und sie bedeutete mir unmißverständlich: Du armer Irrer, du! Glaubst du denn wirklich, daß ich so blöd bin, in dieser alten Klapperkiste mitzufliegen? Die Art und Weise seines Lachens hatte mich geschockt, und ich wandte mich sehr abrupt ab. Was für ein himmelweiter Unterschied lag doch zwischen dieser Stadt und all den anderen kleineren Ortschaften, wo wir so herzlich aufgenommen worden waren! Falls unser Suchen tatsächlich den echten Leuten und dem positiven Teil unseres Volkes galt, dann sollten wir wohl möglichst bald von hier wieder verschwinden!

»Können Sie mich auf einen Rundflug mitnehmen?«

Dieser Mann, der da so mutig von seinem sicheren Wagen herüberkam, veränderte meine negative Einstellung wieder zum Besseren.

»Aber gern«, antwortete ich freundlich. »Stu! Ein Passagier! Auf geht's!«

Stu trabte hilfsbereit herbei und half zunächst dem Mann in das vordere Cockpit, während ich mich im hinteren erneut anschnallte. Ich fühlte mich dort eigentlich recht zu Hause, in meinem kleinen Arbeitsraum im Kreise all der vertrauten Instrumente und Hebel – und ich war dort restlos glücklich.

Dann begann Stu, das Schwungrad des Starters mit der Handkubel auf Touren zu bringen; ein Hilfsmittel, das die Landbevölkerung immer wieder als »Rahmabschöpfer« ansprach. Stu ließ dabei reine Energie aus seinem Herzen in den Starter fließen, während er die Kurbel zunächst langsam und dann schneller werdend unter großem Kraftaufwand drehte, um die trägen Stahlmassen über ein Gewinde anzutreiben. Und als dann zum Schluß das Schwungrad wieder heulte, sprang er geschickt zurück und rief gleichzeitig: »Frei!«

Ich zog den Starterhebel, und der Propeller wirbelte im Kreise herum ... Aber er drehte sich nur etwa zehn Sekunden lang; dann wurde er wieder langsamer und stoppte schließlich ganz. Und der Motor hatte dabei kein einziges Mal gezündet!

Was ist denn bloß los, dachte ich ärgerlich. Dieses alberne Ding startet doch sonst jedesmal einwandfrei und hat mich noch nie im Stich gelassen! Stu sah mich ganz erschrocken an, weil all seine Qualen an der Kurbel umsonst gewesen waren ... Ich schüttelte gerade den Kopf, um ihm anzuzeigen, daß ich auch nicht verstehe, warum der Motor ausgerechnet jetzt nicht starten wolle – als ich plötzlich die Ursache dafür entdeckte. Ich hatte einfach die

Zündung vergessen! ... Ich war mit meinem Cockpit schon so vertraut, daß ich wohl angenommen haben mußte, daß die Schalter und Hebel ganz von selbst funktionieren müßten.

»Stu ... aah ... tut mir schrecklich leid, es dir sagen zu müssen; aber ... ich vergaß die Zündung ... Entschuldige bitte, das war wirklich zu blöd von mir. Laß uns noch einmal starten, ja?«

Er schloß die Augen und beschwor offensichtlich den Himmel, mich doch umgehend mit einem Blitz zu erschlagen. Und als das alles nichts half, wollte er mir fast die Startkurbel an den Kopf werfen; doch er faßte sich noch gerade rechtzeitig und steckte die Kurbel – mit der ausgesprochenen Leidensmiene eines Märtyrers – erneut in die vorgesehene Öffnung und begann, den Starter noch einmal aufzuziehen.

»Tut mir ja verdammt leid, Stu«, sagte ich, während ich mich in meinem bequemen Cockpit zurücklehnte. »Ich schulde dir fünfzig Cents für meine Vergeßlichkeit ...«

Er antwortete nicht, da er neben dem Kurbeln gar keine Kraft zum Sprechen übrig hatte. Als ich dann den Starter zum zweiten Mal zog, diesmal bei eingeschalteter Zündung, sprang der Motor sofort lärmend an, und unser Springer sah mich noch einmal verachtungsvoll an, wie man vielleicht ein dummes Tier im Käfig betrachtet. Ich rollte rasch fort und war dann schon im nächsten Moment mit meinem Passagier in der Luft.

Der Doppeldecker fand sich gleich wieder im besten Flugweg für die Tour über Palmyra; zunächst eine Steigkurve, um auf einen der beiden Seen zu blicken und dann etwas weiter zu steigen, da ostwärts von dem Städtchen nirgendwo ein geeigneter Notlandeplatz vorhanden war. Der Rundflug dauerte genau zehn Minuten. Bei der Landung schlingerte meine Maschine eine Sekunde lang, während ich gerade abwesend daran dachte, was für eine hübsche Graspiste das doch sei. Aufwachen! rief sie mir zu. Jede Landung und jeder Start sind immer wieder anders, jeder einzelne! Vergiß das nicht wieder!

Ich korrigierte rasch, indem ich auf die Ruderpedale stieg und kräftig Gas gab, um das Ausbrechen zu stoppen. Als ich dann zurückrollte, ging Paul gerade mit der *Luscombe* und einem eigenen Passagier an den Start. Meine Stimmung besserte sich weiter ... vielleicht bestand ja für Palmyra doch noch Hoffnung; aber das war dann doch alles für den Rest dieses Nachmittags. Wir hatten wohl noch Zuschauer – aber keinen einzigen weiteren Passagier!

Stu kassierte von meinem Mitflieger und trat dann resignierend an mein Cockpit heran. »Ich kann mit denen da drüben überhaupt nichts anfangen!« rief er mir durch den Motorenlärm zu. »Wenn sie anhalten und aussteigen, haben wir meist auch Passagiere dabei – wenn sie aber stur gleich im Wagen sitzen bleiben, dann sind es meist nur Gaffer, und die lassen sich einfach nicht zum Fliegen bewegen!«

Es war kaum zu glauben, daß da so viele Wagen standen und kein einziger weiterer Passagier dabeisein sollte; aber so war es nun einmal ... Diese Zuschauer kannten einander alle, und bald war unter ihnen eine lebhafte Unterhaltung im Gange. Und dann kamen auch schon die ersten Vorstandsmitglieder, um uns für sich zu beanspruchen. Inzwischen war auch Paul gelandet, und da es keine weiteren Passagiere mehr gab, stellte auch er den Motor ab. Bruchstücke ihrer Unterhaltung drangen zu uns herüber.

»... er war genau über meinem Haus!«

»Er war wohl eher über allen Häusern ... so groß ist Palmyra ja gar nicht.«

»... wer hat denn eigentlich gesagt, daß wir heute abend eine Versammlung haben?«

»Meine Frau ... irgend jemand rief an und schreckte sie entsprechend auf ...«

Joe Wright kam jetzt herüber und stellte uns einige der Vorstandsmitglieder vor; und wir erzählten ihnen unsere ganze Story noch einmal. Ich war es inzwischen schon sehr leid, daß daraus eine so große Sache gemacht wurde. Warum konnten sie uns nicht einfach geradeheraus sagen, ob wir willkommen seien oder nicht?! Wegen einer so kleinen Angelegenheit so ein Zirkus ...

»Habt ihr irgendeinen festen Zeitplan für eure Shows?« fragte ein Mann.

»Nein, keinen Zeitplan ... wir fliegen einfach, wenn es uns Spaß macht!«

»Die Maschinen sind natürlich versichert ... wie hoch etwa?«

»Unsere einzige Versicherung auf diese Flugzeuge besteht in dem, was wir über das Fliegen wissen«, entgegnete ich kühl und hatte sarkastisch beinahe den abschätzigen Ausdruck »Fella«* hinzufügen wollen.

»Es gibt nicht einen einzigen Cent irgendeiner Versicherung, weder für Sachschaden noch als Haftpflicht.« Aber eigentlich hatte ich sagen wollen, daß eine Versicherung sowieso nicht nur einfach so ein unterschriebener Papierfetzen sei. Versicherung sei vielmehr unser Wissen über den Himmel und die Funktion des Fliegens sowie die Behandlungsweise für unsere Maschinen. Wenn wir nicht an uns selbst glaubten oder die Maschinen genau kennen würden, dann gäbe es auch wohl keine Geldsumme auf der ganzen Welt, die uns zuverlässiger und unsere Passagiere sicherer machen könnte. Aber statt dessen wiederholte ich einfach schlicht: »... nicht einen Penny an Versicherung!«

* Fella = abschätziger Slangausdruck für Bursche.

»Na ja«, er hielt überrascht inne, »wir möchten natürlich nicht sagen, daß Sie uns nicht willkommen seien ... schließlich ist das hier ja auch ein öffentlicher Platz ...«

Ich lächelte und hoffte nur, daß nun auch Paul daraus lernen würde. Er hatte so einen »Nana-Ton«, als ich auf den Doppeldecker zuging.

»Wo ist denn unsere Landkarte?« fragte ich ziemlich ärgerlich.

»Na hör mal! Es ist doch schon fast dunkel, und sie werden unseretwegen noch ihre Versammlung abhalten; und im Augenblick können wir sowieso nirgendwo mehr hinfliegen. Wir können daher die Nacht über genausogut hierbleiben und erst morgen früh weiterziehen ...«

»Mensch! Hier gehören wir doch genausowenig her wie Himmelsstürmer auf den Kennedy International Airport. Wir ...«

»Jetzt hör du mal genau zu«, sagte er darauf. »Am Sonntag werden sie hier ein großes Flug-Picknick veranstalten. Sie hatten versprochen, daß dafür speziell eine Cessna 180 herkommen sollte, um Passagierflüge zu veranstalten. Vor einer Weile hörte ich nun gerade jemanden sagen, daß diese Cessna ausfällt; damit haben sie nun keine Maschine für ihre Rundflüge ... Und da kommen ausgerechnet wir daher! Ich vermute stark, daß sie uns nach dieser Unterhaltung ganz gern hierbehalten werden. Sie sitzen nämlich ganz schön in der Klemme, und wir könnten ihnen da heraushelfen.«

»Ach, schäm dich, Paul! Bis Sonntag werden wir schon längst in Indiana sein ... es sind doch noch vier Tage bis Sonntag! Und außerdem wäre das so ziemlich das Allerletzte, was ich möchte – ihnen zu alledem auch noch bei ihrem Flug-Picknick aushelfen! Ich sage dir doch schon die ganze Zeit, daß wir hier gar nicht hingehören! Alles, was die hier gern sehen, sind doch diese kleinen, modernen

Maschinen mit Bugradfahrwerk, die man wie ein Auto bewegen kann. Menschenskind, ich will aber Pilot eines *echten* Flugzeugs sein! Was zum Teufel ist eigentlich mit dir los, he?«

Ich nahm voller Verzweiflung einen Putzlappen und fing damit im Dunkeln an, die Motorhaube abzuwischen. Wenn mein guter alter Doppeldecker ausreichende Beleuchtung gehabt hätte, wäre ich noch in derselben Minute abgeflogen! Nach einer Weile war die Besprechung dann beendet, und jedermann war plötzlich auffallend herzlich und freundlich zu uns . . . daraufhin wurde ich sofort wieder mißtrauisch.

»Meinen Sie nicht, daß Sie bis Sonntag hierbleiben könnten?« fragte eine Stimme aus der Gruppe des Vorstands. »Wir veranstalten dann nämlich ein kleines Flug-Picknick . . . es werden Hunderte von Flugzeugen und Tausende von Leuten hierherkommen. Sie könnten dabei sicher auch eine Menge Geld verdienen!«

Ich mußte heimlich lachen. So fühlte es sich also an, wenn man nach seinem zigeunerhaften Äußeren beurteilt wurde. Einen Augenblick lang taten mir diese Leute echt leid . . .

»Warum übernachtet ihr heute nacht nicht einfach hier im Büro, Jungs?« bot eine andere Stimme aus dem Hintergrund einen neuen Köder an . . . und dann etwas leiser zu jemandem in der Nähe: »Vorher machen wir noch eine kurze Inventur bei dem Öl hier drinnen . . .«

Ich selbst hatte die Bedeutung des Zuletztgesagten nicht ganz mitbekommen; aber Paul hatte diesmal sofort verstanden.

»Hast du das gehört?« fragte er erschüttert. »Hast du das gehört?«

»Ich denke schon . . . aber was meinst du denn genau?«

»Sie wollen vorher noch eben die Öldosen zählen, ehe

sie uns das Büro anvertrauen ... sie wollen tatsächlich ihre Öldosen zählen!«

»Nein, danke ... wir schlafen lieber draußen«, antwortete ich daher kurz.

»Wir würden Ihnen aber wirklich gern das Büro überlassen«, kam daraufhin diese Stimme noch einmal.

»Nein«, entgegnete Paul jetzt bissig. »Mit all Ihren Öldosen würden wir uns einfach nicht wohl fühlen; und Sie würden uns mit all diesem wertvollen Öl sicher auch nicht trauen können ...«

Ich mußte im Dunkeln vor mich hin lachen. Paul, unser Champion für Palmyra, war jetzt sehr wütend wegen ihres Mißtrauens gegenüber unserer Ehrlichkeit.

»Da lasse ich gut eintausendfünfhundert Dollar an Kameraausrüstung unverschlossen im Flugzeug, während wir zum Essen gehen ... und vertraue diesen Leuten einfach so ... und sie denken, daß wir ihnen vielleicht eine Dose Motoröl stehlen könnten!«

Stu stand völlig stumm daneben und hörte einfach zu, ohne selbst ein Wort dazu zu verlieren. Paul kühlte erst langsam wieder ab, nachdem wir schon im D & M saßen und ringsumher alles bereits dunkel war.

»Wir versuchen alle, eine ideale Welt zu finden«, erklärte er gerade Joe Wright, der tapfer genug gewesen war, um trotzdem mit uns mitzukommen. »Wir haben wohl alle schon viel zu lange in der anderen Welt gelebt, dieser halsabschneiderischen, billigen Welt, wo die einzige Sache von Bedeutung der allmächtige Dollar ist. Und genau davon haben wir die Nase voll gehabt. Und deshalb versuchen wir jetzt hier ganz schlicht und einfach, in unserer eigenen, idealen Welt zu leben, wo alles wieder ganz klar ist. Dabei verkaufen wir für drei Dollar etwas völlig Unbezahlbares; und wir wollen damit nur unsere Benzintanks füllen und das Essen bezahlen, damit wir weitermachen können.«

Paul hatte über seinem engagierten Reden ganz sein Brathühnchen vergessen, so heftig redete er auf den Bürger von Palmyra ein . . .

Aber warum bearbeiten wir Joe überhaupt? Warum versuchen wir eigentlich, uns vor ihm zu rechtfertigen? Sind wir denn vielleicht unserer selbst nicht mehr so ganz sicher? Oder sind wir vielleicht schon so sicher geworden, daß wir andere bekehren und zu uns herüberziehen wollen? Bei Joe waren unsere missionarischen Anstrengungen jedoch völlig verschwendet; denn er bot absolut kein Anzeichen dafür, daß in dem Gesagten für ihn irgend etwas Neues oder Bedeutungsvolles stecke . . .

Stu tat überhaupt nichts anderes, als nur in aller Ruhe sein Abendessen zu verzehren. Ich machte mir allmählich über die verborgene Persönlichkeit dieses Jungen meine Gedanken . . . woran er wohl denken mochte und was ihn wohl ansprechen würde? Ich wäre ihm sehr gern etwas nähergekommen; aber im Augenblick hörte er einfach nur zu, hörte zu und sagte selbst kein einziges Wort; bot in diesem Wasserfall vorbeirauschender Gedanken selbst keinen einzigen eigenen an. Aber er war ein guter Springer, sagte ich mir, und er denkt auch nach. Mehr konnten wir uns wirklich nicht wünschen.

»Ich fahre euch zum Büro zurück, wenn ihr wollt«, bot Joe an.

»Danke schön, Joe«, entgegnete Paul freundlich. »Das erste Angebot nehmen wir gern an; aber wir schlafen nicht in dem Büro. Wir werden statt dessen unter den Tragflächen schlafen. Womöglich hat irgend jemand das Öl falsch gezählt, und wenn es jetzt nach unserem Weggang noch einmal richtig gezählt würde, dann müßten wir doch automatisch als Diebe gelten! Für uns ist es also wirklich besser, wenn alles versperrt bleibt und wir draußen schlafen.«

In einer halben Stunde war der große Doppeldecker nur

noch eine einzige, riesige schwarze Masse über unseren Schlafsäcken, und darüber strahlte der helle Sternennebel der Milchstraße.

»Zentrum der Galaxe«, bemerkte ich in die Stille hinein.

»Wo ist das?«

»Die Milchstraße ... das ist doch das Zentrum unserer Galaxe.«

»Bei dem Gedanken kommt man sich doch stets ein wenig klein vor, nicht?« meinte Paul.

»Früher ja ... aber heute nicht mehr so sehr. Man wird ja auch älter.« Ich kaute dabei nachdenklich an einem Grashalm.

»Was meinst du nun ... werden wir hier zu Geld kommen oder nicht?«

»Tja, das werden wir wohl einfach abwarten müssen.«

»Ich glaube, es wird ganz gut klappen«, sagte ich als Optimist unter den unzähligen Sternen. »Kann mir gar nicht vorstellen, daß es irgend jemanden geben kann, der sich unsere alten Flugzeugen nicht anschauen wollte ... selbst in dieser Stadt.«

Ich beobachtete weiter die nächtliche Galaxe mit ihren Sternbildern, die im kosmischen Wind aufblinkten. Das Gras unter mir war weich, und meine Stiefel bildeten für mich ein festes, ledernes Kissen.

»Nun, wir werden ja morgen sehen ...« Dann wurde es ruhig unter der Tragfläche, und nur der kühle Nachtwind summte noch in den Spanndrähten über uns.

Der nächste Morgen dämmerte in dichtem Nebel herauf, und ich erwachte unter dem langsamen, steten Trommeln von Wassertropfen, die vom Oberflügel auf die Bespannung des Unterflügels prallten. Stu war schon wach und rollte sich leise einen Driftanzeiger aus zwanzig Metern von dem neuen Kreppapier. Paul schlief immer noch, den Hut tief über die Augen herabgezogen.

»He, Paul! Bist du schon wach?«

Keine Antwort.

»He, Paul! Schläfst du noch immer?«

»Mmm?« Er bewegte sich ein paar Zentimeter.

»Ich glaube, du schläfst immer noch!«

»Mmm!«

»Na, dann schlaf nur ruhig weiter; wir werden vorläufig doch noch eine ganze Weile nicht fliegen können.«

»Was meinst du damit?«

»Nebel!«

Der Hut wurde jetzt von einer Hand angehoben, die sich aus dem grünen Schlafsack herausgeschlängelt hatte. »Hmm. Nebel – der kommt von den Seen herüber.«

»Jep . . . ich wette aber einen Fünfer, daß er bis zehn Uhr weggebrannt sein wird.«

Keine Antwort. Ich versuchte jetzt, von einigen der größeren Grashalme die Nebeltropfen abzulecken; aber das waren keine allzu großen Durststiller. Ich ordnete daher mein Stiefelkissen neu und versuchte ebenfalls noch etwas weiterzuschlafen. Aber jetzt wurde Paul plötzlich munter: »Puh! Mein Hemd ist ja ganz naß! Es ist wirklich klatschnaß!«

»Mensch . . . du Großstadtpilot! Wenn ich mein Hemd so naß wie möglich haben wollte, dann hätte ich es sicher auch so wie du auf dem Tragflügel ausgebreitet. Man muß sein Hemd eben unter den Schlafsack legen!«

Ich schlüpfte jetzt aus meinem Schlafsack und in das trockene und warme Hemd, auf dem ich die ganze Nacht geschlafen hatte und das nunmehr alle möglichen neuen Falten aufwies . . .

»Geht doch nichts über ein warmes, trockenes Hemd am Morgen!«

»Haha!«

Ich zog die Persenning vom Cockpit herunter und

räumte den Werkzeugkasten, die Öldosen und das Reklameschild aus dem Vordersitz heraus. Dann putzte ich die Windschutzscheibe ab, drehte danach den Propeller ein paarmal durch und machte mich auch sonst ganz allgemein voller Hoffnung für einen geschäftigen Flugtag bereit. Der Nebel fing auch schon an, sich etwas anzuheben.

Als er sein Frühstück beendet hatte, setzte Stu sich in seinem Stuhl zurück und streckte die Beine weit von sich. »Sollten wir nicht mal einen Tagessprung versuchen und sehen, was passiert?«

»Wenn du willst«, entgegnete Paul langsam. »Sprich aber besser erst mal mit unserem Anführer darüber.« Er nickte dabei in meine Richtung ...

»Was soll denn das? Immer soll ich euer Anführer sein! Ich bin kein Anführer ... überhaupt kein Führer ... ich höre auf! Ich trete als Anführer ein für allemal offiziell zurück!«

Wir entschieden dann alle gemeinsam, daß es wohl nicht schaden könne, einmal so einen mittäglichen Sprung zu versuchen; nur um zu sehen, ob danach vielleicht irgend jemand zum Fliegen herauskommen würde.

»Laß uns diesmal aber keine Zeit für deinen freien Fall verschweden«, fuhr Paul weiter fort. »Es sieht dich da oben ja doch keiner. Wie wär's mit einem einfachen Sprung aus dreitausend Fuß?«

Stu schien dieser Vorschlag nicht so ganz zu gefallen. »Ich möchte doch etwas mehr Zeit haben, um meinen Fall ein wenig zu stabilisieren. Aber dreitausendfünfhundert Fuß wäre mir recht!«

»Das klingt gut«, erwiderte Paul.

»Und falls du die Reißleine nicht ziehst, Stu ... oder sich dein Schirm nicht öffnen sollte«, fügte ich noch hinzu, »... dann werden wir wohl einfach gleich zur nächsten Stadt weiterfliegen!«

»Ich bin ziemlich sicher, daß mir das ganz egal wäre«, antwortete er mit seinem seltsamen Lächeln.

Bis Mittag waren wir dann tatsächlich in der Luft und stiegen im Formationsflug hoch in den Himmel hinauf. Stu saß dabei in der offenen Tür an der rechten Seite von Pauls Maschine, hielt seine Kreppapierrolle fest in der Hand und blickte angespannt nach unten. Als wir uns der Absprunghöhe näherten, löste ich mich aus der Formation und flog in sicherer Entfernung ein paar Loopings und Rollen und schwang mich dann wieder nach oben. Die *Luscombe* lag jetzt richtig auf Absprunghöhe und befand sich kurz vor dem Flugfeld. Stu warf den langen Kreppapierstreifen über Bord. Er verlangsamte sich bis herunter zur Fallgeschwindigkeit eines Schirmes und schlängelte sich dann weiter hinunter durch die Luft, bis er auf dem Gras landete. Er war einige hundert Meter westlich vom Zielgebiet gelandet!

Hoch über mir suchte Stu sich jetzt von Pauls Maschine aus seinen Zielpunkt aus, um für die Abdrift zu korrigieren und den Bäumen und Drähten aus dem Weg zu gehen. Ich hörte jetzt auch mit meinem Kunstflug auf und kreiste seitlich abgesetzt unterhalb der kleinen Sportmaschine, die soeben den richtigen Sprungsektor erreicht zu haben schien. Paul lenkte sein Flugzeug jetzt in Absprungrichtung gegen den Wind . . . und wir warteten alle gespannt auf Stu. Die *Luscombe* dröhnte im Schrittempo dahin; nur wenn ich ganz sorgfältig achtgab, konnte ich überhaupt feststellen, daß sie sich geradeaus bewegte . . . und dann sprang Stu!

Ein winziger, schwarzer Fleck, der sich sofort mit hoher Geschwindigkeit senkrecht nach unten bewegte. Sein Körper drehte sich dabei einmal nach links, stabilisierte sich, drehte sich danach einmal rechtsherum und taumelte daraufhin kopfüber dahin. Ich mußte wieder über die Fallgeschwindigkeit staunen! In Sekundenschnelle war er dann auch kein bloßer dunkler Fleck mehr, sondern ein Mann, der durch die Luft nach unten schoß – ein Falke im Sturzangriff auf die Beute!

Die Zeit blieb fast stehen. Unsere Maschinen schienen in der Luft wie angefroren zu sein; auch die Geräusche und der Wind schliefen dazu fast völlig ein. Die einzige reale Bewegung ging von diesem fallenden Mann aus, den ich zuletzt gesehen hatte, wie er sich auf den winzigen rechten Sitz der *Luscombe* gezwängt hatte . . . Und jetzt stürzte er zischend mit wenistens einhundertfünfzig Knoten* auf die flache, unbewegliche Erdoberfläche zu. Man konnte ihn in dieser Stille tatsächlich fallen hören.

Stu war immer noch über mir, als er seine Arme plötzlich eng an den Körper heranzog und dann wieder nach außen warf; und der lange, helle Schlauch seines Schirmes wurde ihm vom Rücken weggezogen. Es verlangsamte ihn zunächst kaum. Der schmale Streifen des Schirmbündels blieb einfach in der Luft zurück, während der Mann weiterraste. Dann packte ihn plötzlich eine Riesenfaust, und der Schirm sprang weit auf, schloß sich gleich wieder und ging dann wieder auf wie für einen weichen Distelsamen, als der Mann dann weiter zur Erde schwebte.

Jetzt fiel auch die Zeit zurück ins Glied, Paul und ich saßen wieder ganz normal in unseren Maschinen und flitzten damit eilig durch den weiten Himmel. Die Erde unter uns war rund und warm, und das einzige, dominierende Geräusch stammte vom Röhren des Windes und der Motoren; und das langsamste Ding weit und breit in Sicht war der orange-weiße Schirm, der sanft nach unten glitt.

* Sinkgeschwindigkeit am Schirm etwa 5,5m/sec.

Paul kam jetzt mit seiner *Luscombe* mit hohem Fahrtüberschuß angebraust, und so umkreisten wir dann beide vorsichtig den offenen Schirm; jeder auf einer Seite des Springers. Er winkte uns zu, drehte seinen Schirm und slippte kräftig gegen den Wind, der viel stärker war, als er vermutet hatte. Er slippte wieder und zog dabei so heftig an den Leinen, daß die eine Seite des Schirmes beinahe zusammengefallen wäre.

Es blieb alles ohne Erfolg! Wir selbst blieben in fünfhundert Fuß über Grund, während Stu unter uns recht unsanft in ein großes Getreidefeld fiel, das neben der Landebahn lag. Es hatte von oben so weich ausgesehen, bis er unten auf dem Boden aufschlug – und dabei war es in Wirklichkeit wohl recht hart gewesen!

Ich umkreiste seine Landestelle und stürzte mich dann noch einmal tief hinunter, um über ihn hinwegzufliegen, und folgte danach Paul zur Landung. Ich rollte dann weiter bis zum Rand des Roggenfeldes, parkte meine Maschine und watete zwischen die fast schulterhohen Stengel hinein, während hinter mir das Geräusch meines laufenden Motors immer leiser wurde.

»Stu!« ... Keine Antwort. Ich versuchte mich zu erinnern, ob ich ihn nach seiner Landung hatte aufstehen und okay winken sehen ... aber ich konnte mich beim besten Willen nicht daran erinnern.

»Stuu!«

Immer noch keine Antwort ...

Das Getreidefeld zog sich über gewellten Boden hin, und die Spitzen der hohen Stengel fügten sich wie zu einem riesigen, durchgehenden und wogenden Teppich zusammen, der alles außer den Bäumen am fernen Horizont darunter verbarg. Verdammt! ... Ich hätte seinen Landeplatz etwas besser fixieren sollen. Er konnte hier drin ja wirklich sonstwo stecken ...

»Hallo, Stuu!«

»Hier drüben . . .« Es schien eine sehr schwache Stimme zu sein.

Ich pflügte mit Macht durch das hohe Getreide in die Richtung, aus der die Stimme gekommen war – und ganz plötzlich stand ich dann vor unserem vermißten Springer, der völlig unversehrt seinen Schirm zusammenpackte.

»Mensch, und ich hatte schon gedacht, wir hätten dich verloren! Alles in Ordnung?«

»Ja, sicher! Bin nur etwas hart aufgekommen . . . dieses Zeug ist etwas tiefer, als man aus der Luft sehen kann.«

All unsere Worte klangen ganz seltsam gedämpft; das Getreide schien auf die Töne zu wirken wie ein trockener Schwamm auf Wasser. Den Flugzeugmotor konnte ich überhaupt nicht mehr hören; und wenn ich nicht einen so gut sichtbaren Pfad hinterlassen hätte, wäre ich über unseren jetzigen Standort wohl sehr im Unklaren gewesen. Ich nahm jetzt Stus Helm und Reserveschirm auf, und dann schlugen wir uns gemeinsam durch die Pampas von Wisconsin.

»Springer im Getreide«, witzelte Stu.

Zu guter Letzt drang dann wieder leiser Motorenlärm zu uns durch, und einen Augenblick später brachen wir auch schon wieder aus dem Getreide heraus und traten auf das kurzgeschorene Gras des Landestreifens hinaus. Ich warf Stus Ausrüstung in das Frontcockpit, und er selber stellte sich auf das Trittstück am Unterflügel, während wir zurückrollten.

Kapitel 7

Es warteten bereits vier Passagiere und eine kleinere Gruppe neugieriger Zuschauer, die gespannt darauf waren, was wir wohl als nächstes tun würden. Ich flog zunächst einmal mit den Passagieren; es waren zwei Paare – aber das war dann auch schon wieder das Ende von unserem mittäglichen Sprungexperiment. Aber für den einfachen Vormittag eines Werktages war das gar nicht einmal so schlecht. Das leere Flugfeld langweilte uns schon bald, und wir bummelten daher durch den stillen Tag zur drei Blöcke langen Hauptstraße des Ortes. Wir gingen dabei ganz wie Touristen auf dem Gehsteig und schauten neugierig in die Schaufenster. In einem Dimestore* hing das folgende Plakat:

> *American Legion & Firemen's Picnic/Sullivan, Wisc.*
>
> Samstag – Sonntag, den 25. und 26. Juni, mit farbenprächtigen Paraden, Trommlern und Fanfarenkapelle, Kilt-Kadetten, selbstgebackenem Kuchen! Jederzeit frische Sandwiches!
>
> Große Catcherkämpfe an beiden Abenden: die *Maske* (Herkunft unbekannt) gegen Johnny Gilbert, Michigan City, Indiana.

Dieses Feuerwerk-Picknick würde wohl recht spannend

* Laden mit Billigstartikeln, weitverbreitet in Kleinstädtchen.

sein. Es wurden auch schon die Ringer in ihrem Kampfdreß gezeigt. Die *Maske* war dabei ein riesiger Fleischkoloß, der durch eine schwarze Strumpfmaske dräute. Gilbert hingegen war recht ansehnlich, wenn auch etwas robust . . . Es gab jedenfalls gar keine Frage, daß der Konflikt zwischen Gut und Böse kolossal sein würde, und ich fragte mich bereits, ob Sullivan in Wisconsin nicht zufällig ein Grasfeld ganz in der Nähe des Ringes hätte.

Der Dimestore selbst war ein langer, schmaler Raum mit Holzdielen, und in der Luft hing wieder einmal der unverwechselbare Geruch von Popcorn und heißem Papier. Da waren also wieder einmal diese Elemente des ewig Unveränderlichen: ein Glasfach im Ladentresen, mit seinen Bonbongläsern und Tabletts, einer Bonbon-Blechschaufel, die halbvergraben in den roten Zuckerhimbeeren steckte; dazu ein viereckiger Bonbonautomat, der mit vielfarbigen Zahnbrechern gefüllt war. Weit unten aus der Tiefe des Ladens, an einem Punkt, wo die langen Ladentische bereits zusammenzulaufen schienen, erklang jetzt ein dünnes Stimmchen zu uns herüber.

»Kann ich euch mit irgend etwas helfen, Jungs?«

Wir bekamen schon beinahe ein schlechtes Gewissen deswegen, wie Reisende aus einem anderen Jahrhundert, die nicht zu wissen schienen, daß man hier nicht einfach mitten am Tag in einen Dimestore geht.

»Ich brauche etwas Kreppapier«, antwortete Stu. »Haben Sie vielleicht irgendein breites Kreppapier?«

Eine winzig kleine, alte Dame kam von ganz hinten im Laden auf uns zu, und während sie näher kam, wurde sie langsam größer. Bis sie an der Papierabteilung angelangt war, hatte sie dann doch die volle Größe einer ausgewachsenen Person erlangt. Zwischen marmorierten Aufsatzhefteinbänden und dicken Notizbüchern für einen Nickel fand sich dann auch das Rohmaterial für die Eigenbau-

Winddriftanzeiger von Stu. Die alte Dame sah uns dabei recht seltsam an, sagte aber nichts weiter als danke schön; und wir gingen unter heftigem Geläut der Türglocke eilig wieder nach draußen in den Sonnenschein zurück.

Ich brauchte noch etwas schweres Schmieröl für den Doppeldecker; daher ging ich mit Stu in eine Nebenstraße zu einem Eisenwarenhändler, während Paul für sich eine andere Straße erkundete. Das Geschäft wirkte wie eine Höhle aus Holz, mit rauhem Fußboden, Reifenstapeln, Maschinenteilen und irgendwelchen verstaubten Reklamedingen. Es roch dort nach neuem Gummi und war angenehm kühl. Der Händler war ein sehr beschäftigter Mann, und es dauerte daher gut zwanzig Minuten, ehe ich ihn überhaupt fragen konnte, ob er auch Schweröl führte.

»Sechziger, sagten Sie? Fünfziger könnte ich vielleicht haben . . . aber Sechziger glaube ich nicht. Wozu wollen Sie das denn überhaupt haben?«

»Ach, wir haben da draußen so ein altes Flugzeug, das dieses schwere Zeug braucht; aber Fünfziger tut es gewiß auch . . . wenn Sie wirklich kein Sechziger haben.«

»Ach, dann seid ihr wohl diese Burschen mit den alten Flugzeugen, wie? Hab euch gestern abend hier herumfliegen sehen. Haben die denn kein Öl am Flugplatz?«

»Ach woher . . . Es ist aber auch schon ein sehr altes Flugzeug, und man hat dort halt nicht das richtige Öl dafür.«

Er wollte gleich einmal nachsehen und verschwand über ein paar hölzerne Treppenstufen im Keller.

Während wir warteten, entdeckte ich ein staubiges Plakat hoch oben an den Wandbrettern:

Wir können . . . wir müssen . . . wir wollen
(Franklin D. Roosevelt)
Kauft US-Kriegsanleihen!

Darunter war ein Bild mit der stark nachkolorierten Silhouette einer amerikanischen Flagge und eines Flugzeugträgers, der über eine Wasserfläche mit präzise gekräuselten Wellen dahinfuhr. Dieses Plakat hing dort also schon länger an der Wand, als unser junger Fallschirmspringer überhaupt insgesamt existierte!

Wir schnüffelten noch ein wenig zwischen den Flaschenzügen, dem Fett und einer ganzen Reihe von Rasenmähern herum – und dann kam auch unser Mann endlich mit einer Vierliterdose Öl zurück.

»Dies ist ein Fünfziger, das Beste, was ich da hatte. Ist das in Ordnung?«

»Ja, fein . . . besten Dank!«

Wir kauften dann noch für 1,25 Dollar eine Dose *Essential*-Öl, weil es das *Super-Miracle*-Öl aus den Tagen der Oldtimer nicht mehr gab. »Der moderne Motortimer – kräftigt und reinigt ihren Motor« stand auf dem Reklameaufkleber. Ich war mir zwar nicht ganz sicher, ob ich den Motor überhaupt gekräftigt haben wollte; aber ich brauchte eben irgend etwas zur Zylinderkopfschmierung – und das versprach es ebenfalls in dem Werbetext.

Unsere Regel besagte, daß Benzin und Öl von unseren gemeinsamen Einnahmen bezahlt werden sollten, ehe wir das Ganze verteilten. Ich machte mir daher eine kurze Notiz, daß die »großen Amerikaner« mir 2,25 Dollar schuldeten und bezahlte es zunächst einmal aus meiner eigenen Tasche. Als wir dann wieder zum Flugfeld zurückkamen, standen dort wieder zwei Wagen voller Zuschauer.

Stu breitete seinen Fallschirm zum Packen aus, und ich wollte gern dabei zuschauen, um etwas darüber zu lernen; daher machte Paul sich daran, zwei junge Passagiere in seiner *Luscombe* zu fliegen. Ich hatte es gern, einmal Paul fliegen und Geld verdienen zu sehen, während wir mit dem dünnen Nylontuch arbeiteten. Jetzt sprach Stu einmal – und *ich* hörte zu!

»Zieh bitte die Leinenführung heraus . . . ja, das Ding mit den Winkeleisen daran. Und jetzt nehmen wir all die Leinen von dieser Seite . . .«

Das Packen eines Schirmes war für mich einfach ein Rätsel! Stu gab sich große Mühe, mir genau zu zeigen, wie alles gemacht werden muß: das Auslegen der Leinen, das Aufschichten der Tuchflächen zu einem sauberen, dünnen Stapel in Pyramidenform, das Einschlagen dieser Pyramide in ihre Hülle, das Umschlagen der Ecken, damit Reibungsbrand beim Öffnen vermieden wird . . . und schließlich das Reindrücken des ganzen Bündels in seine Packtasche.

»Dann kommen einfach die Sicherungsstifte noch . . . so herein . . . und man ist wieder sprungfertig.«

Er schlug noch ein paarmal auf den Packen und drückte dann einige lose Klappen mit dem Packholz zurecht. Dann wurde er wieder ganz der lakonische Stu und fragte knapp und bescheiden, ob er nicht am Nachmittag noch einen weiteren Sprung machen sollte.

»Ich wüßte eigentlich nicht, was dagegenstände«, erwiderte Paul, der inzwischen auf Hörweite herangekommen war und dem jetzt fertigen Schirmpaket einen abschätzenden Blick zuwarf; und ich fragte mich dabei, ob ihn das Springen nicht auch selbst wieder einmal reize. Es war schon Jahre her, daß er aufgehört hatte – ein angeknackster *Sky-Diver* mit etwa zweihundertdreißig Absprüngen, durch etliche schwerere Verletzungen am Boden gehalten, die ihn insgesamt auf Monate in einem Hospital festgelegt hatten.

»Wir könnten dann ja auch ebensogut gleich hochgehen«, sagte er, »falls du uns versprichst, diesmal etwas näher am Ziel zu landen.«

»Ich werde es versuchen.«

Fünf Minuten später waren sie schon mit der *Luscombe* unterwegs, und ich sah diesmal vom Boden aus zu und hielt dabei Pauls Filmkamera in der Hand, mit dem Auftrag, ein paar gute Aufnahmen vom Sprung zu machen.

In dem Zoomlinsensucher war Stu zunächst nicht mehr als ein taumelnder, schwarzer Fleck, der sich dann rasch zu einer charakteristischen Kreuzform stabilisierte – eine große Spirale in die eine Richtung beschrieb, stoppte und sie dann zur anderen Seite wiederholte. Dabei hatte er offensichtlich seinen Körper völlig unter Kontrolle und konnte sich praktisch in jede Richtung frei bewegen, nur nicht nach oben. Er ließ sich fast zwanzig Sekunden frei fallen, dann riß er die Arme nach innen an seinen Körper und gleich wieder nach außen und hatte dabei die Reißleine betätigt – und der große Schirm schnappte wieder mit einem Ruck auseinander. Dabei hörte sich das Geräusch des aufschlagenden Nylons wie der Einzelschuß aus einer fünfzigkalibrigen Pistole an. So laut und so scharf!

Wie jeder Springer, so lebte auch Stu für dieses Stückchen freien Falles bei seinen Sprüngen – diese nackten zwanzig Sekunden aus einem vollen 24-Stunden-Tag. Er war jetzt wieder »unter dem Dach«, und diese Aussage hat stets recht gelangweilt zu klingen, denn der *echte* Sprung ist damit vorbei; obgleich da noch weitere zweitausend Fuß Fallstrecke vor ihm liegen und noch einige recht delikate Dinge von dem zehn Meter breiten und dreizehn Meter hohen Flugapparat aus dünnem Tuch zu verrichten sind.

Diesmal lag er richtig und kam genau auf mich zu, da ich direkt beim Windsack stand. Ich filmte die letzten hundert Fuß seines Sprunges und die Landung; dabei mußte ich ein wenig zurücktreten, um seine großen Springerstiefel von Pauls teurer Kamera fernzuhalten.

In dem Sucher hatte ich genau verfolgen und feststellen

können, daß ein Springer beim Aufschlag noch ziemlich schnell ist. Ich spürte, wie der Boden zitterte, als Stu nur sieben Meter entfernt aufschlug. Der Schirm drohte fast über mir zusammenzufallen; aber ich wich rasch zur Seite hin aus. Und dann war ich irgendwie plötzlich recht stolz auf Stu. Er war ein fester Bestandteil unseres kleinen Teams, hatte Mut und Geschick einer Art, die mir völlig fehlte – und er arbeitete dabei ganz wie ein Profi. Ein sehr erfahrener Springer, obgleich er erst fünfundzwanzig Absprünge in seinem Logbuch hatte.

»Ziemlich gut, Kid!« meinte ich anerkennend.

»Na, diesmal bin ich wenigstens nicht mehr im Getreide verschwunden!«

Er schlüpfte jetzt gewandt aus seinem Gurtzeug und fing dann an, die Leinen zu einem langen gedrehten Seil zusammenzunehmen. Einen Augenblick später war dann auch Paul gelandet und kam zu uns herüber.

»Mann, eben habe ich aber Höhe weggedrückt«, sagte er ganz stolz. »Wie hat euch dieser kalifornische Riesenslip gefallen? Ich hatte die Mühle ganz auf einer Fläche stehen, was? Kam runter wie ein Stein! Wie gefiel dir das, hm?«

»Paul, ich habe deinen herrlichen Slip leider nicht gesehen, da ich gerade Stus Landung filmte . . .«

Genau in diesem Augenblick kam ein kleines Mädchen von sechs oder sieben Jahren auf uns zu, hielt ein kleines, leeres Büchlein hoch und bat Stu schüchtern um ein Autogramm.

»Ich?« fragte Stu ganz erstaunt, daß er so plötzlich auf der Bühne und im Rampenlicht stand. Die Kleine nickte ganz ernsthaft. Da schrieb er mutig seinen Namen auf das Papier, und sie rannte danach stolz mit ihrer Beute davon.

»Der *Star*!« rief Paul etwas verärgert. »Alle wollen nur

den *Star* sehen! Und niemand sieht meinen herrlichen Riesenslip, weil zufällig im selben Augenblick gerade dieser *Glamour Boy* auf der Bühne steht . . .«

»Tut mir ja sehr leid, Paul!« brummelte Stu verlegen.

Ich nahm mir vor, im *Dimestore* eine Schachtel mit Goldsternen zu kaufen und sie auf alle Sachen von Stu zu kleben. Der Star breitete jetzt wieder seinen Schirm aus und verlor sich bald in der ernsten Aufgabe, ihn für morgen wieder neu zu packen. Ich ging inzwischen zu meinem Doppeldecker hinüber, und Paul folgte mir.

»Diesmal sind überhaupt keine weiteren Passagiere da«, sagte ich mißmutig.

»Vielleicht die Ruhe vor dem Sturm . . .«, fügte er hinzu und ich tätschelte dabei meine Maschine.

»Möchtest du sie mal fliegen, Paul?«

Das war eine recht bedeutungsvolle Frage; denn der alte *Detroit-Parks*-Doppeldecker, so hatte ich Paul jedenfalls immer wieder versichert, war für mich anfangs eines der schwierigsten Flugzeuge gewesen.

»Wir haben etwas reichlich Seitenwind«, erwiderte er vorsichtig und ließ mir damit noch einen Weg offen, dieses so großzügige Angebot wieder rückgängig zu machen.

»Das ist kein Problem, wenn du bei der Landung ein wenig aufpaßt«, entgegnete ich. »In der Luft ist sie so sanft wie eine Pussykatze; aber bei der Landung mußt du schon ganz schön aufpassen. Sie bricht dabei ab und zu einmal seitlich aus . . . und man muß dann sehr schnell mit Gas und Seitenruder einsteigen, um sie rechtzeitig zu fangen. Aber du wirst es schon gut machen.«

Er sagte jetzt nichts mehr, sondern stieg nur rasch in das ersehnte Cockpit und setzte Haube und Brille auf. Ich drehte für ihn die Starterkurbel, sprang rasch zurück und rief *»frei!«*, während er den Motor aufbrüllen ließ. Es war ein ganz eigentümliches Gefühl, mein so vertrautes Flugzeug mit jemand anderem im Cockpit zu starten. Ich ging noch einmal nach hinten und lehnte mich neben seiner Schulter an den Rumpf: »Denk dran, einfach durchzustarten, wenn dir die Landung nicht gefällt! Du hast für gut anderthalb Stunden Sprit an Bord, darin liegt also kein Problem! Und wenn sie dir tatsächlich ausbrechen sollte, gib schnell genug Vollgas und tritt ordentlich ins Seitenruder!«

Paul nickte einfach dazu, ließ die Maschine mit etwas Gas herumschwingen und rollte dann direkt auf die Graspiste hinaus. Ich ging langsam zurück und nahm dabei wieder die Filmkamera auf, stellte die Schärfe ein und beobachtete seinen Start durch den Sucher. Ich fühlte mich dabei genau so, als ob es *mein* erster Soloflug mit dem Doppeldecker sei und nicht der von Paul . . . Doch da zog er schon dahin, kam weich vom Boden frei und stieg ganz leicht davon. Ich war sehr überrascht, was für einen hübschen Anblick meine Maschine in der Luft bot – und was für ein sanftes Tuckern der *Whirlwind* aus der Ferne abgab.

Die beiden stiegen, kurvten und glitten jetzt sanft durch die Lüfte, während ich mit der Filmkamera zur anderen Seite der Landebahn ging, um den Landevorgang filmen zu können. Ich war immer noch ein wenig nervös und fühlte mich ohne mein Flugzeug sehr einsam. Wie es da oben kreiste und kurvte, war es für mich in diesem Sommer meine ganze Welt; und jetzt hatte das alles ein anderer unter Kontrolle!

Ich hatte nur vier Freunde, denen ich dieses Flugzeug jemals anvertrauen würde, und Paul war einer von ihnen. Ach was, dachte ich – selbst wenn er das Ding völlig zerbrechen sollte! Seine Freundschaft bedeutet mir doch noch mehr als dieses Flugzeug! Die Maschine ist doch nur eine Anhäufung von Stangen, Rohren, Streben, Drähten und

Tuch . . . ein Gerät, um damit den weiten Himmel zu erforschen und zu sehen, was für ein Mensch man ist, wenn man fliegt . . . Ein Flugzeug ist wie ein Symbol für Freiheit und Freude, für die Kraft zu verstehen und dieses Verstehen auch zu beweisen – und all diese wichtigeren Dinge sind unzerstörbar! Ich hatte Paul damit die Chance gegeben, auf die er schon seit zwei Jahren gewartet hatte. Er war ein guter Flugzeugführer, und jetzt maß er sich also mit der schwierigsten Maschine, von der er bis dahin gehört hatte . . .

Das Brummen des Motors verstummte jetzt hoch über mir, während Paul sich selbst beibrachte, wie sich die Maschine bei niedrigen Geschwindigkeiten benahm, um sich damit auf die ähnlichen Bedingungen bei der Landung vorzubereiten. Ich konnte genau nachempfinden, was er jetzt dabei im einzelnen spüren würde: Erst würde die Querruderkontrolle weich werden, während das Höhenruder recht schwach wurde, dann würde der Knüppel völlig lokker sein und sich wie tot anfühlen. Jetzt würde das Seitenruder die beste Kontrollmöglichkeit anzubieten haben; aber wenn er es am nötigsten brauchen würde, nach der Landung am Boden, dann würde es allein völlig nutzlos sein! Man braucht dann nämlich zu einem kräftigen Ruderausschlag auch noch Gas, also Seitenruder mit dem nötigen Winddruck darauf, um den dann recht schwerfälligen Doppeldecker rasch genug reagieren zu lassen . . . um ihn davor zu bewahren, sich selbst in einem fürchterlichen Ringelpiez quer über das Gras in Stücke zu zerlegen.

Jetzt röhrte der Motor wieder dumpf auf, als er ausprobierte, wieviel Gas er für die Ruderreaktion genau brauchen würde. Guter Junge, dachte ich, nimm dir genügend Zeit für sie! Und mein letzter Rest von Nervosität schwand dahin, als ich zu begreifen anfing, daß es für meinen Freund jetzt wirklich darauf ankam, seiner Herausforderung mannhaft zu begegnen, und daß er den Mut und die Zuversicht dazu ganz aus sich selbst heraus finden mußte.

Er schwang sich jetzt mit einigen weiten, absichernden Gleitkurven zum Platz herunter und brauste mit hoher Fahrt tief über das Gras der Landebahn. Ich filmte seinen Vorbeiflug mit der Kamera und wünschte mir dabei nur, daß ich ihn vor der Landung noch einmal daran erinnern könnte, daß dann die großmächtige Silbernase so viel höher vor ihm liegen würde, so daß nach vorn heraus nicht mehr allzuviel zu sehen war. Es ist dann so, als versuche man blind zu landen ... und dabei mußte nun alles gleich beim ersten Mal klappen!

Wie würde ich mich wohl an seiner Stelle fühlen? Schwer zu sagen ... Irgendwann einmal vor langer Zeit hatte etwas bei mir eingerastet, und von diesem Augenblick an hatte ich meine Zuversicht beim Fliegen gehabt. Von da an war ich der festen Überzeugung, daß ich eigentlich jedes Flugzeug fliegen könne – vom leichten Segelflugzeug bis zum gewaltigen Jetliner. Ob das nun unbedingt in der Form stimmte oder nicht, war allerdings etwas, das sich nur durch entsprechende Versuche beweisen ließ. Aber die grundsätzliche Sicherheit für fliegerische Belange war damit zunächst einmal gegeben, und ich hätte mich von da an vor keinem Ding mit Flügeln mehr fürchten können. Diese Gewißheit hatte mir stets in der Luft ein gutes Gefühl gegeben; und jetzt schien sich Paul da draußen an dasselbe Stadium des »Einrastens« heranzutasten.

Der große Doppeldecker schwenkte jetzt in die Platzrunde ein – dicht genug an der Landebahn, um selbst dann noch sicher aufsetzen zu können, falls jetzt der Motor noch aussetzen sollte. Er kurvte dann auf das Rasenstück ein, wurde langsamer, sank leicht und gleichmäßig über die Bäume, dann über die Straße, und die Drähte pfiffen dazu leise im gedrosselten Fahrtwind. Dann noch über den Zaun am Ende der Landebahn; er wurde jetzt flacher und stabilisierte sich – völlig kontrolliert – für den Endanflug. Solange er alles so gut unter Kontrolle hält, ist es in Ordnung, dachte ich und beobachtete ihn dabei durch den Sucher, den Finger am Abzug, um diese wichtige Phase mit Hilfe der Batterien auf Film zu bannen.

Die Landung selbst war so glatt wie schmelzendes Sommereis; zunächst rutschten dabei die Räder nur leicht über das Gras, ehe sie sich zu drehen begannen. Dieser Mann machte mich direkt ein wenig eifersüchtig! Er machte mit meinem Flugzeug eine so großartige Figur und behandelte es dabei so sanft, als ob es aus dünnen Eierschalen gemacht sei.

Sie rollte jetzt ganz leicht dahin, der Schwanz senkte sich jetzt für den kritischen Teil der Landung, wenn sich die Passagiere normalerweise schon gern umdrehen wollen, um lächelnd nach hinten zu winken; und die Maschine zog immer noch schnurgerade ihre Bahn über das Gras. Er hatte es geschafft! Mein erleichtertes Aufseufzen würde sich sicher als Rucken auf dem Filmstreifen bemerkbar machen ... In diesem Augenblick, ich hatte die Maschine im Telesucher riesengroß vor mir, fing sie an, leicht auszubrechen. Die linke Tragfläche wippte ganz sacht nach unten und die Maschine kurvte dann zur Seite weg. Das Seitenruder blitzte auf, als Paul voll ins Gegenruder stieg.

»Gas, Junge, gib doch Gas!« rief ich erschrocken ... Nichts! Die Fläche kam immer tiefer herunter, und im nächsten Augenblick berührte sie schon in einer kleinen Wolke auffliegender Grasteile den Boden. Der große Doppeldecker war jetzt völlig außer Kontrolle geraten! Ich schaute nicht mehr durch den Sucher, da ich wußte, daß der Film ohnehin nur noch ein völlig verwackeltes

Bild mit irgendwelchen nah aufgenommenen Rasenstellen zeigen würde.

Aber vielleicht würde er das Ganze ja doch noch irgendwie überleben, und vielleicht käme sogar auch der Doppeldecker irgendwie in einem Stück aus dem Ringelpiez heraus . . .

Dann hörte man plötzlich ein dumpfes Geräusch – das linke Rad war abgebrochen! Der Doppeldecker schlidderte jetzt noch einen Augenblick seitwärts weiter, bog sich zuerst und fing dann an, auseinanderzubrechen. Er stellte sich dann noch kurz vorn ein wenig hoch und blieb so bis zum Schluß aufgerichtet. Der mächtige Propeller drehte sich noch ein letztes Mal voll durch und begrub dann eine seiner Spitzen tief in der weichen Erde.

Jetzt richtete ich die Filmkamera, die immer noch leise weiterklickte, auf die traurige Szene zurück. Ach, Paul! Wie lange würden wir danach noch brauchen, um unsere Zuversicht wiederzugewinnen?! Ich versuchte mich auch in seine Situation hineinzudenken oder wie ich mich fühlen würde, wenn ich seine *Luscombe* zerbrochen hätte, nachdem er sie mir anvertraut hätte. Es war ein fürchterliches Gefühl, und ich hörte sofort auf, mir diesbezüglich noch weitere Gedanken zu machen. Irgendwie war ich doch froh, daß ich jetzt nicht in seiner Haut steckte.

Langsam ging ich zu der angeschlagenen Maschine hinüber . . . es sah diesmal noch viel schlimmer aus als damals in Prairie du Chien. Die lange Flügelvorderkante des Oberflügels war in wilden Wellen aufgeworfen. Die Bespannung des Unterflügels hatte sich ebenfalls wieder völlig in Falten gelegt, und ein Flächenende steckte sogar in der Erde. Drei der Stützstreben waren völlig verbogen und schienen darüber wehzuklagen, daß eine gewaltige Kraft sie gepackt und so zugerichtet habe. Das linke Rad war ganz abgebrochen und lag nutzlos unter dem Flugzeug.

Paul sprang gerade aus dem Cockpit und warf Haube und Brille wütend zurück auf den Sitz. Ich suchte inzwischen schon krampfhaft nach einigen passenden Bemerkungen; mir fiel aber absolut nichts ein, das ihm gesagt hätte, wie leid es mir tat, daß gerade er den Doppeldecker so zugerichtet hätte.

»Man kann eben nicht immer gewinnen . . .«, war alles, was ich mühsam herausbrachte.

»Du weißt gar nicht«, fing Paul an, ». . . du weißt gar nicht, wie traurig . . .«

»Vergiß es! Das steht doch gar nicht dafür! Ein Flugzeug ist doch ein Gerät zum Lernen, Paul . . . und manchmal wird halt dabei so ein Instrument ein wenig verbogen . . .« Ich war recht stolz auf mich, daß ich das mit so ruhiger Stimme herausgebracht hatte. »Man muß es dann einfach wieder herrichten und erneut in die Luft bringen.«

»Tja . . .«

»Es passiert nichts durch bloßen Zufall, mein Freund!« Ich versuchte mich selbst mehr zu überzeugen als Paul. »Ebensowenig existiert für mich das reine Glück! Hinter jeder kleinen Sache steckt eben doch meist irgendeine Bedeutung . . . Sicher auch hinter dieser hier – teils für dich und teilweise auch für mich! Wir vermögen das zwar jetzt im Augenblick vielleicht noch nicht so ganz klar zu erkennen . . . aber wir werden es sicher bald erkennen!«

»Ich wollte, daß ich das auch so sehen könnte, Dick. Aber alles, was ich im Augenblick dazu sagen kann, ist, daß es mir schrecklich leid tut . . .«

Mein armer Doppeldecker sah jetzt wirklich wie ein richtiges Wrack aus!

Kapitel 8

Wir schleppten das Flugzeug mit seinen hängenden Flügeln gemeinsam in den Windschatten eines nahe gelegenen, verrosteten Hangars, und unsere Showfliegerei war damit erst einmal abrupt zu Ende. Der große amerikanische Luftzirkus war damit wieder einmal außer Gefecht gesetzt.

Außer den verbogenen Holmen und dem abgebrochenen Rad waren noch zwei weitere Fahrwerksteile und ein Bremshebelarm weggerissen, das Oberteil der Motorhaube war verbogen, die rechten Stoßdämpfer waren zerbrochen und die linke Querruderaufhängung hatte sich so stark verdreht, daß dadurch der Steuerknüppel klemmte.

Wie sich herausstellte, gehörte der Hangar neben uns einem gewissen Stan Gerlach, was sich als besonders günstig erweisen sollte. Stan Gerlach hatte seit 1932 durchgehend selbst irgendwelche Flugzeuge besessen und geflogen, und er besaß noch viele Ersatzteile und Reste von all diesen Maschinen.

»Hört mal her, ihr da«, sagte er an diesem Nachmittag. »Mir gehören hier drei von diesen Hangars, und in diesem hier müßten meiner Meinung nach noch einige alte Streben einer *Travelair* stecken, die mir einmal gehört hat. Ihr dürft euch hier gern alles heraussuchen, was euch irgendwie wieder in die Luft bringt.« Er schob eine Blechtür zur Seite.

»Hier drüben sind die Streben, einige Räder und sonstiger Kram . . .« Er schob und drückte sich einen Weg zu einem etwa hüfthohen Metallhaufen frei und zog daraus einige alte, geschweißte Flugzeugteile hervor. »Dies hier könnte euch vielleicht ein wenig nützen ... und das auch ...«

Die Streben waren eigentlich unser größtes Problem, weil es sicher Wochen gedauert hätte, bis man uns neue, stromlinienförmige Stahlrohre hätte schicken können und wir uns daraus neue Flugzeugteile angefertigt hätten. Und dieser blaulackierte Stahl, den er da jetzt vor uns am Boden aufgestapelt hatte, sah fast genauso aus wie das, was wir so dringend suchten. Impulsiv nahm ich das Stück auf und hielt es gegen eine der hellen Streben auf der rechten Seite des Doppeldeckers. Es war nur geringfügig länger.

»Stan! Dieses Stück hier paßt beinahe perfekt! Ganz perfekt ... das geht genau hinein.«

»Ja, wirklich? Das wäre ja gut! Warum nimmst du es dann nicht einfach mit und schaust dich noch ein wenig um, ob du noch mehr gebrauchen kannst.«

Meine Hoffnung flutete langsam wieder zurück. Dies war wirklich wieder einmal mehr als bloßer Zufall! Die Chance, daß wir unseren Doppeldecker gerade in *der* kleinen Stadt kaputtmachten, wo ein Mann wohnte, der vierzig Jahre alte Ersatzteile besaß! Die Chance, daß er auch gerade anwesend war, als es passierte. Dann die Chance, daß wir unser Flugzeug ausgerechnet in der Nähe seines Hangars geschleppt hatten, sozusagen nur ein paar Meter von den Teilen entfernt, die wir so dringend benötigten. Dieses Zusammentreffen war wohl so eigentümlich, daß Zufall dafür sicher nicht die richtige Erklärung sein konnte. Ich war daher schon gespannt, wie sich der Rest unserer Probleme auflösen lassen würde.

»Ihr werdet euer Flugzeug sicher irgendwie hochnehmen müssen«, meinte Stan dann, »damit das Fahrwerk entlastet wird, während die Verbindungen neu geschweißt werden. Ich habe hier zufälligerweise auch sogar einen kräftigen A-Träger aus Stahl herumliegen, den wir dazu aufstellen könnten.«

Er wühlte im Hintergrund der Halle noch etwas weiter herum und zog dann ein etwa fünf Meter langes Stahlrohr heraus. »Es liegt alles da hinten; wir können es ja auch ebensogut gleich jetzt herausholen. Es paßt alles zusammen.«

Nach etwa zehn Minuten hatten wir die stabilen Rohre zu einem hohen Gerüst zusammengebaut, an dem sich dann ein Flaschenzug aufhängen ließ, um damit das Vorderteil der Maschine anzuheben. Jetzt brauchten wir also nur noch eben diesen Flaschenzug . . .

»Ich glaube, daß ich unten in der Scheune noch ein paar Blöcke und das nötige Zubehör dafür herumliegen habe, ja, das stimmt! Sollen wir das noch eben holen fahren?«

Ich fuhr also mit Stan zu seiner Scheune, die drei Kilometer außerhalb von Palmyra lag.

»Ich lebe für meine Flugzeuge«, sagte er während der Fahrt. »Ich weiß nicht, aber Flugzeuge machen mir einfach einen Mordsspaß . . . und ich weiß noch gar nicht so recht, was ich tun werde, wenn ich einmal bei der fliegerärztlichen Untersuchung durchfallen sollte . . . ich vermute fast, daß ich trotzdem einfach weiterfliegen werde.«

»Ach, Stan, du weißt ja gar nicht . . . du weißt gar nicht, *wie* dankbar ich dir bin!«

»Ach, Quatsch! Diese Streben lagen da draußen ja doch bloß in der Halle herum. Ich annonciere das Zeug ständig und verkaufe auch eine Menge an Leute, die es brauchen. Dir würde ich alles so geben; aber für jemanden, der das dann selbst weiterverkaufen will, würden sie natürlich fünfzig Dollar das Stück kosten. Ich habe übrigens auch ein Schweißgerät und eine ganze Menge anderer Dinge da draußen im Hangar, die ihr vielleicht noch gebrauchen könntet . . .«

Wir bogen jetzt von der Hauptstraße ab und hielten neben einer alten, farbfleckigen, roten Scheune. Von einem der Dachbalken hing dort tatsächlich ein kompletter Flaschenzug herunter.

»Dachte mir doch, daß das noch hier sein müßte«, meinte er dazu.

Wir nahmen alles vorsichtig herunter, luden es auf den Farmwagen und fuhren damit zum Flugplatz zurück. Dort hielten wir neben dem Wrack und befestigten den Flaschenzug im letzten Tageslicht an dem A-Träger.

»Okay, Leute«, meinte Stan dann abschließend. »Ich muß jetzt los. Hier in der Halle gibt es auch irgendwo eine Arbeitslampe, und ein Verlängerungskabel dazu müßte auch noch irgendwo herumliegen ... und auch noch ein Arbeitstisch ... na, und was ihr halt sonst noch so gebrauchen könnt. Wenn ihr nur bitte die Halle wieder abschließt, wenn ihr fertig seid, ja?«

»Okay, Stan! Vielen Dank!«

»Ach, ich helfe euch ja gern ...«

Dann machten wir uns an die Arbeit und entfernten zunächst erst einmal all die verbogenen Flächenstreben. Als sie dann endlich ab waren, sackten die Tragflügel noch weiter als so schon herunter, und wir stützten sie daher vorsorglich auf einigen alten Sägeböcken ab. Bis zur Dunkelheit hatten wir die Querruderaufhängung wieder gerichtet und die verbeulte Motorhaube wieder geradegeklopft. Nach einer Weile ließen wir dann die Arbeit liegen und gingen zum Essen, nachdem wir Stans Hangar hinter uns sorgfältig abgeschlossen hatten.

»Na, Paul, ich muß schon sagen, du schlägst Quax den Bruchpiloten noch bei weitem! ›Wenn Sie an Ihrem Flugzeug noch irgendwelche Schwachstellen haben ... Hansens Test-Service findet sie sicher und macht sie Ihnen kaputt!‹«

»Nein«, protestierte Paul, »weißt du, ich war eben gelandet und hatte mir gerade gesagt: Au, Mann, ich habe sie wieder heil unten . . . und kapau! Weißt du, woran ich zuallererst dachte? Deine Frau . . . ›Was wird Bette dazu sagen?‹ war mein erster Gedanke.«

»Ich werde sie anrufen und ihr sagen, daß du an sie gedacht hast. Ich werde ihr sagen: ›Bette, Paul hat heute an dich gedacht, während er mein Flugzeug ganz zerrupft hat!‹«

Eine Zeitlang aßen wir schweigend weiter, dann hellte sich Pauls Miene wieder etwas auf. »Wir haben heute doch auch etwas Geld verdient. He, Schatzmeister! Wieviel Geld haben wir denn heute eingenommen?«

Stu legte seine Gabel nieder und zog die Brieftasche hervor.

»Sechs Dollar.«

»Davon geht aber noch etwas Gemeinschaftsgeld ab«, fügte Paul hinzu. »Ich habe da zum Beispiel den Jungen, die das Kreppapier fanden, einen Vierteldollar gegeben.«

»Und ich habe das Papier gekauft«, meinte Stu, »das macht sechzig Cents.«

»Und ich habe das Öl bezahlt«, fügte ich hinzu, »das wird ja direkt noch spannend!«

Stu zahlte uns zunächst einmal je zwei Dollar aus; dann stellte ich an jeden meine Forderung über fünfundsiebzig Cents an Ölgeld. Aber ich selbst schuldete Paul noch achteindrittel Cents für die Fangprämie und Stu zwanzig Cents für das Kreppapier. Stu zahlte daher acht Cents an Paul, zog die zwanzig Cents, die ich ihm schuldete, von meiner Rechnung ab und gab mir siebenundsechzig Cents. Er hatte aber kein passendes Kleingeld und gab mir daher fünfzig Cent und zwei Zehner . . . und ich gab ihm dafür zwei Cents zurück, warf sie ihm auf die Untertasse, daß es klingelte. Da saßen wir also mit unseren Kleingeldhäufchen am Tisch, und ich sagte: »Sind wir jetzt alle quitt? Jetzt ist es Zeit, sich zu melden, sonst . . .«

»Du schuldest mir noch fünfzig Cents«, entgegnete Stu darauf sehr ruhig.

»Fünfzig Cents? Wofür schulde ich dir denn fünfzig Cents?« entgegnete ich aufgebracht. »Ich schulde dir überhaupt nichts!«

»Du hattest wohl schon das Anlassen von heute morgen vergessen, wie? Nach dem ich mich halb totgekurbelt hatte, hast du einfach die Zündung vergessen! Fünfzig Cents!«

War das erst heute morgen gewesen? Es war so . . . und ich zahlte.

Joe Wright war noch einmal vorbeigekommen und bestand nunmehr darauf, daß wir doch im Büro übernachten sollten. Man würde auch gewiß nicht mehr auf den Gedanken kommen, die Öldosen zu zählen!

In dem Büroraum gab es wieder zwei Couches. Wir nahmen auch diesmal wieder unser ganzes Reisegepäck mit in das Gebäude hinein. Unsere Schlafstätte glich danach wieder eher einer Flugzeughalle als einem Schlafzimmer.

»Weißt du was?« meinte Paul, als wir uns schon hingelegt hatten und er noch eine letzte Zigarette rauchte.

»Was denn?«

»Weißt du, daß ich die ganze Zeit über keinerlei Angst um mich selbst hatte? Ich hatte eigentlich nur Angst, daß ich die Maschine kaputtmachen würde. Irgendwie wußte ich wohl auch, daß mir deine Maschine nicht weh tun würde . . . ist das nicht seltsam?«

Die Zukunft der großen amerikanischen Flugshow hing jetzt ganz von einem einzigen Piloten, Springer, Flugzeugmechaniker und Freund ab. In einer einzigen Person zusammengefaßt hieß er Johnny Colin, war mit uns bereits in Prairie du Chien geflogen und hatte auch dort schon einmal das große Wunder vollbracht, den Doppeldecker nach seinem ersten bösen Unfall so rasch und gründlich zusammenzuflicken.

Am nächsten Morgen startete Paul schon um drei Uhr mit seiner *Luscombe* nach Westen, in Richtung auf Apple Valley, wo Johnny einen eigenen kleinen Flugplatz besaß. Falls alles nach Plan verliefe, könnte er noch gerade vor Einbruch der Dunkelheit zurück sein.

Stu und ich machten uns derweil wieder an dem Flugzeug zu schaffen, und wir reparierten noch all die Dinge, die vor der eigentlichen Schweißarbeit fertiggestellt werden konnten. Zum Schluß war dann von uns nichts mehr zu tun! Jetzt hing alles Weitere davon ab, ob Paul mit Johnny zurückkommen würde ...

Nach einer Weile kam Stan vorbei und holte seine *Piper Pacer* zu einem kleinen Nachmittagslustflug heraus. Dann landete eine *Cherokee* mit Bugradfahrwerk, tankte auf und flog wieder weiter. Es war ein typischer, ruhiger Nachmittag auf einem kleinen Flugplatz.

Jetzt hielt ein Wagen neben den Flügelenden, und ein paar Leute aus Palmyra stiegen aus, die wir schon vom Vortage her kannten.

»Na, wie sieht's denn aus?«

»Soweit ist alles in Ordnung. Ein bißchen Schweißarbeit und sie ist wieder zum Zusammenbauen fertig.«

»Das sieht mir aber immer noch reichlich verbogen aus.« Die Frau, die diese Bemerkung gemacht hatte, lächelte dazu auf ganz besondere Art, um dadurch anzudeuten, daß sie damit nichts Verletzendes hatte sagen wollen; aber ihren Begleitern war das wohl entgangen.

»Sei doch nicht so hart zu ihnen, Duke. Sie haben doch den ganzen Tag schwer an diesem armen, alten Flugzeug gearbeitet!«

»Und sie werden auch sehr bald wieder damit fliegen«,

fuhr Duke leise fort. Sie war eine eigenartige Frau, und mein erster Eindruck von ihr war so, als weile sie in Wirklichkeit tausend Meilen von hier und daß ihr anwesender Teil in Palmyra gerade noch ein paar geheimnisvolle Worte sprechen und dann für immer von hier verschwinden würde. Wenn Duke sprach, hörten ihr immer alle zu. Es schwebte eine Aura unbestimmter Traurigkeit um sie herum, als entstamme sie irgendeiner verlorengegangenen Rasse, sei vielleicht als Kind gefangengenommen und auf unsere Art erzogen worden, erinnere sich aber immer noch ihrer fernen Heimat auf einem anderen, fernen Planeten.

»Ist das alles, was ihr für euren Lebensunterhalt macht, so herumfliegen und Passagierflüge verkaufen?« fragte sie interessiert und sah mich dabei an, als wolle sie die ganze Wahrheit wissen.

»Ja, so in etwa . . .«

»Und was denkt ihr eigentlich so über die verschiedenen Städte oder Dörfer, die ihr unterwegs kennenlernt?«

»Jeder einzelne Ort ist irgendwie wieder anders. Städte haben wohl auch ihren eigenen Charakter, wie die Leute selber.«

»Und welchen Charakter hat dann unsere Stadt?«

»Man ist hier irgendwie sehr vorsichtig, dabei ruhig und selbstsicher. Vielleicht etwas sehr zurückhaltend gegenüber Fremden . . .«

»Da täuscht ihr euch aber gehörig; diese Stadt ist ein echtes ›Peyton Place‹!« entgegnete sie sehr bestimmt, aber ruhig.

Stan kam jetzt noch einmal im Tiefflug über den Platz, und wir schauten ihm alle zu, wie er mit ruhig purrendem Motor vorbeibrauste.

Paul war jetzt schon gut eine Stunde überfällig, und die Sonne stand nur noch ganz knapp über dem Horizont.

Falls er es doch noch schaffen wollte, müßte er jetzt schon ganz in der Nähe sein.

»Wo ist eigentlich euer Freund?« fragte Duke.

»Er holt gerade jemanden, der ein ziemlich guter Schweißer ist.«

Sie setzte sich jetzt auf einen der vorderen Kotflügel ihres Wagens – eine schlanke, fremdartige, nicht unschöne Frau – und blickte zum Himmel hinauf. Ich ging zum Flugzeug zurück, um einen alten Flecken an der Flügelspitze auszubessern.

»Da kommt er«, sagte irgend jemand und zeigte nach oben. Es stimmte aber nicht. Diese Maschine flog nur vorbei, mit Kurs nach Osten auf den Michigansee zu.

Nach einer kleinen Weile erschien eine weitere Maschine . . . und diesmal war es die *Luscombe*! Sie kam zügig im Gleitflug herunter, berührte sanft mit den Rädern das Gras und kam dann rasch auf uns zugerollt. Aber Paul saß nur allein darin! Enttäuscht wandte ich mich ab und blickte traurig zu dem Schweißgerät hinüber . . . da gingen also wieder einmal alle unsere Pläne dahin!

»Heute fliegen hier aber viele Flugzeuge herum«, meinte Duke plötzlich.

Eine *Aeronca Champion* war Paul gefolgt, und darin saß tatsächlich unser Johnny Colin. Er hatte sein eigenes Flugzeug mitgebracht, mit dem er jetzt auch ganz dicht an uns heranrollte, ehe er seinen Motor abstellte. Er stieg aus, und es sah so aus, als würde er sich dabei förmlich entfalten, so daß die Maschine neben seiner Riesengestalt immer kleiner zu werden begann. Er trug wieder sein grünes *Ranger Barett* und lächelte uns freundlich an.

»Hallo, Johnny! Verdammt nett, dich wiederzusehen!«

Er holte bereits einen Kasten mit seinen Werkzeugen hinten aus der *Aeronca* und erwiderte: »Hallo, Dick! Paul erzählte mir, daß er an deiner Mühle weitergearbeitet habe ... ist ja wieder mal ganz schön verbogen, dein Vogel!«

Er setzte die Werkzeuge ab und betrachtete die geknickten Streben aus der Nähe, die da so dringend auf seinen helfenden Schweißbrenner warteten.

»Muß morgen früh wieder zeitig raus ... soll nach Muscatine, um dort eine neue Maschine abzuholen. Na Stu, wie geht's?«

»Hallo, Johnny!«

»Und was ist hier unten alles kaputt? Dieses Rad hier?« Er besah sich die zerbrochene Stahlhalterung und all die anderen Kleinarbeiten, die dort am Fahrwerk auf ihn warteten. »Na, das wird gar nicht allzu schlimm werden.«

Er zog sich jetzt eine schwarze Schutzbrille über und ließ den Brenner mit einem leichten Poppen anspringen. Dieses Poppen vermittelte mir irgendwie ein Gefühl reinster Zuversicht, und ich fing an, mich zu entkrampfen. Den ganzen Tag über hatte ich unter starker Anspannung gestanden, und jetzt löste sich dieses unangenehme Gefühl völlig auf. Für einen echten Freund muß man wohl Gott recht dankbar sein!

Johnny hatte den abgerissenen Bremshebel innerhalb von drei Minuten angeschweißt, nachdem er ihn mit dem langen Schweißdraht und der Flamme berührt hatte. Dann kniete er sich neben die schwere Radaufhängung, und auch sie war in etwa 15 Minuten fertig und danach wieder absolut bereit, das volle Gewicht des Flugzeuges aufzunehmen. Jetzt hieß er Paul, bereits die Flächenstreben zurechtzusägen, während Stu durch die hereinbrechende Dämmerung davonging, um uns etwas zum Essen zu holen.

Als Stu dann mit dampfenden Hamburgern, heißer Schokolade und zwei weiteren Litern Milch zurückkam, saß eine der Streben bereits fest. Im scharfen Schlagschatten der Montierlampe aßen wir rasch jeder eine Kleinigkeit; dann sprang der Schweißbrenner wieder puffend an und zischelte unternehmungslustig. Schutzbrille herunter, und schon war die zweite Strebe in Arbeit.

»Weißt du, was er sagte, als ich so plötzlich bei ihm zu Hause ankam?« fragte Paul. »Es war kurz nach Feierabend; er war gerade hereingekommen, und seine Frau hatte schon das Essen auf dem Herd. Er holte einfach diesen Werkzeugkasten und sagte: ›Ich bin morgen wieder hier, muß nur eben eine beschädigte Maschine reparieren!‹ Na, was sagst du dazu, he?«

Die nächste Strebe war fertig und stach weißglühend scharf aus der Dunkelheit hervor. Jetzt warteten noch zwei weitere Streben auf ihn, noch dazu die allerschwierigsten! Hier steckte das zerbrochene Metall nur wenige Zentimeter neben der Flugzeughaut . . . und die Bespannung – dick mit Kunstharzfirnis bestrichen – würde wie warmes Dynamit brennen, wenn er mit der Flamme darankäme!

»Holt doch bitte ein paar alte Lappen und einen Eimer voll Wasser her«, meinte Johnny. »Und dann baut uns hier herum einen richtigen Feuerdamm auf – wir arbeiten hier ziemlich dicht dran.«

Wir legten den Feuerwall aus tropfnassen Lappen an die bezeichnete Stelle, und der Schweißbrenner verrichtete zischend seine Arbeit. Vor dem schmerzenden Licht mußte ich die Augen zukneifen, und durch diese Sehschlitze beobachtete ich, wie die strahlende Flamme das Metall berührte und es in einen hellen, geschmolzenen Fleck verlaufen ließ, damit sich die Bruchstellen wieder zusammenfügen lassen konnten. Das Kühlwasser spritzte auf den Lappendamm, und ich war wieder äußerst gespannt.

Nach einer längeren Zeitspanne war auch dieser harte Job getan . . . doch der letzte war dann der schlimmste von allen! Es war ein schwerer Durchsteckbolzen, der fast vollständig von firnisgetränkter Leinwand und stark veröltem

Holz umgeben war. Und etwa fünfundzwanzig Zentimeter über den sechstausend Grad des Schweißbrenners lag der Sprittank, ganz in trockenes Holz eingebettet. Er enthielt genau einhundertfünfundsechzig Liter Flugbenzin; gerade genug, um damit das ganze Flugzeug eintausend Fuß hoch in die Luft zu schleudern.

Johnny stellte jetzt erst einmal die Flamme ab und besah sich die Situation bei Licht gründlich aus der Nähe.

»Hierbei werden wir wohl etwas aufpassen müssen«, meinte er dann trocken. »Wir werden wieder einen Feuerdamm brauchen ... diesmal aber mit sehr viel Wasser! Und wenn jemand irgendwo ein Feuer ausbrechen sieht, dann soll er sofort rufen und gleich ordentlich Wasser daraufschütten!«

Dann setzten sich Johnny und ich unter dem Flugzeug zwischen den großen Rädern zurecht. Die ganze Arbeit ... und damit auch das mögliche Feuer würde damit genau über uns sein, während wir auf dem Gras kauerten.

»Stu«, sagte ich, »warum steigst du nicht in den Vordersitz und paßt von dort aus auf alles auf, was wie ein Feuer in der Nähe des Benzintanks aussieht. Nimm dir dazu Stans Feuerlöscher mit. Scheue dich nicht zu rufen, wenn du auch nur das Geringste siehst, und lösche gleichzeitig mit dem Schaumlöscher! Und wenn es tatsächlich so aussehen sollte, als ob das Ganze gleich in die Luft fliegen könnte, dann schreie gefälligst und haue ab von da oben! So eine Maschine kann man ruhig verlieren; aber wir selbst wollen uns dabei natürlich nicht verletzen!«

Es war nun schon fast Mitternacht geworden, als Johnny den Brenner wieder anzündete und die Flamme neben meinem tropfenden Schutzdamm nach oben richtete. Das betreffende Stahlstück war recht dick, und die Arbeit ging daher nur ganz langsam vonstatten. Ich machte mir große Sorgen, daß die ungeheure Hitze durch das Metallwerkstück wandern und die Bespannung hinter dem Feuerwall entzünden könnte.

»Paul, paß überall etwas mit auf ... auf alles, was halbwegs nach Rauch oder einer offenen Flamme aussieht, ja?!«

So aus nächster Nähe fauchte der Schweißbrenner gewaltig, und er versprühte dabei Flammen und Funken wie ein Raumschiff beim Starten. Wenn ich direkt nach oben schaute, konnte ich durch einen schmalen Schlitz in den kleinen Zwischenraum unter dem Sprittank sehen. Sollte dort ein Feuer ausbrechen, würden wir wohl in ziemliche Bedrängnis geraten; und bei all diesem Feuerschein und Lärm des Brenners ließen sich noch nicht einmal alle Einzelheiten einwandfrei ausmachen.

Hin und wieder sprang eine weiße Flamme zurück und versprühte dann einen Regen weißer Funken über uns. Die Flammenspitze selbst war an der Stelle, an der sie das Flugzeug berührte, ganz im Rauch begraben. So hatten wir hier unter dem Rumpf des Doppeldeckers unsere eigene, ganz persönliche Hölle gefunden.

Plötzlich vernahm ich über meinem Kopf ein Knistern, und dann rief Stu etwas Undeutliches.

»Paul!« rief ich nervös. »Was sagt Stu da? Sieh mal bitte rasch nach, was er hat!«

Jetzt sah ich über mir ein kleines Feuerchen aufflackern. »*Aufhören, Johnny! Feuer!*« Ich drückte einen tropfnassen Lappen fest in den engen Spalt. Er zischte in einer aufsteigenden Dampfwolke.

»*Stu! Verdammt noch mal! Sag doch endlich etwas! Hast du dort oben bei dir ein Feuer?!*«

»Jetzt ist alles wieder in Ordnung«, kam seine leise Stimme zurück ... die große Entfernung, dachte ich ... dazu das Zischen des Schweißbrenners! Deshalb kann ich ihn wohl nicht hören! Sei nicht zu grob mit ihm; aber *dabei* konnte man wohl nicht allzuviel Geduld haben!

Falls er sich nicht rechtzeitig bemerkbar machen konnte, wenn er von dort oben ein Feuer sah, würden wir schließlich alle recht schnell in die Luft fliegen!

»Paul, achte bitte genau auf das, was er sagt, ja?! Ich kann hier unten kein Wort verstehen, wenn er spricht!«

Johnny entfachte jetzt wieder den Brenner, und das Knistern und Qualmen über uns ging weiter.

»Dort brutzelt nur ein wenig altes Fett ab«, sagte er ganz ruhig neben mir. Wir durchlebten in unserer kleinen Hölle noch weitere drei Feuer und konnten alle ganz knapp vor dem Benzintank stoppen . . .

Als dann morgens gegen zwei Uhr der Brenner endlich abgestellt wurde und das Fahrwerk fertig war und die Streben im Dunkeln noch nachglühten, waren wir doch alle ziemlich erleichtert!

»Das müßte es jetzt eigentlich tun«, meinte Johnny kurz. »Wollt ihr, daß ich noch zur Montage hierbleibe?«

»Nein, danke . . . von jetzt an gibt es keine besonderen Probleme mehr! Du hast uns wieder einmal gerettet, John! Laß uns noch etwas schlafen, ja? Menschenskind, *das* möchte ich nicht noch einmal durchmachen!«

Johnny schien nicht erkennbar müde zu sein; aber ich fühlte mich dafür so schlapp wie ein abgelassener Ballon.

Um 5.30 Uhr stand ich mit Johnny zusammen auf und ging mit zu seiner taunassen *Aeronca* hinaus. Er ließ den kalten Motor anspringen und warf seine Werkzeugkiste auf den Rücksitz.

»Danke schön, Johnny«, sagte ich herzlich.

»Na, ist schon gut . . . hab euch ja gern geholfen! Jetzt paßt aber mit der Maschine mal etwas besser auf, ja?!«

Er wischte sich auf der taubedeckten Windschutzscheibe einen Sichtfleck frei und kletterte dann an Bord. Ich wußte nicht mehr zu sagen . . . Ohne seine großzügige Hilfe wäre mein Traum nun schon zweimal ausgeträumt gewesen!

»Hoffentlich fliegen wir bald wieder einmal zusammen!«

»Das machen wir bestimmt irgendwann einmal . . .«

Dann schob er den Gashebel vor und rollte in den dämmrigen Morgen hinein. Einen Augenblick später war er nur noch ein kleiner Fleck am westlichen Horizont . . . Unser ganz großes Problem war noch einmal gelöst und die große amerikanische Flugshow wieder zum Leben erweckt!

Kapitel 9

Drei Tage nach seinem zweiten schweren Unfall, es war inzwischen bereits nachmittags gegen fünf Uhr, sah unser Doppeldecker genauso wie eine dieser alten Flugmaschinen aus den Fotoalben der Oldtimer-Piloten aus: Silberflecken auf der Bespannung, geschweißte Platten an den Flächenverstrebungen, dazu überall versengte und übermalte Stellen.

Wir sahen uns noch einmal alle Verbindungsstellen genau an, übrprüften die vielen Sicherungsdrähte und Gegenmuttern. Dann saß ich endlich wieder in meinem vertrauten Cockpit; der Motor tuckerte leise vor sich hin und erwärmte sich langsam unter den schnellen Zündungen in seinen Zylindern. Dies sollte jetzt ein Testflug für die Flächenstreben und das reparierte Fahrwerk werden ... und falls dabei das Fahrwerk schon beim Start zusammenbrechen sollte und die Tragflächen im Flug abmontierten – dann hätten wir eben versagt!

Ich schob jetzt den Gashebel nach vorn, wir rollten an, und dann sprangen wir wieder leicht in die Luft hinein. Das Fahrwerk hielt, und die Verstrebungen schienen auch soweit in Ordnung zu sein ... sie flog wieder wie ein Gedicht!

»Jo-hoo!« rief ich gegen den Fahrtwind an, wo mich keiner hören konnte. »Großartig! Ich liebe dich, du altes Biest!« Und das Biest brüllte glücklich zurück.

Wir kletterten weiter bis auf zweitausend Fuß über dem See und flogen dort einige einfachere Kunstflugfiguren. Wenn die Tragflächen beim engen Kurven und im Rükkenflug nicht abfielen, dann würden sie es auch sonst nicht tun. Der erste Looping verlangte allerdings etwas Mut, und ich prüfte noch einmal vorsorglich den Verschluß meines Fallschirmes. Doch der Wind sang wie eh und je, und so zog ich die Maschine weiter hoch und in die Rückenfluglage hinein – beim ersten Mal natürlich so weich wie möglich –, dann sahen wir wieder den Erdboden über uns und zogen das Flugzeug koordiniert weiter durch.

Dann folgte ein engerer Looping, und wir achteten genau darauf, ob nicht etwa die Spanndrähte zu schlagen beginnen würden . . . oder die Streben sich verbogen . . . oder die Bespannung irgendwo wegreißen wollte. Sie war aber doch noch ganz dasselbe, zuverlässige alte Maschinchen, das sie vorher gewesen war. Zum Abschluß flog ich daher noch einmal den engsten Looping und die schnellste gerissene Rolle – und sie gab dabei keinen einzigen Klageton von sich!

Dann stürzten wir uns wieder hinunter auf den Boden zu, und ich ließ die Räder beim ersten Anflug mit hoher Geschwindigkeit absichtlich hart aufprallen. Das war gar nicht so einfach; aber ich mußte es ja bei diesem Test für das Fahrwerk härter machen, als es jemals mit Passagieren der Fall sein würde . . . Sie bestand alle Tests glänzend, und die allerletzte Untersuchung galt jetzt der Frage, ob das geschweißte Rad die Rolleigenschaften irgendwie negativ verändert hatte.

Wir kamen dann im Endanflug heruntergesegelt, überquerten den Zaun und ließen uns absichtlich hart auf den Rasen plumpsen. Ich wartete gespannt – die Hand am Gashebel und die Füße bereits auf den Seitenruderpedalen. Sie machte jetzt einen kleinen Schlenker zur Seite, reagierte dann aber sofort auf das Gas. Sie schien am Boden ein klein wenig nervöser zu reagieren als vorher. Triumphierend rollten wir jetzt zu Stans Hangar zurück, und ich ließ dabei schon den Propeller zum Stillstand auslaufen.

»Na, wie fühlt sie sich denn an?« fragte Paul im gleichen Augenblick, als der Motor zum Stillstand gekommen war.

»Großartig! Vielleicht ein wenig launischer bei der Landung; aber sonst einfach große Klasse!«

Ich sprang aus dem Cockpit und sagte das, was ich jetzt einfach sagen mußte; denn es gibt eben Dinge, die sind wichtiger als Flugzeuge.

»Bist du bereit, um es jetzt noch einmal zu versuchen, Paul?«

»Meinst du das wirklich?«

»Ich würde es sonst ja nicht sagen . . . und falls sie dabei noch einmal verbogen werden sollte, reparieren wir sie halt wieder. Bist du fertig?«

Er dachte eine ganze Weile nach und sagte dann: »Ich glaube nicht! Unseren Plan mit der Flugshow könnten wir wohl für immer begraben, wenn ich sie dir jetzt noch einmal kaputtmachte . . . Und schließlich sind wir ja hier draußen, um zu fliegen – und nicht, um ständig Flugzeuge zu reparieren.«

Es war immer noch nicht recht hell an diesem Samstagnachmittag.

»Erinnerst du dich noch daran, daß du einmal gesagt hast, wenn es für uns bestimmt sei, am Sonntag noch hierzusein, daß uns dann nichts davon abhalten könnte?« meinte Paul nachdenklich . . . »Nun sieht es doch wohl ganz so aus, als ob wir am Sonntag hiersein sollten, nicht? Es sei denn, du wolltest heute abend noch abdampfen . . .«

»Ach, Quatsch!« entgegnete ich. »Es ist schon in Ordnung mit Sonntag. Aber die einzige Art und Weise, wie ich zum Hierbleiben gezwungen werden konnte, war eben wohl dieser Unfall. Ich vermute daher auch fast, daß uns morgen irgend etwas Interessantes erwarten könnte.«

Am Sonntagmorgen fand dann also das traditionelle, jährliche Palmyra-Flugpicknick statt, und die ersten Gastmaschinen erschienen bereits um sieben Uhr. Um 7.30 Uhr hatten wir dann schon unseren ersten Passagier befördert, und ab neun Uhr flogen unsere beiden Maschinen pausenlos; und wir hatten außerdem ständig eine Gruppe von weiteren zirka fünfzig Interessenten, die auf ihre Flüge warteten. Auf der gegenüberliegenden Platzseite flog ein Helikopter mit Passagieren; aber unsere Warteschlange war zweimal so lang, und wir waren natürlich mächtig stolz darüber.

Der Luftraum füllte sich jetzt aber auch zusehends mit allen möglichen modernen Privatflugzeugen, die alle zu diesem gigantischen Picknick kamen, das hier schon zur festen Einrichtung geworden war. Der Doppeldecker und die *Luscombe* mußten sich zwischen all diesem Luftverkehr immer dazwischenklemmen oder aus der Platzrunde ausscheren, überholten einander ab und zu und leisteten insgesamt ein hartes Stück fliegerischer Arbeit. Und wir fluchten dabei ständig über all die anderen bummelnden Maschinen, die es längst nicht so eilig hatten, wieder an den Boden zu kommen.

Wir hatten durch langjährige Erfahrung gelernt, daß es unvernünftig ist, eine Platzrunde weiter zu fliegen, als daß man die Landebahn bei Motorausfall nicht gerade noch im Gleitflug erreichen konnte; aber zwischen all diesen Besuchern in Palmyra schienen wir mit dieser Erfahrung ziemlich allein dazustehen. Überall hingen lange Ketten von Maschinen hintereinander auseinandergezogen in der Luft; und wenn jetzt einmal alle Motoren gleichzeitig stehengeblieben wären, dann wären all diese Flugzeuge wohl überall, nur nicht auf dem Flugfeld heruntergekommen!

Wir flogen jetzt buchstäblich pausenlos und tranken nur einige Male im Cockpit eine Cola, während Stu weitere Fluggäste anschnallte. Wir verdienten das Geld körbeweise, arbeiteten aber auch sehr hart dafür! Herum und wieder herum ... und immer wieder das gleiche. Ganz Palmyra war offensichtlich auf den Beinen; und die Mehrzahl unserer Passagiere waren diesmal Frauen – und die meisten von ihnen flogen zum ersten Mal.

Ich sah, wie der Fahrtwind ihre Haare über die oft feingeschnittenen Gesichter wehte und war wieder einmal erstaunt, daß es in einer solchen Kleinstadt so viele attraktive Frauen gab.

Unsere Flüge ordneten sich wieder alle zu einem festgefügten Plan; nicht nur in der Luft, sondern auch in unserem ganzen Denken:

Schnall sie an, Stu, und vergiß nicht, ihnen zu sagen, daß sie ihre Sonnenbrillen festhalten sollen, wenn sie sich zur Seite hinausbeugen. Dann hinausrollen und dabei auf die vielen anderen Maschinen achten und die Anflugschneise nach weiteren landenden Maschinen absuchen. Auf die Piste rollen, die Bremsen halten, damit das Abheben genau vor den Zuschauern möglich wird und sie die breiten Kreuze an den Rädern schon in der Luft herumwirbeln sehen können. Falls der Motor jetzt versagen sollte, könnten wir immer noch auf der Landebahn heruntergehen ... jetzt ... und wir würden die anschließende Wiese nehmen. Über der Farm hochgezogen und eine flache Steigkurve eingeleitet, damit sie auf die Kühe und den Traktor hinuntersehen können. Falls der Motor jetzt aussetzte, wäre da so ein nettes kleines Feld jenseits von der Straße ganz passend. In achthundert Fuß bleiben und weit ausholen, damit wir den *Blue Spring Lake* richtig umkreisen ... heute machen wir bestimmt eine Menge Geld; ich habe die Übersicht über die beförderten Passagiere inzwischen schon längst verloren ... es müßten aber wenigstens schon zweihundert Dollar sein! Aber dafür muß man auch ganz schön arbeiten! Auf andere Flugzeuge achten, ständig herumschauen ... jetzt ein Motorausfall, und wir landen genau neben dem See; da gibt es ein hübsches Stückchen flaches Land für eine Notlandung.

Jetzt wieder eine Kurve, damit die Leute die Segelboote und die Motorboote mit den Wasserskiläufern dahinter sehen können, wie sie weiße Schaumspuren über den makellosen See ziehen ... Hier links wieder ein geeigneter Notlandeplatz ... eine weitere Kurve, die gibt's gratis dazu, damit sie noch einmal das herrliche Blau dieses Sees sehen und genießen können; dann geht es wieder über die grüne Wiese herunter und in die Platzrunde hinein. Über der Stadt jetzt besonders aufgepaßt, da fliegen alle möglichen Maschinen herum! Hinter dieser Cessna einordnen ... der arme Kerl weiß gar nicht, was ihm entgeht, da er nicht auch in einem offenen Cockpit, sondern in seinem geschlossenen Glaskasten herumfliegen muß. Natürlich kommt er dafür doppelt so schnell irgendwohin ... und das will er ja auch, na schön! Ich wünschte nur, daß er seine Platzrunde etwas enger fliegen würde ... eines Tages wird ihm einmal der Motor stehenbleiben, und er wird dann ein verdammt dummes Gesicht machen, wenn er die Landebahn im Gleitflug nicht mehr erreichen kann. Jetzt ist er endlich drin!

Einkurven, etwas Höhe weggeslippt, auf den Wind achten! Kommt wieder von der Seite, ist aber kein größeres Problem. Auf die rechte Seite der Landebahn zuhalten und dann zur Mitte hin einschwenken, damit wir bei unserer Warteschlange schon langsam genug sind und neue Passagiere ohne großen Zeitverlust aufnehmen können ... Mann, mußten diese Himmelsstürmer hart arbeiten! Vergiß es, die Landung kommt ... und jede Landung ist wieder anders ... jetzt aufmerksam und ganz wach bleiben! Denn es würde wohl auch recht dumm aussehen, wenn man direkt vor einer solchen Zuschauermenge einen Ringelpiez veranstalten würde – selbst wenn die Maschine dabei nicht weiter zu Schaden käme. Die Räder sind stärker als zuvor; der gute alte Johnny versteht wirklich etwas vom Schweißen! Und man könnte wohl auch nirgends einen besseren Freund finden! Vorsichtig herunter, über den Zaun . . . diese Autos sollten beim Herumfahren wirklich etwas besser auf landende Flugzeuge achten . . . und dann sind wir wieder am Boden, und jetzt kommt eigentlich der schwierigste Teil . . . halte sie gerade, ganz geradeaus! Bleib am Gashebel und auf den Ruderpedalen!

Sie sind froh, wieder heil unten angekommen zu sein; aber der Flug hat ihnen gut gefallen. Jetzt langsamer werden und zu Stu hinüber einschwenken . . . Laß sie vorsichtig raus, Junge! Und daß sie mir nicht durch die Bespannung treten . . . und da sind schon wieder zwei flugbereit. Diese tapferen Leute überwinden tatsächlich alle ihre Angst und vertrauen mir, nur weil sie sehen wollen, wie ihre Welt von oben aussieht! Diesmal ist es eine Mutter mit ihrer Tochter; sie wissen es beide noch nicht, aber auch ihnen wird der Flug gut gefallen! Schnall sie mir gut an, Stu . . . und vergiß nicht, ihnen zu sagen, daß sie ihre Sonnenbrillen gut festhalten sollen, wenn sie über den Seitenrand . . . immer und immer wieder dasselbe!

Nur einmal kam etwas Abwechslung in die fast schon ein wenig eintönig werdende Routine der Rundflüge, als nämlich nach der Landung plötzlich ein ziemlich verärgerter Mann an mein Cockpit herantrat, während Stu gerade dabei war, neue Passagiere einzuladen.

»Mir ist ja klar, daß Sie ein Mordspilot sein müssen«, sagte er recht giftig, »aber vielleicht könnten Sie zur Abwechslung in der Platzrunde ja doch ab und zu auch einmal aufpassen! Ich hing nämlich vorhin gerade mit meiner zweimotorigen *Apache* im Endanflug, als Sie mich glatt abschnitten und genau vor mir zur Landung einkurvten!«

Mein erster Gedanke war, daß ich mich eigentlich bei

ihm entschuldigen und sagen sollte, daß es mir leid täte; aber dann reizte er mich irgendwie durch seine arrogante Haltung. Hätte ich selbst einen anderen Fliegerkameraden an einem so verkehrsreichen Tage auf solche Art behandelt? Und dann fiel mir aus einem unersichtlichen Grund gerade in dem Augenblick ein anderer Pilot namens Ed Fitzgerald ein, den ich damals in der 141. Taktischen Jabostaffel der *Air Force* gekannt hatte. Fitz war damals einer der besten Piloten, die ich kannte, und dazu auch noch ein großartiger Kamerad; aber andererseits war er auch in der ganzen Luftwaffe als der grimmigste Mann gefürchtet. Er schien immer irgendwie unter Hochdruck zu stehen, und wir pflegten im Gespräch über ihn stets zu bemerken, daß er wohl immer kurz vor dem Explodieren stehen müsse.

Wenn daher irgend jemand den Fehler machte, Fitz einmal so rein zufällig in die Quere zu kommen, dann mußte er sich alsbald auf einen gefährlichen Nahkampf wie gegen einen wilden Leoparden gefaßt machen. Auch wenn er dabei ausnahmsweise einmal im Unrecht sein sollte, so zögerte Ed doch keine Sekunde lang, einen solchen Widersacher rücksichtslos niederzuschmettern.

Ich dachte also an eben diesen Fitz und mußte dabei innerlich fast ein wenig lachen. Und schon richtete ich mich in meinem Cockpit steil auf, was mich gut einen Meter größer machte als diesen *Apache*-Piloten, und blickte wütend und stirnrunzelnd von oben auf ihn herab – genau wie Fitz das wohl in einem solchen Falle getan haben würde.

»Hören Sie mal, mein Bester!« rief ich also. »Ich weiß zwar nicht, wer Sie sind; aber Sie fliegen eine so unmögliche Platzrunde, daß Sie damit noch mal jemanden umbringen werden! Erst bummeln Sie hier im Tiefflug über die ganze Gegend, und wenn Sie dann endlich zur Landung einkurven, dann erwarten Sie auch wohl noch, daß Ihnen alle aus dem Wege gehen müssen, wie? . . . Bloß weil Sie zufällig zwei solche Motoren an Ihrer lächerlichen Kiste dranhaben! Jetzt passen Sie mal gut auf: Wenn Sie so weiterfliegen, dann werde ich Sie jedesmal abschneiden ... Sie können gleich starten, und ich werde es wieder tun, haben Sie mich verstanden?! Und wenn Sie dann doch vielleicht noch eines Tages gelernt haben werden, wie man eine solche Maschine in der Platzrunde zu fliegen hat, dann können Sie ja noch mal vorbeikommen und sich wieder mit mir unterhalten ... klar?!«

Stu hatte inzwischen seinen Passagier angeschnallt, und ich schob jetzt den Gashebel absichtlich weit vor, um den Mann mit meinem Propellerwind aus dem Gleichgewicht zu bringen. Wütend sprang er zurück, und ich zog verächtlich einfach die Brille herunter und rollte mit solchem Getöse davon, daß er mir nichts mehr zurufen konnte. Ich lachte danach den ganzen Weg bis zum Start ... Guter alter Fitz, nun bist du mir also zu Hilfe gekommen!

Gegen drei Uhr lag dann das ganze Flugfeld wieder so tot und leer da, wie es das ganze Jahr über war; außer unserer *Luscombe* und dem Doppeldecker gab es keine einzige weitere Maschine zu sehen! Wir gingen über das Getreidefeld direkt zum Essen und brachen an unserem Tisch förmlich zusammen.

»Drei Hamburger und drei *Showpilot Special*, Millie!«

Dies war ein weiterer Aspekt äußerer Sicherheit: Man kennt nicht nur die nette Bedienung, sondern hat schon seinen eigenen Tisch und fügt der Speisekarte noch etwas hinzu. Unser Tisch hatte Platz für drei Personen und stand mit einer Seite an der Wand; und der *Showpilot Special* war ein Shake aus *Erdbeer-Sherbet*-Eis mit *Seven-Up* gemixt. Stu hatte es sogar aufgeschrieben, und man könnte es daher vielleicht noch immer auf irgendeiner Speisekarte in Palmyra finden ...

Nach einer langen Pause rieb Paul sich die Augen und seufzte: »War das ein Tag!«

»Hmm«, stimmte ich einfach zu, da ich die Anstrengung zu sprechen scheute.

»Was ist eigentlich mit Duke los?« fragte Stu nach einer Weile, und nachdem es nicht so aussah, als ob irgend jemand darauf antworten wollte, fuhr er fort: »Sie hat euch den ganzen Tag beim Fliegen zugeschaut; aber sie hat sich nie selbst ein Ticket gekauft. Sie sagt, daß sie Angst habe.«

»Das ist ihr Problem«, erwiderte ich kurz.

»Jedenfalls sind wir heute abend mit ein paar ihrer Freunde zusammen zum Abendessen eingeladen. Es ist genau auf der anderen Seite vom See ... wollt ihr hingehen?«

»Natürlich wollen wir das«, antwortete Paul.

»Sie sagte, daß sie gegen fünf zurück sein würden, um uns abzuholen.«

Wieder Stille ... Ich durchbrach sie endlich mit der Frage: »Läuft es nun? Kann man tatsächlich als Showpilot überleben?«

»Falls dein Vogel seinen schweren Unfall überleben und schon zwei Tage später wieder fliegen konnte«, meinte Paul, »dann hat das Unheil ausgespielt. Ich weiß zwar nicht genau, wieviel Geld wir verdient haben; aber es muß wohl ein ganz schöner Haufen sein! Falls sich also tatsächlich jemand hinsetzte und seine Terminplanung so anlegen würde, daß er dabei all die Flugpicknicks, Ausstellungen und sonstigen Festtage der Kleinstädte unterbrächte ... dann könnte er in anderthalb Wochen oder so ein gemachter Mann sein!«

»Solange man die Flugzeuge in der Luft halten und Passagiere fliegen lassen kann, bleibt man im Geschäft«, ergänzte Stu ... dann machte er eine kurze, bedeutungsvolle Pause. »Als ich heute nachmittag Karten verkaufte, sagte mir Duke, daß man in der Stadt Wetten darauf abgeschlossen hätte, daß unser Doppeldecker nach seinem Absturz nie wieder fliegen würde.«

»War das ihr Ernst?« fragte er erstaunt.

»Sah ganz so aus ...«

»Tja, die Show muß schon laufen; du hast ja gesehen, wie der Helikopter zum Schluß aufgab! Die großen Amerikaner hatten wirklich alle Leute eingefangen; und ich vermute daher, daß er zum Schluß diese Konkurrenz einfach nicht mehr verkraften konnte.«

Eine Zeitlang war es dann wieder still; dann sprach Paul weiter: »Wißt ihr, daß ein Mädchen dreimal mit mir geflogen ist?«

»Was für ein Mädchen?«

»Ich weiß nicht. Sie hat kein einziges Wort gesagt ... nicht einmal gelacht hat sie. Aber sie flog dreimal mit ... neun Dollar! Woher hat so ein Mädchen wohl neun Dollar, um sie an Rundflüge zu verschwenden?«

»Verschwenden?« fragte ich erstaunt. »Verschwenden, sagst du? Mann, das Mädchen fliegt doch dafür! Dafür sind neun Dollar doch gar nichts!«

»Tja ... aber von der Art, die so denken, findet man nicht allzu viele. He, und wißt ihr, was noch war? Zwei Autogramme ... ich habe heute zwei Autogramme gegeben!«

»Nett«, sagte ich. »Mich hat es auch umgehauen; ich hatte da so einen kleinen Burschen, der mir ein Buch zur Unterschrift brachte. Wie findest du das, Stu? Jetzt bist du nicht mehr länger der *Star* ...«

»Armer Stu«, säuselte Paul ganz sanft. »Hast du den Leuten heute auch irgendwelche Autogramme gegeben ... Star?«

»Zwölf«, antwortete Stu leise und sah verschämt zur Seite.

Bis fünf Uhr hatten wir die Flugzeuge für die Nacht abgedeckt. Wir hätten sogar noch mehr Passagiere fliegen können; aber wir hatten heute wirklich keine Lust mehr dazu und schlossen unseren Rundflugstand.

Duke und ihre Freunde kamen jetzt und fuhren uns zu einem Haus, das genau auf der anderen Seite von Palmyras zweitem See lag. Es war auch noch Zeit genug für ein Bad; aber Paul blieb lieber am Ufer ... das Wasser sah recht kühl aus.

»Leihst du mir mal deinen Kamm, Stu?« fragte ich nach einem ausgiebigen Bad im See, als wir wieder im Haus waren.

»Sicher ...« Er reichte mir ein abgebrochenes Stück Plastik, das am einen Ende noch ganze fünf Zähne aufwies. Danach kam ein langes kahles Stück und daran im Anschluß ein kleiner Wald von achtzehn Zinken ... Alles andere war völlig leer!

»Ist eben ein Springerkamm«, entschuldigte sich Stu dafür. »Ein paar harte Landungen haben ihn wohl erledigt.«

Der Kamm war wirklich nicht allzu effektiv. Wir gingen dann zu den anderen zurück, einer Menge fremder Leute im Wohnzimmer, die dort Sandwiches und Kartoffelchips mampften. Sie quetschten alle Paul darüber aus, was wir denn eigentlich mit unserem kleinen Flugzirkus bezweckten.

Es lag unausgesprochene Sehnsucht über dem Raum, als ob wir drei etwas besäßen, was diese Leute auch gern gehabt hätten; als ob auch sie alle den entfernten Wunsch hätten, sich einfach von Palmyra zu verabschieden und mit dem großen amerikanischen Luftzirkus in den Sonnenuntergang hinein davonzufliegen. Am stärksten sah ich diesen Wunsch in den Augen von Duke und dachte: Wenn sie wirklich auch so etwas tun wollen, warum zögern sie dann? Warum tun sie es nicht einfach und werden glücklich dabei?

Paul hatte inzwischen Duke mit seiner klaren Logik zu einem Flug in der *Luscombe* überredet.

»Es muß aber nachts sein«, sagte sie bestimmt.

»Warum denn ausgerechnet nachts? Da kann man doch nicht halb so gut sehen . . .«

»Deshalb ja gerade! Ich möchte nichts sehen . . . ich bekomme dann immer diesen Drang zum Herausspringen . . . aber vielleicht ist das nachts anders?«

Da stand Paul einfach auf und fragte: »Wollen wir gehen?«

Und sie gingen tatsächlich fort! Draußen war es inzwischen schon stockfinster geworden . . . ein Motorversager beim Start würde ihm dabei wohl ein paar aufregende Augenblicke einbringen. Wir horchten alle hinaus und konnte etwas später die *Luscombe* starten hören, und kurz darauf sahen wir, wie sich ihre Positionslichter zwischen den Sternen bewegten. Sie blieben über dem Stadtgebiet und schraubten sich dabei immer höher. Gut für Paul! So würde es ihn nicht unterhalb der Gleitflugentfernung zum Platz erwischen.

Wir unterhielten uns dann noch eine Weile im Haus darüber, was für ein seltsames Mädchen Duke doch sei; wie lange sie sich davor gefürchtet hatte, überhaupt mit irgendeinem Flugzeug zu fliegen . . . und wie sie jetzt mitten in der Nacht dort oben herumflog, wo niemand sonst ans Fliegen auch nur denken würde!

Stu wurde ein wenig mit seiner Schweigsamkeit aufgezogen, und ich fand plötzlich eine alte *Ornamental-Guitarre* und fing an sie zu stimmen. Die E-Saite riß dabei sofort, und es tat mir leid, daß ich das dumme Ding überhaupt gesehen hatte. Ein Stück Angelschnur diente mir als Notbehelf, war aber viel zu hoch im Ton.

Nach einer Weile kamen die Nachtflieger zurück!

»Es war wunderschön«, erzählte uns Duke. »Die Lichter und die Sterne . . . aber nach fünf Minuten bat ich: ›Ich will runter! Ich will runter!‹ Ich hatte wieder den starken Wunsch hinauszuspringen . . .«

»Natürlich hätte sie gar nicht aus dem Flugzeug herausspringen können, selbst wenn sie es versucht hätte«, meinte Paul dazu. »Sie konnte sich nicht einmal selbst die Tür aufmachen.«

Duke sprach noch eine ganz Weile darüber, wie es sich angefühlt hatte; aber sie sprach jetzt wieder in ihrer vorsichtigen, abwesenden Art. Ich fragte mich, was sie wohl wirklich denken mochte. Nach einer weiteren Stunde dankten wir unseren freundlichen Gastgebern, verabschiedeten uns von ihnen und gingen durch die Nacht zurück zum Flugplatz.

»Ich hätte wirklich schlecht ausgeschaut, wenn mir dabei beim Start der Motor weggeblieben wäre«, meinte Paul nachdenklich. »Ich wußte zwar, daß diese Wiese irgendwo da draußen liegt; aber ich konnte überhaupt nichts mehr erkennen. Mann, saß ich schnell auf den Instrumenten . . . sowie ich vom Boden freikam . . . draußen war es *rabenschwarz*! Ich konnte nicht mal den Horizont ausmachen. Dieses verwirrende Gefühl, weißt du, wenn man nicht mehr genau weiß, ob die Sterne die Stadt sind oder die Stadt der Sternenhimmel . . .«

»Wenigstens bist du aber auf sicherer Gleitflugentfernung zum Platz geblieben, nachdem du einmal oben warst«, erwiderte ich.

»Ach, nachdem ich einmal oben war, gab es überhaupt kein Problem mehr . . . nur gerade diese kurze Zeitspanne beim Abheben!«

Wir stapften ins Flugbüro und ließen das Licht anschnappen.

»Was für ein Tag!«

»He, Schatzmeister! Wieviel Geld haben wir heute eigentlich verdient?«

»Ich weiß selbst noch nicht«, sagte Stu lächelnd. »Wir zählen es morgen, Jungs.« Stu wirkte älter als noch vor kurzem, als er sich dem Luftzirkus angeschlossen hatte. Der Unterschied kam wohl auch mit daher, daß er uns jetzt kannte, dachte ich . . . und ich wünschte mir, daß wir von ihm dasselbe hätten sagen können!

»Das werden wir den Teufel morgen tun!« rief ich. »Morgen wachen wir dann auf und stellen fest, daß unser Kassenverwalter schon längst auf dem Weg nach Acapulco ist!«

»Zähl es aus, Stu«, meinte jetzt auch Paul.

Da leerte Stu seine Taschen vom besten Tag dieses Sommers auf die Couch. Er hatte in allen Taschen große, zerdrückte Geldpakete, und auch seine Geldtasche selber war mit Geld vollgestopft. Der endgültige Haufen zerknitterten Geldes wirkte sehr beeindruckend!

Stu zählte alles auf Fünfzig-Dollar-Häufchen, während wir ihm dabei konzentriert zusahen. Es wurden sieben Haufen und einige einzelne Scheine . . . 373 Dollar!

»Nicht schlecht für einen einzigen Tag«, sagte ich darauf.

»Einen Augenblick mal«, rief Paul und rechnete dabei. »Das kann aber nicht stimmen! Jeder Flug war zu drei Dollar, wie können wir da auf eine Endsumme von 373 kommen?«

Stu klopfte noch einmal alle seine Taschen ab . . . »Ach, hier steckt ja noch ein ganzes Paket, das ich einfach übersehen hatte«, sagte er verlegen. Und unter unserem mißtrauischen Gemurmel zählte er noch weitere 17 Dollar auf das letzte Häufchen. »Weiß gar nicht, wie das passieren konnte!«

»Das war unsere Warnung, Paul«, meinte ich sehr ernst. »Wir müssen mit unserem Kassierer viel vorsichtiger sein!«

Jetzt lagen also insgesamt dreihundertneunzig Dollar vor uns, ein sauberes Spiegelbild der einhundertdreißig Passagiere, von denen die meisten noch niemals vorher geflogen waren ... Man könnte diesen Geldhaufen wohl zerstören oder schnell ausgeben, dachte ich; aber die Erinnerung von einhundertdreißig Leuten an ihr Fliegen würde man nie mehr auslöschen können. Dieses Geld ist daher nur ein Symbol für ihren Wunsch, zu fliegen und einmal weit über das ganze Land zu blicken. Und einen ganzen Augenblick lang genoß ich kleiner, ölverschmierter Showflieger das Gefühl, einmal etwas Lohnendes auf dieser Welt getan zu haben.

»Wie sieht es denn mit Benzin und Öl aus? Was schulden wir da noch?«

Ich sah mir das Quittungsbuch auf dem Schreibtisch an und addierte die Zahlen darauf. »Das macht genau 42,78 Dollar ... dabei haben wir 52 Liter Benzin und etwa sechs Liter Öl verbraucht. Wir sollten wohl auch Stan für seine Sachen etwas geben ... das Azetylen, den Sauerstoff, den Schweißdraht und das andere Zeug. Was meint ihr, hören sich dafür 20 Dollar etwa richtig an?«

Sie stimmten zu. Stu teilte inzwischen das Geld in vier gleiche Teile ein und behielt davon einen Teil für Johnny Colin zurück.

»Okay, das macht 81,80 Dollar für jeden – und dann bleiben noch zwei Cent übrig. Will noch jemand nachrechnen?« Wir rechneten alle noch einmal nach, und es stimmte genau. Die restlichen zwei Cent legten wir auf Johnnys Haufen und beschlossen, ihn am nächsten Tag zur Post zu bringen.

»Wißt ihr«, sagte ich, als wir uns dann schon alle für die

Nacht in unsere Schlafsäcke eingerollt hatten. »Vielleicht ist es doch besser, daß wir nicht mit zehn Maschinen oder so zusammengeblieben sind. Die einzige Zeit, zu der wir jemals zehn Maschinen voll für Passagierflüge hätten einsetzen können, wäre ein Tag wie dieser gewesen! Wir wären zu zehnt höchstwahrscheinlich verhungert ... ja, wir hätten nicht einmal unser ganzes Benzin bezahlen können!«

»Du hast recht«, entgegnete Paul. »Zwei Flugzeuge oder drei, es sei denn, du wolltest alles voll durchorganisieren und von einer Ausstellung zu anderen, von einem Flugpicknick zum nächsten fliegen ...«

»Könntest du dir uns *so* vorstellen?« fragte ich. »Heute, Männer, werden wir 88 Meilen auf Kurs einhundertachtzig Grad nach Richland fliegen, wo wir von Mittag bis um zwei Uhr dreißig Passagiere fliegen sollen. Danach fliegen wir 42 Meilen weiter nach Westen, wo wir dann von acht bis sechzehn Uhr fliegen sollen ... Das hört sich aber gar nicht gut an! Bin doch froh, daß nur wir zusammengeblieben sind ...«

»Glaubst du eigentlich, daß wir ›geleitet‹ worden sind, während es all die anderen Flugzeuge nicht schafften?« fragte Paul nachdenklich. »Auch schon deshalb, weil uns auch all die Unfälle nicht aufhalten ...«

»Da kannst du aber ganz sicher sein, daß wir ›geleitet‹ werden«, entgegnete ich sehr bestimmt. Angesichts all der Begebenheiten zu diesem Punkt wurde ich selbst immer sicherer, daß es so sein mußte. Und während mir der Mittlere Westen sowohl schön als auch freundlich erschien, fragte ich mich doch insgeheim, welche Abenteuer uns wohl als nächstes über den Weg laufen würden. Ich war nicht allzu scharf auf weitere Abenteuer und erhoffte vielmehr eine etwas ruhigere Zeit ... Ich vergaß aber diesen Wunsch sehr bald ... denn ein Luftzigeuner bringt selbst stets Aufregendes mit sich.

Kapitel 10

Am nächsten Morgen schickten wir Johnny das Geld; lauter kleine Scheine in einem bauchigen Umschlag mit einer kleinen Danknotiz. Während eines späten Frühstücks in unserer D & M Snackbar sah Paul sich dann die Liste seiner Kunden an, denen er versprochen hatte, daß er für sie fotografieren wollte.

»Am Stadtrand von Chicago erwartet mich ein Geschäftsauftrag. Ich sollte dort wirklich mal eben kurz rüberrutschen und die Fotos machen. Dann ist da noch ein Auftrag für Ohio und einer für Indiana . . . werden wir noch nach Indiana kommen?«

»Du bist heute unser Anführer«, entgegnete ich.

»Ach, hör doch auf mit dem Quatsch! Meinst du, daß wir Indiana berühren?«

»Weiß nicht! Hängt ganz vom Wind ab, weißt du.«

»Na . . . ich muß diesen Kerl aus Chicago einfach erwischen, und solange wir hier oben sind, könnte ich vielleicht auch noch eben auf einen Sprung nach Indiana hinüber. Ich kann mich dann ja später wieder mit euch treffen, wo immer ihr dann grad sein mögt.«

»Ist in Ordnung. Ich werde immer bei Bette hinterlassen, wo wir gerade sind. Du rufst sie einfach an und kommst dann nach, sobald du kannst.«

Einerseits tat es mir ein wenig weh, daß Paul mehr an seine Fotos dachte als an unser Showfliegen; aber andererseits stand es ihm natürlich völlig frei zu tun, was ihm gefiel.

Wir verabschiedeten uns von Millie, ließen noch ein

Riesentrinkgeld auf dem Tisch zurück und gingen wieder zu unseren Maschinen. Wir starteten gemeinsam und blieben bis achthundert Fuß in Formation; dann winkte Paul uns noch einmal zu und drehte danach scharf in Richtung auf den Lake Michigan und die Jetztzeit ab.

Wir waren allein. Die große amerikanische Flugshow bestand jetzt nur noch aus einem einzigen Doppeldecker, einem Piloten und einem Fallschirmspringer . . . Bestimmungsort: wie immer unbekannt!

Unter uns wurde das Land jetzt flach. Es fing an wie Illinois auszusehen, und nach einstündigem Flug sahen wir in der Ferne einen Fluß. Weit und breit war kein einziges anderes Flugzeug am Himmel, und auf der Erde unter uns schien jedermann irgendeiner vernünftigen und respektablen Arbeit nachzugehen. Das war ein ziemlich nachdenklich und einsam machender Gedanke.

Wir folgten dem Flußlauf nach Süden und Westen; und der Doppeldecker zog über dem Wasser einen Streifen verwirbelter Luft hinter sich her.

Hier gab es nur wenige geeignete Landeplätze. Die Felder in der Nähe der Städte waren alle durch Telefondrähte eingeschlossen, mit Mais oder Bohnen bepflanzt.

So flogen wir ein paar Stunden in verschiedene Richtungen, immer in der Nähe des Wassers verbleibend, und als ich gerade voller Abscheu aufgeben wollte, fanden wir bei Erie in Illinois doch noch ein Feld. Es war recht kurz, an seinem einen Ende verliefen ein paar Bäume quer zur Landerichtung, und außerdem lag es fast einen Kilometer vom Ort entfernt. All diese Dinge waren eigentlich schlecht; aber unten auf der Wiese wurde das Heu zusammengeharkt und zu Ballen verpackt, und in der Mitte war ein breiter Streifen schon ganz freigemacht. Wir kamen über ein Maisfeld angeschwebt und landeten auf der anschließenden Wiese, wo wir bis zu dem Farmer rollten, der an einer großen Heumaschine arbeitete. Er hatte irgendwelche Probleme damit, und ich schaltete erst einmal den Motor ab.

»Hallo dort!« rief ich hinüber.

»Hallo!«

Stu und ich gingen zu dem großen Heurechen hinüber. »Können wir Ihnen irgendwie helfen?«

»Vielleicht ... ich versuche nämlich schon die ganze Zeit, dieses blöde Ding da an den Trecker anzuhängen ... aber es ist mir allein etwas zu schwer.«

»Kann doch nicht sein! Wir heben das kleine Ding doch ganz hoch.«

Stu und ich hoben die Deichsel von der mechanischen Harke hoch, die aus massivem Stahl war, steckten sie in das Kupplungsstück am Traktor und ließen den Sicherungsbolzen hindurchgleiten.

»Recht herzlichen Dank, Jungs«, sagte der Farmer erleichtert. Er trug eine Drillichjacke über seinem Overall, und auf dem Kopf saß bei ihm die Kappe eines Eisenbahningenieurs; dabei blieb er gegenüber der Tatsache, daß soeben einfach ein Flugzeug auf seiner Wiese gelandet war, völlig ruhig.

»Sie haben hier eine sehr hübsche Wiese«, fing ich vorsichtig an. »Hätten Sie wohl etwas dagegen, wenn wir von hier aus ein paar Rundflüge mit Passagieren machen würden?«

»Nur einmal?«

»Oft ... so hoffen wir wenigstens.«

»Tja ...« Er schien von der Sache nicht gerade begeistert zu sein; aber zuletzt willigte er doch ein.

Ich entlud das Flugzeug für einige Probeanflüge, um festzustellen, wieviel Abstand wir zu den Bäumen haben würden. Ich fühlte mich nicht sehr wohl dabei. Über die Baumspitzen kamen wir mit viel weniger Zwischenraum, als ich gehofft hatte; und mit dem zusätzlichen Gewicht der Passagiere würde das wohl ziemlich ungemütlich werden. Aber rings um die ganze Stadt gab es keine einzige andere Wiese; alles andere waren Getreidefelder!

Es hatte alles keinen Zweck ... unsere Wiese reichte einfach nicht aus, und wir mußten weiterziehen. Die Sonne stand inzwischen schon recht tief, und unser Sprit ging auch zur Neige. Wir beschlossen also, die Nacht über hierzubleiben, um zeitig am nächsten Morgen abzufliegen. Dieser Plan stand für uns schon fest, als in der Dämmerung der Farmer noch einmal vorbeikam.

»Es wäre mir doch lieber, wenn ihr von hier nicht allzu viele Flüge macht, Jungs. Eure Auspuffgase könnten mein Heu verderben.«

»Okay. Haben Sie was dagegen, wenn wir die Nacht über hier bleiben?«

»Das ist in Ordnung ... möchte nur nicht, daß mein Heu verdorben wird, das ist alles ...«

»Danke, Sir.«

Wir gingen dann zum Ort, um unsere Hamburger zu essen, und hielten uns dabei auf der rechten Straßenseite, wo wir durch die Gräser streiften. »Und was ist eigentlich mit seinem verdammten Traktor?« fragte Stu. »Hat der etwa keine Auspuffgase?«

»Na und ob; aber das ändert gar nichts daran. Er will uns hier raushaben, also gehen wir. Gar keine Frage! Es ist ja sein Land.«

Bei Sonnenuntergang gingen wir zu unserer Maschine und den Schlafsäcken zurück. Dort warteten bereits zehn Millionen Sumpfmoskitos auf uns. Sie kreuzten leise summend mit halber Kraft hin und her und waren ganz versessen darauf, uns richtig kennenzulernen. Stu, der nicht mehr ganz so schweigsam war, seit Paul uns verlassen hatte, machte dazu gleich einige Vorschläge:

»Wir könnten ja vielleicht einen Viertelliter Blut auf die Tragflächen stellen ... oder vielleicht sollten wir ein paar hundert Frösche um uns herum anbinden ... oder wir könnten ja auch den Motor anlassen und sie alle wegblasen ...«

»Du hast viel Phantasie, mein Lieber; dabei brauchen wir nur einfach eine Verständigungsbasis mit ihnen zu finden. Sie haben ihren Platz in dieser Welt ... und wir haben den unseren.«

»Wir könnten ja auch noch einmal in den Ort zurückgehen und irgendein Insektenmittel holen.«

»... Und sobald wir verstanden haben, daß sie unseren Frieden überhaupt nicht stören wollen, werden sie einfach ... wegfliegen!«

Um zehn Uhr waren wir so weit, daß wir doch wieder zum Ort zurückgingen! Während wir so dahingingen, kam alle sieben Minuten ein glänzender, neuer Wagen ohne Auspuff mit über einhundertzwanzig Sachen aus der Stadt gedonnert, hielt an, wendete und raste wieder zurück.

»Was zum Teufel machen denn diese Irren?« fragte ich verwundert.

»*Dragging Main!*«

»Wie bitte?«

»Man nennt das *Dragging Main*«, erklärte Stu. »In den Kleinstädten haben die Jugendlichen abends meist keine vernünftige Abwechslung, daher fahren sie die ganze Nacht mit den aufgemöbelten Schlitten ihrer Eltern hin und her.«

Er gab dazu keinerlei weiteren Kommentar, ob er das nun gut oder schlecht fand. Er hatte mir nur erklärt, worum es sich handelte.

»Ist das unterhaltsam? Machen sie das etwa zu ihrem Vergnügen?«

»Jaja . . .«

»Wau!«

Ein weiterer Wagen fuhr kreischend an uns vorbei . . . Nein! es war derselbe Wagen, den wir gerade vor sieben Minuten gesehen hatten . . . Guter Gott, dachte ich erschrocken. Hätten wir wohl jemals einen Abraham Lincoln, einen Thomas Edison oder einen Walt Disney gehabt, wenn alle ihre freien Stunden damit verbracht hätten, nur einfach so die Hauptstraße entlangzubrausen? Ich betrachtete diese schemenhaft vorbeifliegenden Gesichter hinter den Lenkrädern und sah, daß diese jungen Männer eher gefahren wurden – als daß sie selber fuhren . . . aus reiner, verzweifelter Langeweile.

»Ich bin schon gespannt auf den Beitrag, den diese Leute der Welt leisten werden.«

Es war eine recht warme Nacht. Stu klopfte an eine Ladentür, als man dort gerade schließen wollte, erklärte die Sache mit den Moskitos und zahlte fünfzig Cents für eine Flasche voller Versprechungen, daß es nützen würde. Ich kaufte noch eine Packung *Orange-Sherbet*-Eis, dann gingen wir zum Flugzeug zurück.

»Möchtest du auch etwas von dem Zeug?« fragte Stu.

»Ne! Man muß sich nämlich nur mit den Viechern verständigen . . .«

»Verdammt! Und ich hatte dir einen Spritzer von dem Zeugs für fünfzig Cents verkaufen wollen . . .«

Es fand allerdings keiner von uns Frieden mit den kleinen Biestern!

Um 5.30 Uhr waren wir schon wieder in der Luft und geisterten über ruhigem Flußnebel nach Südosten auf eine schwarze Markierung an einer Straßenkarte zu, die einen Flugplatz darstellen sollte. Wir hatten genau noch für eine Stunde Sprit an Bord, und der Flug würde dreißig Minuten lang sein. Die Luft war so ruhig wie selten einmal, und die

Sonne drückte ihr fahles Licht über den kühlen Horizont. Auf eintausend Kilometer dieses Himmels waren wir das einzige, was sich bewegte. Und plötzlich konnte ich verstehen, warum sich die alten Himmelsstürmer so gern an ihre Glanzzeit erinnerten.

Wir flogen durch eine recht schwierige Woche und stellten überrascht fest, wie wenige Orte in Illinois als Heimstätte für Luftzigeuner in Frage kamen. All unser schöner Profit von Palmyra schwand wieder dahin!

Einmal landeten wir voller Verzweiflung auf einem Grasplatz in der Nähe von Sandwich. Es war eine weiche, viele tausend Fuß lange Rasenbahn, die auch noch ziemlich dicht bei dieser Stadt lag. Wir waren von den vielen Flügen ohne jegliche Einnahmen völlig zermürbt, und wir hatten uns gedacht – obwohl das hier offensichtlich keine Heuwiese war –, daß dies doch vielleicht ein guter Platz sein könnte, um da den Abend zu verbringen.

Das Flugbüro war gerade umgebaut worden; seine Wände waren mit dunklem Edelholz verkleidet, und ich fragte mich sofort, ob wir wohl hierher paßten, als ich den Besitzer am Fenster lehnen sah. Er hatte diesen ölverschmierten Doppeldecker bereits recht mißtrauisch landen sehen und sich dabei um Ölflecken auf seinem Rasen Sorgen gemacht . . . und jetzt wollten diese verdreckten Insassen auch noch sein neues, sauberes Büro betreten!

Er versuchte höflich zu bleiben, soviel kann für ihn gesagt werden. Aber er hieß uns etwa so warm willkommen, wie er vielleicht das Monster von Loch Ness begrüßt hätte . . .

Ich erzählte ihm fröhlich, was wir machten und daß wir bislang noch nie einen enttäuschten Passagier gehabt hätten, wie wir damit auch neue Kunden an seinen Platz heranziehen würden, was zweifelsohne sein eigenes Rundfluggeschäft beleben würde.

»Ich stehe da ein wenig auf der konservativen Seite«, meinte er ablehnend, als ich mit meinem Sprüchlein fertig war. Dann fragte er etwas verfänglicher weiter: »Machen Sie Ihre Inspektionen auch selber?«

Es ist illegal, seine Inspektionen ohne Lizenz selber durchzuführen; und er wartete auf unsere Antwort ganz wie ein Aasgeier, der schon an das Kopfgeld denkt. Er schien daher auch fast ein wenig enttäuscht zu sein, als er hörte, daß der Doppeldecker ordentlich versorgt und abgezeichnet sei. Dann wurde er etwas freundlicher. »Im nächsten Monat haben wir hier die Einweihung des neuen Gebäudes. Dann könnte ich Sie vielleicht gebrauchen ...«

»Gebraucht werden« hörte sich nicht nach allzuviel Spaß an. Stu und ich sahen einander nur stumm an und wandten uns schon zum Gehen. In diesem Augenblick trat genau wie nach Drehbuch ein Kunde durch die Tür.

»Ich möchte gern einen Rundflug machen«, sagte er.

Der Eigentümer fing eine lange Entschuldigung an, daß seine Fluglizenz leider gerade verfallen sei und daß es wohl auch nicht dafürstehe, für nur einen einzigen Flug extra einen Piloten aus der Stadt herauskommen zu lassen ... und seine Flugzeuge müßten auch alle zur Inspektion ... Wir sagten dazu kein Wort, sondern standen nur einfach dabei ... Er wollte wirklich gern fliegen!

»Diese Leute hier könnten Sie natürlich fliegen; aber ich kenne sie halt nicht ...«

Ach, dachte ich, wieder mal die große Brüderschaft der Piloten!

Der Kunde fürchtete sich vor dem Doppeldecker fast so sehr, wie es auch der Flugplatzmanager getan hatte; allerdings tat er das auf eine direktere, offene Art.

»Ich möchte aber keinerlei Mätzchen, ja? Keine Sperenzchen! Nur ganz gemütlich einmal um die Stadt herum und wieder zurück.«

»So sanft wie auf einer Wolke, Sir«, sagte ich mit einer Verbeugung. »Stu, laß uns den Hobel anwerfen!«

Der Flug verlief wirklich ganz sanft, und der Mann sagte hinterher sogar, daß es ihm gefallen habe; aber nach der Landung war er in ein paar Sekunden verschwunden und ließ mich mit der verwirrenden Frage zurück, warum er wohl überhaupt hatte fliegen wollen.

In fünfzehn Minuten waren wir dann wieder selbst in der Luft und freuten uns darüber, daß wir Sandwich mit seinem glänzenden, neuen Büro wieder verlassen hatten. Als wir dann weiter ziellos nach Norden donnerten und wieder Ausschau hielten, kamen uns erneut einige der alten Zweifel im Zusammenhang mit der Überlebensfrage.

Zuletzt landeten wir dann in Antioch, einem Ausflugsort einige Meilen südlich der Grenze von Wisconsin. Die Grasbahn lag am Rande eines Sees, und wir hörten, daß der Besitzer am Wochenende selber Rundflüge auf einem *Waco*-Doppeldecker verkaufte. Er verlangte fünf Dollar pro Flug und war natürlich an keinerlei Konkurrenz interessiert; er ließ uns unverblümt wissen, daß er uns am liebsten wieder gehen sähe. Aber ehe wir noch gehen konnten, landete eine moderne Piper *Cherokee* und rollte zu uns herüber. Ein offiziell aussehender Bursche mit weißem Hemd und Schlips kam in voller Absicht auf uns zu und lächelte auf die Art eines Mannes, dessen Job ihn zwingt, viele Leute zu treffen.

»Ich heiße Dan Smith«, sagte er durch den Motorenlärm, »Illinois-Luftaufsichtsbehörde.«

Ich fragte mich, warum er wohl von seinem offiziellen Titel so viel Aufhebens machte. Dann sah ich, daß er an dem Doppeldecker nach einer Illinois-Registrierungsplakette suchte. Er fand aber keine, und dieses Schild ist in dem Staat vorgeschrieben. Es kostet einen Dollar oder so und deckt wohl gerade die Gehälter der Beamten im Außendienst.

»Wo kommen Sie her?« fragte er jetzt sehr sachlich.

Von irgend jemand sonst wäre diese Frage ganz harmlos gewesen, aber von diesem Mann gestellt, war sie recht schwerwiegend. Wenn ich nämlich von Illinois wäre, würde er mich jetzt auf der Stelle mit einer gehörigen Geldbuße belegen.

»Iowa«, sagte ich daher ganz ruhig.

»Ach so . . .«

Ohne ein weiteres Wort zu verlieren, ging er darauf zu dem Hangar hinüber und verschwand darin, um nach eventuell versteckten Flugzeugen und ihren Plaketten zu suchen. Was ist das bloß für ein Beruf!

Nachdem wir wieder gestartet waren, verzweifelten wir langsam. In diesem herrlichen Land voller Seen ließ sich doch einfach kein für uns geeigneter Landeplatz finden! Wir suchten dabei nach ganz einfachen Kriterien: Es mußte nahe bei der Ortschaft und nahe bei einem See sein. Aber das schien es einfach nicht zu geben. So kreisten wir länger als eine Stunde über einer ganze Reihe von Seen und fanden nichts. Der Durst nahm in unserem hohen und heißen Cockpit allmählich quälende Formen an, und wir flogen dann wieder weiter nach Norden und hielten jetzt nach irgendeinem beliebigen Landeplatz Ausschau.

Wir überquerten jetzt den *Lake Geneva* und blickten durstig auf all das herrliche Wasser hinunter. Wasserskiläufer, Segelboote, Schwimmer . . . und alle konnten soviel Wasser trinken, wie sie nur wollten!

Wir landeten auf dem ersten Landeplatz, den wir sahen, und das war prompt der falsche. *Lake Lawn* stand dort auf einem leuchtenden Schild. Das Gras war makellos getrimmt, und wir entdeckten, daß dies der private Landeplatz des *Lake Lawn Country Clubs* war. Wir parkten daher unsere verschmutzte Maschine vorsichtig außerhalb der Gebäude, schlichen uns aus den Cockpits und gingen den Weg auf den Club zu, als ob wir zu den angestellten

Gärtnern gehörten. Doch die Wächter am Eingang ertappten uns; sie hatten aber Mitleid mit uns und wiesen uns den Weg zum Trinkwasser.

»Ich fange langsam an, deine Methoden bei der Landeplatzsuche anzuzweifeln«, meinte Stu vorwurfsvoll.

Dann waren wir schon wieder in der Luft und flogen grimmig weiter gen Süden und beschrieben somit den dritten Riesenkreis in dieser Woche. Es gibt einfach keine Zufälle, dachte ich und biß die Zähne zusammen ... und auch keine Glückssachen! Wir werden dorthin »geleitet«, wo es für uns am besten ist ... und sicher wartet gerade in diesem Augenblick ein guter Platz auf uns ... direkt vor uns!

Eine lange, offene Sommerwiese erstreckte sich unter uns; weit von jeder Stadt entfernt – aber ein idealer Landeplatz für Flugzeuge! Ich spielte schon mit dem Gedanken, dort trotzdem zu landen und den weidenden Kühen Rundflüge zu verpassen. Eine halbe Stunde lang überlegte ich mir ernsthaft, ob das nicht irgendwie gehen würde.

Es kam einfach immer wieder auf das eine heraus! Wir mußten es jeden Tag stets wieder von neuem beweisen ... wir mußten einfach zahlende, menschliche Passagiere finden!

Kapitel 11

Die Stadt Walworth in Wisconsin ist ein netter, freundlicher Ort. Er zeigte uns diese Freundlichkeit gleich anfangs, indem er vor uns eine glatte, weiche Heuwiese ausbreitete, die vollständig gemäht und schon zusammengeharkt war. Diese Wiese war außerdem nur drei Häuserblöcke vom Zentrum entfernt; sie war lang und breit zugleich, und die Anflugwege waren hindernisfrei – bis auf ein paar Telefondrähte. Wir landeten dort buchstäblich mit dem letzten Rest unseres Geldes und unserer Moral.

Der Eigentümer der Wiese war freundlich und amüsierte sich ein wenig über dieses alte Flugzeug und die seltsamen Leute, die ihm entstiegen.

»Selbstverständlich könnt ihr von hier aus fliegen, und vielen Dank für das Freiflugangebot. Ich nehme euch beim Wort!«

Hoffnung regte sich . . . endlich hatte uns wieder einmal jemand willkommen geheißen!

Unsere Plakate waren im Nu aufgebaut, und wir machten zunächst mit dem Besitzer und seiner Familie zwei Freiflüge. Bis Sonnenuntergang hatten wir dann auch noch drei bezahlte Flüge gemacht. An diesem Abend informierte mich der Schatzmeister, daß wir dreißig Dollar für Benzin bezahlt und zwölf Dollar von den Passagieren eingenommen hätten. Unsere Aussichten besserten sich also offensichtlich!

Aus dem Spiegel der Tankstelle starrte mich am nächsten Morgen ein Schreckgespenst an; ein wüster, rauhbärtiger Mr. Hyde, der so fürchterlich aussah, daß ich mich selbst erschreckte. War das wirklich ich? War das etwa der Eindruck, den alle Farmer von mir bekommen hatten, wo immer wir gelandet waren? Ich selbst hätte ein solches Monster sicher mit der Mistgabel von meinem Grund und Boden vertrieben! Aber dieses bärtige Aussehen wich dann allmählich vor meinem Elektrorasierer, und ich fühlte mich wieder halbwegs menschlich, als ich ins Sonnenlicht zurückging.

In Walworth mußten wir einfach wieder zu Geld kommen – oder aufgeben! Wir überdachten dazu noch einmal unsere Werbemethoden:

Methode A: Kunstflugvorführung am Rande des jeweiligen Ortes.

Methode B: der Fallschirmabsprung.

Wir fingen dann an, mit Methode C zu experimentieren. Es gibt da ein Prinzip, das folgendes besagt: Wenn man mitten in der Wildnis allein eine Partie Patience auflegt, dann kommt mit Sicherheit bald jemand, der einem über die Schulter schaut und sagen wird, wie man spielen soll. So ähnlich war das Prinzip von unserer Methode C. Wir rollten unsere Schlafsäcke auseinander und streckten uns völlig unbeteiligt unter der Tragfläche aus. Es funktionierte sofort!

»Hallo, ihr da!«

Ich hob meinen Kopf und blickte unter der Fläche hervor. »Hallo!«

»Fliegt ihr diesen Vogel?«

»Ja, sicher.« Ich stand auf. »Wollen Sie fliegen?«

Einen Augenblick lang kam mir der Mann irgendwie bekannt vor, und auch er sah mich so an wie jemand, der sich erinnern will.

»Es ist ein netter Flug«, fuhr ich fort. »Und Walworth sieht aus der Luft richtig hübsch aus. Drei Dollar, das ist alles.«

Der Mann las jetzt meinen Namen am Cockpitrand. »He! Das ist doch nicht etwa ... Dick! Erinnerst du dich an mich?«

Ich sah ihn mir noch einmal genau an. Ich hatte ihn schon vorher gesehen und kannte ihn von ... »Du heißt ...«, sagte ich zögernd. Wie hieß er bloß? Er hatte ein Flugzeug komplett nachgebaut. Er und ... Carl Lind haben vor ein paar Jahren ein altes Flugzeug nachgebaut ... »Du heißt ... Everett ... Feltham! Der *Bird*-Doppeldecker! Du und Carl Lind, stimmt's?«

»Natürlich, Dick! Wie ist es dir denn seitdem ergangen?«

Everett Feltham war Flugingenieur bei irgendeiner großen Fluggesellschaft. Er war praktisch mit *Piper Cubs* und *Aeronca Champs* großgeworden, war Flugzeugmechaniker, Pilot und Restaurateur. Falls es irgend etwas gab, das flog ... dann kannte Everett Feltham es; er wußte, wie man es fliegen mußte und wie man es instand hielt.

»Was machst du denn hier, Ev?«

»Ich wohne hier. Dies ist mein Heimatort ... Menschenskind, man kann sich wirklich nicht vorstellen, was für ein Gesindel heutzutage so vom Himmel fällt ... Wie geht's Bette? Und den Kindern?«

Es war ein nettes Wiedersehen. Ev wohnte nur drei Kilometer nördlich von unserem Landeplatz, und unser gemeinsamer Freund Carl Lind hatte hier ein Sommerhaus am *Lake Geneva,* 15 Kilometer nach Osten. Carl hatte selbst noch in den zwanziger Jahren hier in derselben Gegend als Showflieger gearbeitet. Er hatte mit dem Fliegen aufgehört, als er geheiratet und angefangen hatte, eine Familie aufzuziehen. Jetzt war er Präsident der *Lind Plastic Products.*

»Ein Himmelsstürmer!« fuhr Ev fort. »Ich hätte mir denken sollen, daß nur du es sein kannst, der so verrückte

Sachen, wie auf fremden Wiesen zu landen, unternimmt. Du weißt sicher, daß ein Stückchen weiter an der Straße entlang ein richtiger Flugplatz ist.«

»Tatsächlich? Na, das liegt zu weit draußen . . . man muß möglichst dicht an einem Ort dran sein. Wir stecken ein wenig in der Klemme, nachdem wir nun schon eine ganze Woche lang ohne Einnahmen herumpendeln. Heute nachmittag müssen wir daher noch einige Passagiere hochbringen, sonst müssen wir glatt verhungern!«

»Ich werde Carl anrufen. Wenn er zu Hause ist, wird er sicher herauskommen wollen, um dich zu sehen. Braucht ihr sonst irgend etwas? Kann ich euch irgend etwas bringen?«

»Nein danke . . . höchstens ein paar Putzlappen. Wir haben bald keine Putzlappen mehr. Falls du davon ein paar herumliegen hättest . . .«

Er winkte noch und fuhr dann fort, und ich lächelte: »Das ist das Komische beim Fliegen, Stu. Man weiß nie, wann man irgendwo einen alten Bekannten wiedertrifft. Ist das nicht toll? Man landet einfach irgendwo auf einer Wiese, und da steht plötzlich der gute alte Ev!«

Aber Zufälle gibt es nicht . . . auch kein Glück, erinnerte mich eine fast vergessene Stimme an meine Überzeugung.

Nach dem Abendessen kamen die Passagiere. Eine ältere Frau sagte mir, daß sie das letzte Mal mit sechs Jahren geflogen sei, auch mit so einem alten Doppeldecker wie diesem hier. »Mein Boß sagte mir, daß Sie hier seien und daß ich das besser nicht versäumen sollte.«

Ein junger Bursche mit einem ganz phantastischen Haarschopf blieb bei uns stehen und sah sich das Flugzeug eine lange Weile an, ehe er sich zum Fliegen entschloß. Als Stu ihn dann im Vordersitz anschnallte, meinte er: »Und werde ich den morgigen Tag erblicken?«

Das war ein ziemlich merkwürdiger Satz von einem

Burschen, der so wie er aussah. Ich schämte mich ein wenig, daß ich ihn allein nach seinem Haarschnitt eingeschätzt hatte. Während des Fluges klammerte er sich bei jeder Kurve ängstlich fest; aber nach der Landung entfuhr ihm dann ein anerkennendes »Wau!« Er blieb noch lange bei uns stehen und betrachtete das Flugzeug beinahe ehrfürchtig. Ich verbuchte ihn daher trotz seiner Haartracht als positive Persönlichkeit. Irgend etwas von der Tatsache, sich über den Erdboden erhoben zu haben, war zu ihm durchgedrungen.

Zwei hübsche junge Damen mit Kopftüchern brachten unseren Kontostand für heute in die schwarzen Zahlen, und sie lachten glücklich, als wir über ihrem Heimatort am Himmel herumkurvten.

Nach der Landung prüfte ich meinen Spritvorrat, und mit vierzig Litern war ich wirklich am Ende meines Spielraumes, und es war höchste Zeit zum Nachtanken ... selbst wenn deshalb einige Passagiere warten mußten.

Ich startete daher sofort in Richtung auf den Flugplatz zu, den Ev erwähnt hatte, und rollte schon fünf Minuten später vor die Spritpumpe. Ich hatte gerade den Tank vollgemacht, als plötzlich ein quicklebendiger, helläugiger Geschäftsmann mit einem Strohhut zu dem Flugzeug geeilt kam.

»He, Dick!«

»Carl Lind!« Er war noch genauso, wie ich ihn in Erinnerung hatte, einer der fröhlichsten Leute, die ich kannte. Er hatte einen Herzanfall überstanden und freute sich jetzt über jeden Atemzug, den er tat.

Er betrachtete das Flugzeug mit abschätzenden Augen. »Ist es gut, Carl?« fragte ich. »Ist es so, wie du es in deiner Erinnerung hast?«

»Zu meiner Zeit hatten wir noch nicht all diese leuchtenden Goldfarben, weißt du. Aber das geschweißte Fahrwerk und die Flicken auf den Tragflächen sehen schon ganz zünftig aus. Das ist ganz so, wie ich es in Erinnerung habe.«

»Steig ein, Carl! Setz dich bei mir vorn rein, wenn du Vertrauen zu mir hast. Vorn hast du allerdings leider keine Steuerung. Ich fliege jetzt wieder zu meinem Feld rüber.«

»Und du läßt mich wirklich mitfliegen? Meinst du es ernst, daß ich mit kann?«

»Steig schon ein, sonst kommen wir deinetwegen zu spät. Wir haben nämlich Passagiere, die auf mich warten!«

»Die darf man niemals lange warten lassen«, sagte er und stieg in den Vordersitz. In weniger als einer Minute waren wir wieder in der Luft, und es war ein schöner Anblick, diesen Mann, der den Himmel so sehr geliebt hatte, wieder in der Luft zu sehen! Er nahm seinen Hut ab, sein graues Haar wehte im Fahrtwind, und auf seinen Zügen lag ein breites, erinnerndes Lachen.

Der Doppeldecker zeigte ihm eine ganz sanfte Landung auf dem Gras, und ich ließ den Motor weiterlaufen, während Carl ausstieg. »Mach nur ruhig weiter und flieg deine Passagiere«, sagte er. »Danach decken wir das Flugzeug gut zu, und ihr kommt mit rüber in mein Haus.«

Wir flogen durchgehend Passagiere, bis die Sonne unter dem Horizont verschwunden war; und die ganze Zeit sah Carl Lind dem Doppeldecker beim Fliegen zu, und er wartete mit seiner Frau und Ev geduldig auf mich! Es war unser bester Wochentag: 20 Passagiere bis Sonnenuntergang!

»Ich weiß gar nicht, ob das nach dem Ehrenkodex der Himmelsstürmer erlaubt ist?« sagte ich zu Carl, als wir gerade um die Spitze des *Lake Geneva* herumfuhren und uns dort zwischen den einzelnen Privatsitzen hindurchwanden. »Eigentlich müßten wir doch ganz verdrecken und immer unter den Tragflächen bleiben, wenn wir nicht fliegen.«

»Ach, was! Das haben wir damals auch akzeptiert. Irgend jemand, der Spaß an solchen Flugzeugen hatte, hat uns auch hin und wieder mit zum Essen nach Hause genommen.«

Aber doch wohl nicht ganz in *dem* Stil, dachte ich, als wir in seine Auffahrt einbogen. Es war genau wie ein Ausschnitt aus einer Schöner-Wohnen-Zeitschrift! Alles in üppigen Farben, mit tiefen Teppichen und einer kompletten Glasfront zum See hin.

»Das ist unser kleines Heim . . .«, fing Carl entschuldigend an. Stu und ich mußten dabei zur gleichen Zeit lachen. »Nur so ein kleiner Schuppen im Wald, nicht, Carl?«

»Na, ja . . . man möchte halt gern so ein kleines Fleckchen haben, wo man hinkommen und sich erholen kann, weißt du?«

Wir machten zunächst eine kleine Tour durch das elegante Haus und hatten dabei ganz seltsame Gefühle. Plötzlich fühlten wir uns wieder in der Nähe der Zivilisation. Carl gefiel sein eigenes Haus außerordentlich gut, daher war es auch ein so heiterer Ort.

»Ihr könnt euch hier drin umziehen. Wir wollen dann noch etwas schwimmen gehen . . . jedenfalls ihr. Ich werde inzwischen mit den ersten fünf Würfen zwei Fische fangen . . . wette, daß es klappt!«

Es war schon fast völlig dunkel, als wir barfuß über den samtenen, sanft abfallenden Rasen zu seinem privaten Landungssteg hinuntergingen. An der einen Seite des weiß angestrichenen Holzes lag ein Bootshaus; dort hing ein schnittiges Boot mit *Inborder* an zwei Aufhängungen.

»Höchstwahrscheinlich ist die Batterie wieder leer; aber wir können gern noch eine kleine Fahrt machen, wenn es doch starten sollte.«

Er ließ das Boot mit einer elektrischen Winde vorsichtig ins Wasser und drückte dann auf den Starter. Er gab nur ein dumpfes Klacken von sich, sonst blieb alles still.

»Ich muß wirklich mal dran denken, die Batterie aufzuladen«, sagte er resignierend und zog das Boot wieder hoch.

Carl hatte eine kleine Angelrute mitgebracht und fing damit an, für seine Wette zu angeln, während Stu und ich mit zwei gewaltigen Hechtsprüngen aus dem Laufen heraus die Wasseroberfläche zerteilten. Der See war von einem klaren, tiefen Schwarz ... wie reines Erdöl, das zwanzig Jahre in Eis gelagert worden war.

Wir schwammen mit raschen Stößen zu einem leichten Schwimmfloß, das etwa dreißig Meter vor dem Ufer lag, und beobachteten von dort, wie das letzte Sonnenlicht vom Himmel verschwand. Mit seinem Dahinschwinden erstarb auch jegliches andere Geräusch, und ein Flüstern trug jetzt von unserem Floß bis an das Ufer.

»Carl, du hast ein ziemlich hartes Leben«, sagte ich von weit draußen.

»Noch zwei weitere Jahre, und dann werde ich mich zur Ruhe setzen. Schneller als das, wenn ich die leidige Angelegenheit mit meiner Flugtauglichkeit rascher über die Bühne bekomme. Tja, wenn ich schon wieder Solo fliegen dürfte, würde ich wohl noch in diesem Jahr aufhören! Wenn ich aber noch nicht wieder fliegen darf und nur hier herumsitzen müßte, würde es mir doch wohl etwas zu langweilig werden ...«

Er fing jetzt beim zweiten Wurf einen Fisch und ließ ihn wieder in das dunkle Wasser zurückfallen. Wir stießen uns von dem Floß ab und schwammen langsam zum Dock zurück. Die hölzernen Badeleitersprossen waren glatt und weich von Algen; und als wir wieder auf den hellen Planken standen, fühlten wir die warme Luft der Sommernacht.

»Ich verliere meine Wette«, sagte Carl bedauernd. »Euer

Geplätscher hat meine Fische verjagt . . . Fünf Wurf – und nur ein Fisch!«

Bis wir zum Haus zurückgekehrt waren und uns in unsere am wenigsten verschmuddelten Sachen geworfen hatten, war Everett fortgewesen und schon wieder zurück. Er setzte einen großen, dampfenden Beutel auf den Tisch. »Ich habe zwölf Hamburger mitgebracht«, sagte er. »Das sollte eigentlich reichen, nicht? Außerdem noch vier Liter *Root Beer.*«

Wir saßen an diesem Abend um einen Tisch vor dem Kamin in Carls verglaster Diele und aßen Hamburger.

»Ich mußte den *Bird*-Doppeldecker verkaufen, weißt du?« sagte Carl.

»Was? Aber warum denn nur? Das war doch dein *Flugzeug*!«

»Ja, sicher . . . aber ich konnte es nicht mehr ertragen! Da hinauszufahren, sie zu waschen, zu polieren und nicht mehr selbst fliegen zu dürfen! Diese ärztliche Angelegenheit, weißt du? Es war für mich und das Flugzeug so nicht mehr richtig. Daher habe ich sie dann verkauft! Thelma hat immer noch ihre Cessna, und damit fliegen wir dann ab und zu irgendwohin.« Er aß seinen Hamburger auf. »He, ich habe da etwas, was ich dir unbedingt zeigen muß!« Er verließ den Tisch und ging ins Wohnzimmer.

»Ich hoffe wirklich, daß dieses ärztliche Attest bald kommt«, sagte Thelma Lind. »Es bedeutet so viel für Carl . . .«

Ich nickte und dachte darüber nach, daß es ziemlich unfair sei, daß das Leben eines Menschen so sehr dadurch berührt werden kann, was für den Rest der Welt nur ein Fetzen Papier ist. Wenn ich an Carls Stelle wäre, würde ich alle Papiere im Kamin verbrennen und mein Flugzeug einfach so fliegen!

»Hier habe ich etwas, was euch gefallen wird«, sagte

Carl, während er mit einer Rolle zurückkam. Er rollte ein großes Foto auf dem Tisch aus, und wir blickten alle auf eine Reihe von zehn geparkten Doppeldeckern vor einem Hangar. In weißer Tintenschrift stand auf dem rechten unteren Rand: 9. Juni 1929.

»Das sind die Burschen, mit denen ich damals flog! Schaut sie euch einmal an! Na . . . was haltet ihr davon?«

Er nannte die Namen der Piloten, und sie sahen uns alle stolz und ungeschwächt an, wie sie da so mit gekreuzten Armen bei ihren Maschinen standen. Dort auf der einen Seite stand der junge Carl Lind, mit weißem Kragen, Krawatte und Knickerbockern . . . noch nicht als Präsident der *Lind Plastic Products* und auch noch nicht wegen seines ärztlichen Attestes besorgt. Daran würde er noch ganze fünfunddreißig Jahre lang nicht denken.

»Seht mal hier, na? *Long-Wing Eagle Rock, Waco Ten, Canuck, Pheasant* . . . das sind einmal ein paar richtige Flugzeuge, meint ihr nicht auch? Wir flogen damals gern zum Feuerwehr-Picknick nach . . .«

Es war ein netter Abend, und ich war irgendwie froh, daß meine zehn Jahre sich mit denen von Carl überschnitten. Er flog damals schon und lachte auf dem Foto, ganze sieben Jahre, ehe ich überhaupt geboren war!

»Freut euch über eure Freunde«, sagte Carl noch. »Wir kennen eine Menge Leute, nicht wahr, Thelma, die haben Millionen Dollars, aber keinen einzigen Freund auf der ganzen Welt. Jungs, freut euch über eure Freunde!« Er war dabei todernst geworden, und um diesen Ernst des Augenblicks wieder zu durchbrechen, lächelte er Stu zu. »Hast du auch Spaß dabei, wenn ihr so hier draußen auf den Kuhweiden herumfliegt?«

»Ich habe dabei durchgehend mehr Spaß als jemals zuvor in meinem ganzen Leben«, sagte das Küken und riß mich damit beinahe vom Stuhl. Eine so aufschlußreiche

Bemerkung hatte er mir gegenüber noch den ganzen Sommer nicht gemacht.

Es war dann schon Mitternacht, als wir uns in unsere heißen Schlafsäcke begaben und uns unter der Tragfläche des Doppeldeckers zur Ruhe legten.

»Stu, das Leben ist schon hart, nicht?«

»Ja . . . Landhäuser, Schokoladenkuchen, ein Bad im *Lake Geneva* . . . diese Showfliegerei ist wirklich verdammt hart!«

Gegen sechs Uhr morgens war ein Farmer draußen bei dem riesigen Kuhstall auf der gegenüberliegenden Seite. Er war nur ein winziger Fleck neben dem riesigen Gebäude mit seinem hohen, doppelt gebrochenen Walmdach und den vier gigantischen Ventilatoren, die fünfundzwanzig Meter hoch und in gerader Reihe auf dem Dach standen. Er war gut einen halben Kilometer weg; aber seine Stimme drang klar und deutlich über die morgendliche Wiese herüber.

»Bide, Bide, Bide, Bide, Bide! Mach schon, *Bossy! Komm, komm, komm!«*

Ich erwachte jetzt vollends unter meiner Tragfläche im ersten Morgenlicht und versuchte herauszubekommen, was *Bide* und *Bossy* bedeuteten! Rufen die Farmer ihre Kühe immer noch *Bossy*? Da kam der Ruf schon wieder über das zarte Gras, und ich hatte ein schlechtes Gewissen, weil ich noch im Bett lag, während draußen schon die Kühe herausgetrieben wurden. Jetzt bellte ein Hund, und es wurde wieder Tag.

Ich griff zu Papier und Bleistift, um mich daran zu erinnern, daß ich wegen *»Bide«* fragen wollte; und während ich schrieb, kam ein winziges sechsbeiniges Wesen – kleiner als meine Bleistiftspitze – über die blau linierte Seite gekrochen. Ich fügte daher hinzu: Ein sehr kleiner, spitzköpfiger Käfer wanderte eben über diese Seite, absichtlich und entschlossen, irgendwohin zu gehen. Er stoppte genau bei diesem Punkt.

Wanderten vielleicht auch wir auf den Seiten irgendeines kosmischen Tagebuches so wie diese Käfer dahin? Waren vielleicht die Ereignisse um uns herum alle Teile einer Botschaft, die wir verstehen könnten, falls wir die richtige Perspektive fänden, aus der sie sich lesen ließen? Irgendwie, mit der ganzen Serie von eigenartigen Ereignissen, von denen diese Wiese in Walworth das letzte positive Glied der Kette war, kam es mir so vor.

Unsere morgendliche Überprüfung des Doppeldeckers zeigte uns, daß wir unser erstes Reparaturproblem zu bewältigen hatten. Der Schwanzsporn war völlig abgeschliffen. Anfangs hatte er sogar einmal ein zusätzliches Stahlrad und ein kleines Schutzschild dafür besessen; aber all die vielen Starts und Landungen hatten das schon längst abgeschliffen. Falls notwendig, hätten wir uns vielleicht einen neuen Sporn aus einem starken Ast schnitzen können; aber wir beschlossen, in diesem Falle eher für vorbeugende Instandsetzung zu sorgen. Wir besprachen also die Angelegenheit auf dem Weg zum Frühstück und beschlossen, uns in einem Eisenwarenladen umzusehen.

Durch die Nähe zu den Erholungsgebieten des *Lake Geneva* wuchs sich Walworth allmählich zu einer recht modernen, kleinen Stadt aus, und wir fanden daher im Shopping-Zentrum auch ein Eisenwarengeschäft.

»Kann ich Ihnen irgendwie behilflich sein?« fragte ein Verkäufer.

»Ach ja«, sagte ich langsam und bedächtig. »Wir suchen einen Gleitschuh für einen Schwanzsporn. Hätten Sie vielleicht irgend etwas in der Richtung?«

Wie seltsam das doch ist. Wenn man nicht klar innerhalb der Grenzen des Erwarteten bleibt, könnte man wohl gleich genausogut Kisuaheli sprechen.

»Wie bitte?«

»Ein ... *Schwanzsporn* ... *Gleitschuh* ... Unser Schwanzsporn ist abgeschliffen!«

»Ich glaube nicht; daß ... was war das noch mal?«

»Ach, wir schauen uns bei Ihnen selbst ein wenig um, ja? Danke schön!«

Wir gingen an den langen Metallwarenregalen entlang und suchten nach einem schmalen, stabilen Eisenstück mit Löchern darin, damit wir es an der hölzernen Schwanzkufe anschrauben konnten. Wir fanden einige große Scharniere, die vielleicht geeignet waren, eine Maurerkelle und ein schweres Windenhandstück.

»Hier, das paßt!« rief Stu durch den Laden. Er hielt tatsächlich einen Schwanzspornschuh in der Hand. Das Schildchen darauf besagte, daß es eine *Vaugh Steel Spring Super Bar* sei. Es war ein kleines, flaches Stemmeisen, das ganz eindeutig von einem ehemaligen Schwanzsporn-Hersteller angefertigt worden war.

»Ach, Sie meinen einen Kistenöffner!« rief der Verkäufer erleichtert. »Ich wußte wirklich beim besten Willen nicht genau, was Sie suchten!«

Der Raum, in dem wir unser Frühstück einnahmen, war etwas älter als das Shopping-Zentrum; und das einzige, was sich darin seit den Tagen der Western Saloons geändert hatte, war, daß man die Flügelschwingtüren ersetzt, die Möbel zu Museumsstücken gemacht, lebensnahe Einzelabbildungen von Hamburgern, Cheeseburgern und Pommes frites in leuchtenden Plastikrahmen über die Spiegel gehängt und tausend Gläser umgestülpt aufgestellt hatte.

An der Wand hing ein grobes, altes Eichenholzstück in Dreiecksform, das an einer Seite mit ausgesägten Holzzähnen versehen und an einem anderen beweglichen Holzteil befestigt war. »*Wagenheber*« stand in Druckbuchstaben auf einem darunterhängenden Brettchen.

»Stu!«

»Ha?«

»Der Schwanz des *Parks*-Doppeldeckers wiegt mehr als der ganze Rest des Flugzeuges. Wir müssen ihn irgendwie anheben, um den neuen Gleitschuh anzubringen.«

»Wir werden ihn schon hochheben.«

»Meinst du nicht, daß wir vielleicht diesen Wagenheber ausleihen und irgendwie dazu benutzen könnten?«

»Das ist aber ein antiker Wagenheber«, erwiderte er. »Sie würden ihn dafür wohl niemals herausgeben.«

»Kann aber nicht schaden, einmal zu fragen; aber wie funktioniert das Ding überhaupt?«

Wir sahen uns den Heber genau an, und es wurde darauf sehr ruhig in unserer Nische. Es gab einfach keine vorstellbar Möglichkeit, wie diese Winde jemals irgend etwas hatte heben können. Wir konnten uns auch nicht vorstellen, wie man damit jemals einen Wagen hochbekommen hatte. Wir zeichneten Skizzen auf die Servietten und Papiersets; kleine Wagen und die Art und Weise, wie das eichene Dreieck hätte funktionieren können. Zu guter Letzt meinte Stu, daß er es nun verstanden hätte und versuchte, mir das Ganze zu erklären; aber es gab immer noch keinen Sinn. Wir fragten daher auch gar nicht erst danach und zahlten ganz verwirrt unsere Rechnung.

»Wir könnten auch den Motor starten«, sagte ich, »und den Schwanz dabei durch den Propellerwind hochheben ... Natürlich könnte es dabei ein wenig windig werden, während du dort unter der Tragfläche sitzt und das Ding dranmachst ... ungefähr hundertsechzig Stundenkilometer, dieser Wind!«

»Während *ich* dort hinten sitze?«

Ich war sicher, daß wir irgendeinen gangbaren Weg finden würden.

Stus Gedanken wanderten von dem gegenwärtigen Problem zu anderen Dingen. »Wie wäre es mit etwas Mehl?« fragte er. »Sollte ich es einmal vielleicht mit Mehl versuchen? Wenn ich ein Mehlsäckchen mit hochnehme und es aufschneide, ehe ich abspringe, dann müßte ich doch eine Staubfahne hinter mir herziehen, nicht?«

»Versuch es halt einmal!«

Daher investierten die großen Amerikaner neunundfünfzig Cents in *King's Ransom* vorgesiebtes Mehl. Wir kauften es, weil es fünf Cents billiger war als alle anderen Marken.

Die Antwort auf unser technisches Problem mit dem Schwanzende wurde gleich nach unserer Rückkehr gefunden. Sie war recht einfach. »Nimm doch einfach ein paar von diesen Öldosen, Stu, die wir noch nicht geöffnet haben. Ich werde den Schwanz so gut wie möglich hochheben, und du setzt diese Dosen unter das Schwanzende, um ihn oben zu halten. Okay?«

»Du willst mich wohl auf den Arm nehmen? Ich soll den schweren Schwanz auf diese Öldosen setzen? Das Öl wird sicher überall herumspritzen!«

»Ein Universitätsstudent, und er sagt solchen Blödsinn! Hast du denn noch nie etwas von der Inkompressibilität der Flüssigkeiten gehört? Ich kann dir zu diesem Thema einen ganzen Vortrag halten, wenn du es wünschst. Oder würde sich der Herr MacPherson jetzt doch vielleicht unter den Schwanz begeben und diese Dosen unter die Schwanzspitze stellen?«

»Okay, Professor ... ich bin bereit, wann immer du fertig bist.«

Unter fürchterlichen Anstrengungen gelang es mir, den Schwanz der Maschine für volle dreißig Sekunden in die Luft zu heben, und Stu stellte in der Zeit die Dosen geschickt auf ihren Platz. Sie hielten tatsächlich ... und ich war darüber genauso überrascht wie er!

»Wenn du jetzt die genauen mathematischen Details wissen möchtest, Mr. MacPherson, dann können wir sie gern noch ausführlicher diskutieren . . .«

Der Gleitschuh selber war dann in zehn Minuten an Ort und Stelle befestigt.

Wir streckten uns danach wieder unter der Tragfläche aus, um Methode C auszuprobieren; und sie klappte vorzüglich; denn wir waren noch nicht ganz eingeschlafen, als schon zwei Autos in der Nähe hielten. Unsere Passagiere waren diesmal Mädchen in den Semesterferien, und sie staunten den Doppeldecker mit großen Augen an.

»Und das Ding fliegt tatsächlich? Oben in der Luft?«

»Ja, meine Damen . . . es fliegt garantiert! Man kann sich die Welt einmal von oben besehen . . . nur drei Dollar pro Flug, und einen hübscheren Tag hätte wir uns dafür wohl kaum aussuchen können, oder?«

Und schon rumpelten wir zum unteren Ende der Wiese. Als wir dort die Maschine für den Start in den Wind drehten, überkamen meine Passagiere doch leichte Zweifel. Sie riefen sich durch den Motorenlärm und das Rattern des ganzen Flugzeugkörpers rasch etwas zu. Und etwa zu dem Zeitpunkt, als sie sich ganz sicher waren, daß sie wohl total verrückt geworden sein mußten, um mit dieser alten, verdreckten Maschine in die Luft zu gehen, schob ich den Gashebel ganz nach vorn. Sie wurden von dem gewaltigen, grollenden Donnern des Motors gänzlich eingehüllt, und wir holperten immer schneller werdend über den harten, unebenen Boden, um bald darauf auf die Straße, die Autos und die Telefondrähte loszurasen. Hilflos klammerten sie sich an den weichen Lederrand des Vordersitzes und keuchten erschrocken, als wir vom Boden abhoben. Schreckerstarrt schauten sie nur geradeaus und klammerten sich noch etwas fester. Eine von den beiden kreischte dazu auf. Unter uns flitzten jetzt die Telefondrähte vorbei, dann stiegen wir leicht und elegant in den freien Himmel hinauf.

Sie drehten sich jetzt vorsichtig um und schauten zuerst fragend auf mich und dann auf die Erde hinunter. Offensichtlich wurden sie von der Erkenntnis gepackt, daß nunmehr dieser Verrückte hinter ihnen den Schlüssel zu ihrer gesamten weiteren Zukunft in seinen Händen hielt. Er sah unrasiert und schmuddelig aus; außerdem schien er auch nicht gerade allzuviel Geld zu haben. Konnte man einer solchen Person wirklich vertrauen?

Ich lächelte auf eine Art, von der ich hoffte, daß sie entwaffnend wirken würde, und deutete auf den See hinunter. Sie wandten sich wieder um und blickten auf die Spielzeugboote und das Gefunkel der Sonne auf dem Wasser, während ich mich wieder der Auswahl potentieller Notlandeplätze zuwandte und dabei nur so weit kurvte, daß wir niemals außerhalb sicherer Gleitflugdistanz gerieten.

Es war recht lustig festzustellen, wie ich mich als Pilot auch jeweils für die verschiedenen Passagiere veränderte. Ich war mit einigen wenigen Leuten geflogen, die für den Flug ihre Nerzjacken im Cadillac gelassen hatten. Für diese wenigen wurde ich automatisch zu einer völlig zweidimensionalen Kreatur, einem Chauffeur mit ausdruckslosen Gesichtszügen, der das Fliegen nur als langweiligen Job betrachtet und sich dessen überhaupt nicht bewußt ist, daß ein See aus der Luft auch etwas Attraktives sein kann. Von einem angeheuerten Mann erwartet man eben auch gar nicht, daß er die feineren Dinge des Lebens entsprechend zu schätzen weiß. Diese Leute bekamen aber auch nur einen ganz konventionellen, direkten Rundflug ohne Engagement geboten, eben einen Flug, wie man ihn von einem phantasielosen Chauffeur erwarten kann. Start ... Vollkreis um die Stadt, ein weiterer Kreis um den See, Vollkreis um die Stadt ... Landung ... Aus. Alles genau nach Buch!

Die beiden Studentinnen, die da so völlig windzerzaust vor mir saßen, hatten den Doppeldecker als eine lustige Neuentdeckung betrachtet, und daher wurde ich für sie ebenfalls eine Art lustige Neuentdeckung als Flugzeugführer und steckte mir ein breites, entwaffnendes Lachen ins Gesicht. Für sie konnte ich daher das Fliegen auch als etwas Schönes erscheinen lassen und ihnen sogar einige hübsche Blickpunkte zeigen. Eins der beiden Mädchen drehte sich zu mir um und blickte mich mit einem Ach-wie-schön-ist-das-Blick an, und ich lächelte offenherzig zurück, um ihr zu zeigen, daß ich verstanden hatte.

Die meisten Passagiere flogen nur aus reinem Spaß an dem Flugabenteuer, und mit denen machte ich ab und zu auch kleinere Experimente. Ich fand zum Beispiel heraus, daß ich die meisten Leute dazu bringen konnte, daß sie dorthin schauten, wohin ich wollte; ich brauchte dazu nur das Flugzeug in der Richtung in die Kurve zu legen.

Wenn ich die Maschine auf die Seite legte, konnte ich auch gut ihre grundsätzliche Eignung als Piloten feststellen. Wenn jemand nämlich gerade in seinem Sitz bleibt, mit dem Flugzeug durch die Kurven geht, während einer Steilkurve furchtlos nach unten schaut und nicht gleich vor Angst nach den Seitenwänden faßt, dann ist er im allgemeinen auch ein geborener Flugzeugführer. Etwa einer von sechzig Passagieren qualifiziert sich entsprechend, und ich habe ihnen dann auch stets gesagt, daß sie gute Piloten sein könnten, wenn sie nur jemals das Fliegen erlernen würden. Die meisten zuckten dann bloß mit den Schultern und sagten, daß sie das nur zum Spaß gemacht hätten. Ich war in einem solchen Falle immer recht traurig, da ich genau wußte, daß ich diesen Test sicher nicht bestanden hätte, bevor ich mein Flugtraining beendet hatte.

Für die Mädchen war der Doppeldecker wie ein hohes, lautes Kirmesvergnügen, als ich die Kurven etwas steiler flog. Bei vierzig Grad Schräglage fing das Mädchen auf der rechten Seite immer zu schreien an und verdeckte seine Augen. Wenn ich die Maschine wieder geradelegte, sah sie wieder auf . . . und ich ging wieder langsam in die Kurve. Jedesmal, wenn wir genau vierzig Grad erreichten, stieß sie einen kleinen Schrei aus und verbarg wieder das Gesicht in ihren Händen. Bei neununddreißig Grad sah sie noch fröhlich hinunter . . . bei vierzig Grad schrie sie wieder. Ihre Freundin drehte sich zu mir um, schüttelte erst bedauernd den Kopf und lächelte mich dann an.

Bei der letzten Kurve vor der Landung, bereits in Bodennähe, so daß der Eindruck der Geschwindigkeit wirkte, zog ich die Maschine hart in eine Siebzig-Grad-Kurve und ließ sie dann wie eine Kanonenkugel steil zur Erde fallen. Das Mädchen auf der rechten Seite nahm jetzt die Hände nicht wieder von den Augen, bis wir direkt neben ihrem Wagen stoppten. Ich stellte den Motor ab, während Stu ihnen aus dem Cockpit half.

»Ach, es war wunderbar! Einfach wunderbar!« rief sie jetzt entzückt.

Ihre Freundin dankte mir nur ganz ruhig; aber das ängstliche Mädchen konnte sich gar nicht darüber beruhigen, wie wundervoll es gewesen war. Ich zuckte nur die Schultern . . . für mich waren die besten Teile des Fluges diejenigen gewesen, vor denen sie die Augen verschlossen hatte.

Sie verließen uns beide winkend, und nach wenigen Minuten brachte Methode C Everett Felthan zu uns, der eine ganze Schachtel Putzlappen mitbrachte.

»He, ihr Ratzer! Warum kommt ihr nicht mit zu mir und helft mir ein wenig beim Erdbeeressen, hmm?«

Wir brauchten nur drei Minuten, um die Plane über die Maschine zu werfen und neben ihm im Wagen Platz zu nehmen. Die nächsten Stunden verbrachten wir ganz mit Ev; zunächst holten wir noch einen Kanister mit Öl für den

Doppeldecker, und dann saßen wir im Schatten einer hohen Ulme und verzehrten große Schalen frischer Erdbeeren mit Vanilleeis.

»Mensch, ist dieses Luftzigeunern anstrengend, Ev«, sagte ich genießerisch und lehnte mich in meinem Gartenstuhl weit zurück. »Versuch das bloß niemals!«

»Das glaube ich auch. Ihr saht mir auch verdammt überanstrengt aus, wie ihr da draußen so unter eurem Flugzeug lagt. Ich wünschte nur, daß ich auch so einen Doppeldecker hätte . . . wäre im Nu mit dabei!«

»Okay, dann besorg dir doch einen und schließ dich den großen Amerikanern an. Siehst du sonst noch irgendwelche Probleme?«

Ev mußte noch diesen Nachmittag mit einem Routineflug vom O'Hare International Airport abfliegen; er ließ uns daher auf dem Weg nach Chicago an unserer Wiese aussteigen. Wir verabschiedeten uns in der optimistischen Art der Piloten mit irgendwelchen zuversichtlichen »Bis bald dann«; ganz in der Gewißheit, daß das auch so sein werde, solange man keine groben Fehler beim Fliegen machte.

Stu zog seinen Fallschirm heraus, der vom letzten Sprung her noch nicht wieder gepackt war, und breitete ihn am Boden zum richtigen Packen aus. Ein paar kleine Jungen gesellten sich dazu und fragten, wie es sich anfühle, wenn man so ganz allein durch die Luft falle . . . und wie die einzelnen Teile des Fallschirmes hießen . . . und wo man das Springen erlernen könne.

Springen Sie heute noch mal?« fragte der eine. »Vielleicht sogar bald?«

»Nicht, wenn dieser Wind noch stärker wid.«

»Puh, es ist doch nicht windig!«

»Das ist es aber wohl, wenn man mit diesem Ding hier herunterkommt!« Dann arbeitete er stumm weiter.

Ein Flugzeug kam jetzt von Süden herauf, umkreiste die Stadt und kam dann tief über unsere Wiese herunter. Es war Paul mit seiner *Luscombe*, der mit zweihundert Sachen vorbeibrauste, dann wieder steil nach oben ins Blaue wegzog, um die Maschine dann für einen weiteren Anflug herumzuziehen. Wir winkten ihm eifrig zu.

Die *Luscombe* flog dreimal über die Wiese, um maßzunehmen. Ich stellte mir dabei vor, selbst in seinem Cockpit zu sitzen und die Wiese zu begutachten, während ich sein schwerbeladenes Sportflugzeug steuerte. Ich kniff die Augen zusammen und schüttelte endlich den Kopf. Ich würde es nicht machen, würde hier nicht landen! Die Wiese war für einen Doppeldecker zwar in Ordnung; aber so ein Doppeldecker hatte eben auch im Vergleich die doppelten Tragflächen. Die Wiese war für Pauls Flugzeug wirklich zu kurz; er könnte es zwar schaffen, aber nur so gerade eben, ohne irgendwelchen Spielraum für die Telefondrähte. Wenn er hier landete, würde ich auch eine große Szene daraus machen, wie unklug es von ihm gewesen sei.

Beim nächsten Anflug schwänzelte er mit der Maschine, um ein »Nein« zu signalisieren, und flog dann zu dem Flugplatz unten an der Straße weiter.

Das sind die Probleme, wenn man mit einem Eindecker arbeitet, dachte ich. Er braucht dabei eben immer etwas zuviel Landestrecke! Und dabei ist das hier eine so hervorragende Wiese, die dicht genug bei der Stadt lag, was uns wohl gerettet hatte, als wir pleite waren . . . und wo es immer noch genügend weitere potentielle Kundschaft gab.

Ich zog die Plane von der *Parks* herunter und machte sie flugklar. Verdammt noch mal . . . eine so herrliche Wiese!

Als ich dann ebenfalls auf dem anderen Flugplatz gelandet war, verankerte Paul gerade seine Maschine. Er trug immer noch ein weißes Hemd mit Krawatte.

»Hallo!« rief ich ihm zu. »Hast du deine Bilder geschossen?«

»Ja. Bin soeben im Nonstop von Ohio hergeflogen, deshalb blieb ich auch nicht länger über der Wiese da draußen. War schon fast leergeflogen ... und sie war einfach zu kurz für mich.«

Es klang fast entschuldigend, als ob es seine Schuld sei, daß die Wiese nicht ausreichte.

»Kein Problem ... wirf deine Sachen auf den Vordersitz, und wir hüpfen eben rüber ... Falls du mir vertraust ... denn vorn ist ja keine Steuerung ...«

Es brauchte eine Zeitlang, bis die moderne Gegenwart von Paul wieder abgefallen war, und er erzählte uns von seinen Aufnahmen, während er Stu beim Fallschirmpakken half. Es war irgendwie bedrückend zu hören, daß diese andere Welt dort draußen tatsächlich noch existierte ... mit all den Leuten, die in dunklen Geschäftsanzügen herumliefen und völlig abstrakte Dinge diskutierten, die so absolut nichts mit Motoren oder Schwanzsporen oder guten Wiesen zum Landen zu tun hatten.

An diesem Abend zog der Doppeldecker selbst ohne Fallschirmabsprung noch fünfzehn Passagiere an, und als wir ihn dann schließlich für die Nacht zugedeckt hatten, waren wir uns wieder einmal ziemlich einig, daß man als freier Luftzigeuner ganz gut zurechtkommen konnte, selbst wenn es dazwischen mal ein paar magere Tage gab.

Da flog wieder wie gewöhnlich unsere lebhafte Unterhaltung über den Tisch der Snackbar; aber die ganze Zeit mußte ich daran denken, daß die *Luscombe* nicht von kleineren Wiesen aus fliegen konnte. Wenn es schon so schwer gewesen war, diesen Platz für den Doppeldecker zu finden, dann würde es sicher doppelt schwierig sein, eine Wiese zu finden, von der aus beide Maschinen zufriedenstellend arbeiten konnten.

Ein Showflieger kann also sehr wohl immer noch auf die altbekannte Art und Weise überleben, wenn er es mit einem Flugzeug versucht, das für den Kurzstartbetrieb geeignet ist. Würde daher die *Luscombe* vielleicht den Untergang der Träume der großen Amerikaner bringen? Diese ernste Frage wollte mir nicht mehr aus dem Kopf gehen.

Kapitel 12

Am nächsten Morgen untersuchte ich zuallererst den Schwanzsporn-Gleitschuh. Er konnte etwas mehr von dem Draht gebrauchen, um ihn an Ort und Stelle zu halten; und das bedeutete, daß wir den schweren Schwanz noch einmal auf die Öldosen hieven mußten.

Paul stand mißmutig daneben.

»Meinst du, daß du vielleicht mal eben mit anfassen kannst?« sagte ich kurz. »Stu, bist du soweit?«

»Los, anheben«, erwiderte Stu von seinen Öldosen unter dem Heck her. Paul hatte mich offensichtlich nicht gehört; denn er machte keinerlei Bewegung, um uns zu helfen. »He, Paul! Kannst du nicht mal für eine Minute aufhören, an deiner Zigarette zu saugen, und hier eben mit anfassen?«

Paul sah mich so an, als sei ich irgendein ekehaftes Insekt, und kam uns zu Hilfe. »Okay, okay! Ich helfe euch ja schon . . . sei doch nicht so heftig!« Wir nahmen den Schwanz hoch und setzten ihn auf seine Stütze aus Öldosen.

Später gingen wir in die Stadt zum Frühstücken, und Paul trottete hinter uns her, ohne ein einziges Wort zu sagen – ein Bild völliger Niedergeschlagenheit. Was immer sein Problem sein mochte, dachte ich, geht mich ja schließlich nichts an, solange er nicht darüber spricht. Wenn er sauer sein will, dann muß er eben sauer sein.

Es war das ruhigste, ungemütlichste Frühstück, das wir jemals gemeinsam verzehrt hatten. Stu und ich wechselten Bemerkungen über das Wetter, den Schwanzsporn, den Wagenheber und wie man ihn einsetzen könnte . . . und die ganze Zeit über sagte Paul kein einziges Wort und gab überhaupt keinerlei Ton von sich.

Nach dem Frühstück hatten wir alle etwas anderes zu erledigen, und zum ersten Mal in diesem Sommer gingen wir nicht gemeinsam, sondern drei völlig verschiedene Wege. Es war irgendwie interessant, aber zugleich auch verwirrend; denn plötzlich befiel uns alle dieselbe Depression. Ach, was soll's, dachte ich, als ich allein zum Flugzeug zurückging . . . mir ist das schnurzegal. Wenn die anderen sich ärgern und lieber etwas anderes machen wollen, dann kann ich sie nicht aufhalten. Der einzige, den ich unter Kontrolle habe, bin ich selber . . . und ich bin hier als Himmelsstürmer und nicht, um meine Zeit damit zu vergeuden, daß ich mich ärgere. Ich beschloß daher, zum Flugplatz zu fliegen, das Öl zu wechseln und dann den Weiterflug vorzubereiten. Wenn die anderen weiterhin mitkommen wollten, sollte es mir recht sein.

Als ich wieder auf die Wiese kam, saß Paul dort ganz allein auf seinem Schlafsack und schrieb einen Zettel voll. Er sagte wieder kein Wort.

»Okay«, sagte ich endlich. »Was du persönlich tust, geht mich nichts an, solange es nicht anfängt, mir in die Quere zu kommen . . . und das fängt jetzt gerade an. Was ist dir denn bloß über die Leber gelaufen, he?«

Paul hörte zu schreiben auf und faltete das Papier zusammen. »Du«, erwiderte er sehr direkt. »Deine ganze Einstellung ist anders geworden. Du benimmst dich irgendwie ganz anders, seit ich wieder zurück bin. Ich fliege daher noch heute ab und gehe nach Hause.«

Das war also das Problem! »Du bist natürlich jederzeit frei zu gehen. Würde es dir aber etwas ausmachen, mir wenigstens zu sagen, inwiefern sich meine Einstellung zu dir geändert hat? Meinst du vielleicht, daß ich nicht länger mit dir fliegen will? Ist es das?«

»Ich weiß nicht; aber du bist überhaupt nicht mehr hier ... und ich könnte für dich genausogut irgendein Wildfremder sein, den du noch nie zuvor gesehen hast! Du magst ja vielleicht andere so behandeln; aber ich lasse mich nicht wie ein Außenseiter behandeln!«

Ich überflog noch einmal rasch, was ich getan oder gesagt hatte, seit Paul zurück war. Ich war vielleicht etwas zu steif und förmlich gewesen; aber das war ich sicher schon tausendmal, seit ich Paul kannte! Ich bin auch zu meinem Flugzeug etwas steif und formell, wenn wir ein paar Tage lang nicht miteinander geflogen sind. Es mußte wohl meine Bemerkung von heute morgen wegen der Zigarette gewesen sein; das hatte auch wohl etwas härter geklungen als beabsichtigt ...

»Okay«, sagte ich. »Es tut mir leid ... dieser Quatsch wegen der Zigarette tut mir leid. Ich vergesse manchmal, daß du so verdammt sensibel bist ...«

Blöde Entschuldigung, dachte ich selber.

»Nein, es ist nicht nur das ... sondern deine ganze Art. Es ist so, als ob du mich am liebsten los sein wolltest; aber mach dir deswegen keine weiteren Gedanken ... ich verschwinde! Ich hatte dir gerade eine diesbezügliche Notiz schreiben wollen; aber du warst so rasch zurück, daß ich sie nicht mehr ganz fertig bekam.«

Da stand ich also! Hatte ich mich denn schon so lange falsch verhalten? Würde mich denn sonst dieser Mann, den ich als einen meiner besten Freunde bezeichnete, so stark verurteilen, ohne sich meine Verteidigung anzuhören ... mich für schuldig befinden und dann ohne ein weiteres Wort wegfliegen?

»Das einzige, was mir einfällt ...«, fing ich ganz langsam an und versuchte dabei so überzeugend wie möglich zu klingen, »... ist, daß ich mir sehr gewünscht habe, daß du auf dieser Wiese hättest landen können. Ich war irgendwie böse auf dich, als du nicht gelandet bist, obgleich es richtig von dir war; denn es ist ein so hervorragender Platz. Aber ich würde hier mit der *Luscombe* auch nicht landen; und ich meine auch, daß es dumm von dir gewesen wäre, wenn du es versucht hättest. Du hast also vollkommen richtig gehandelt; aber ich wünschte halt doch, daß die *Luscombe* eine etwas geeignetere Mühle für so etwas wäre . . . das ist schon alles!« Ich fing an, meinen Schlafsack aufzurollen.

»Wenn du also abhauen willst, gut! Wenn du aber deshalb gehst, weil ich dich los sein will, dann hättest du unrecht . . . aber das ist dein persönliches Problem.«

Wir besprachen die Sache hin und her . . . und allmählich klangen wir wieder wie wir selber und überbrückten die Kluft, die unter dem Eis verborgen gewesen war.

»Willst du jetzt also etwas ruhiger werden«, fragte Paul, ». . . und deine Truppen etwas mehr wie menschliche Wesen behandeln?«

»Ich dachte die ganze Zeit, daß wir schon längst vergessen hätten, wer der Boß ist«, entgegnete ich überrascht, »und du hast immer noch gedacht, ich sei der große Meister? Ich bin zurückgetreten, sage ich dir noch mal, ganz zurückgetreten!«

Dann waren wir wieder als Showflieger in Formation in der Luft und suchten zunächst ohne Ergebnis nach Norden. Das Land in unmittelbarer Nähe der geeigneten Orte war stets zu uneben und auch wieder zu kurz für beide Flugzeuge zusammen. Ich sah dabei noch einmal die breite Grasbahn von *Lake Lawn* und fragte mich, ob wir nicht für die Golfspieler eine interessante Abwechslung darstellen würden, wobei wir sogar genügend Geld verdienen könnten. Aber Golfspieler sind meist Stadtleute, die weit vor uns in der Neuzeit lebten und sich sicher eher mit lauter irrealen Dingen aus dem Geschäftsleben beschäftigen . . .

Profitspannen, Kreditraten und dem sonstigen Leben der größeren Städte. Und wir suchten eigentlich nach Leuten aus der Welt, zu der auch unsere Flugzeuge gehörten.

Wir folgten den verschiedenen Straßen nach Westen und Süden und kreuzten dann noch einmal in die Sommerhitze von Illinois hinüber. Wir umkreisten acht oder zehn kleinere Städtchen, verließen dann die Straße, um einem Flußlauf zu folgen, und rollten mit unseren Rädern schließlich durch das Gras einer Landebahn an diesem Fluß. Es war ein guter, langer Streifen. Er reichte auch voll aus, um mit einer beladenen *Luscombe* davon zu operieren, und außerdem waren wir dort nur etwa anderthalb Kilometer von dem Städtchen entfernt. Vielleicht ein bißchen weit draußen; aber es war immerhin einen Versuch wert.

Die Wiese war von Hafer und Maisfeldern eingesäumt, die etwas tiefer in dem breiten, langen Talbett lagen. Am Ende der Landebahn standen ein Farmhaus und ein kleiner Flugzeugschuppen. Zwei Minuten nachdem wir dort gelandet waren, kam eine leichte zweimotorige Maschine herein und rollte bis vor diesen Hangar.

»Aber sicher«, meinte der Besitzer, »natürlich können Sie von hier aus arbeiten, wenn Sie wollen. Wäre vielleicht ganz nett, mal wieder ein paar Leute hierher zu bekommen.«

So hatten wir wieder einmal eine gute Arbeitsbasis gefunden. Unsere erste Bekanntschaft mit Pecatonica in Illinois war damit eine freundliche gewesen.

Neben dem Farmhaus gab es in langen Stallreihen eine große Anzahl von Schweinen, die laut grunzten und quiekten. Ein Mann mit seiner Frau kam neugierig aus dem Haus, um zu sehen, wer wir denn seien; ihnen folgte schüchtern ein kleines Mädchen, das verschämt hinter dem Rock seiner Mutter hervorlugte. Das Mädchen war vor lauter Verwunderung ganz stumm. Sie schien davon überzeugt zu sein, daß wir Marsmenschen seien, die mit irgendeiner seltsamen Art fliegender Untertasse gelandet wären; und sie schaute uns mit großen, erschrockenen Augen an, um beim ersten Monsterwort, das wir sprechen würden, sofort schreiend ins Haus zurückzustürzen. Stu ging den Wiesenrand entlang, um unser Schild aufzustellen, und sie behielt ihn dabei die ganze Zeit vorsichtig im Auge, damit er sich nicht etwa von hinten an sie heranschleichen konnte, um sie mit einem gewaltigen Biß zu verschlingen.

Wir erfuhren, daß in den Stallungen zweihundert Schweine ständen und daß irgendwo auch noch neun Katzen und ein Pferd herumwanderten. Das Pferd wurde im Augenblick auf einer kleineren Rasenfläche beim Haus gehalten und trottete gleich herbei, um mit uns zu reden, als wir in die Nähe seines Gatters kamen.

»Das ist Skeeter«, erklärte die Frau dazu. »Wir haben ihn schon als Fohlen bekommen. Skeeter ist ein prächtiges Pferd. Nicht wahr, Skeeter?« Sie rieb seine samtene Nase.

Skeeter antwortete mit einem leisen, höflichen Wiehern und nickte dazu mit dem Kopf. Darauf verließ er uns wieder und trabte einmal um seine Rasenfläche herum und kam dann zu uns zurück, wo er erneut seinen Kopf freundlich über das Tor streckte. Skeeter hatte offensichtlich ein recht geselliges Wesen.

»Ich fahre gerade in die Stadt . . . wollt ihr mit?« fragte der Besitzer. Wir wollten gern mit und sprangen rasch auf die Ladefläche seines roten Farmwagens. Als wir gerade auf die Hauptstraße einbogen, stellte diesmal Paul die Frage. »Wie meint ihr, daß es laufen wird?«

»Sieht ganz gut aus«, erwiderte Stu.

»Ist vielleicht etwas weit draußen«, ergänzte ich, »aber wir werden dabei sicher Erfolg haben!«

Pecatonicas Hauptstraße hatte eine hohe Bordkante und war von hölzernen Fassaden und Ladenfensterfronten eingesäumt. Die Ortsmitte war genau einen Häuserblock lang: Eisenwaren, Cafeteria, ein Futtermittelladen, Tankstelle und ein Dimestore. Wir sprangen am Anfang dieses Blockes ab, bedankten uns und gingen zur Cafeteria, um dort eine Limonade zu trinken. Es war mitten in der größten Sommerhitze, und die runden Plastik-Reklamethermometer standen bei mehr als fünfunddreißig Grad.

Wir bestellten uns Riesenlimonaden und betrachteten dabei Decke und Wände. Es war wieder einer dieser langen schmalen Räume, wie wir sie nun schon kannten; mit Sitznischen auf der einen und Tresen, Spiegel und aufgebauten Gläsern auf der anderen Seite und der Küche weit dahinter, mit einer Drehscheibe in der Durchreiche für die Speisen. Die Decke war wenigstens fünf Meter hoch und mit grünen Blechplatten voller Blumenornamente bedeckt. Es sah alles wie ein nettes, elektrifiziertes Museumsstück von 1929 aus, mit künstlichen Menschen darin, die sprechen und mit den Augenlidern klappern konnten.

Unsere Bedienung war ein auffallend hübsches Mädchen, das uns freundlich anlächelte, als sie unsere Limonaden brachte. Sie sah durchaus nicht wie eine elektrische Puppe aus.

»Kommst du einmal raus und fliegst mit uns?« fragte Paul.

»Ach, ihr seid die Leute mit den Flugzeugen! Ich sah euch vorhin vorbeifliegen. Seid ihr zu zweit?«

»Mit einem Fallschirmspringer«, fügte ich hinzu.

Es war kaum zu fassen. Wir hatten nur eben einen Halbkreis über der Stadt geflogen; aber sicher wußte schon halb Pecatonica von den beiden Maschinen, die da am Flugplatz warteten. Wir schüttelten unser Geld auf den Tisch.

»Wirst du mit uns fliegen?« fragte Paul noch einmal.

»Ich weiß noch nicht so recht . . . vielleicht . . .«

»Sie kommt bestimmt nicht«, sagte Paul draußen. »Warum kommen bloß die Serviererinnen nie zum Fliegen?«

»Sie haben eben das beste Gefühl für den Charakter anderer Leute«, antwortete ich ihm. »Sie wissen halt, daß man niemals mit Leuten fliegen darf, die solche verrückten grünen Hüte tragen.«

Wir nahmen die Limonaden mit und machten uns auf den langen Weg zum Flugplatz. Es war ein fünfzehnminütiger Spaziergang, und wir waren schon wieder durstig, als wir dort ankamen. In einem Schuppen neben den Schweineställen standen mehrere Traktoren und einige Ballen Heu für Skeeter. Die Kinder spielten auf dem Hof, und sobald Stu sich auf das Heu gelegt hatte, rannten sie hinüber und begruben ihn unter jungen Kätzchen. Die Katzenmutter war mit dabei; und während Paul und ich mit Skeeter schwatzten, lag Stu flach auf seinem Rücken im Heu, unter einer von den Kindern gelenkten Stampede der kleinen Kätzchen. Es gefiel ihm großartig, und ich wunderte mich erneut; Stu zeigte sich wieder einmal von einer ganz anderen Seite. Das paßte zum Beispiel überhaupt nicht zu dem Bild, das ich mir von unserem nachdenklichen, schweigsamen Springer gemacht hatte!

Paul und ich starteten bald darauf und flogen einen kurzen simulierten Luftkampf über dem Ortsrand, und als wir wieder landeten, warteten unten bereits vier Autos und einige Passagiere auf uns. Wir machten uns an die Arbeit.

Zum Schluß zeigte Stu mit nach unten gekehrtem Daumen an, daß keine weiteren Passagiere da seien und ich den *Whirlwind* ruhig abstellen könne. Paul war auch gerade gelandet, und sein Fluggast, eine reizende junge Dame von neunzehn oder zwanzig Jahren, in einem ziemlich tief ausgeschnittenen Sommerkleid, kam direkt auf mich zu.

»Hallo«, sagte sie, »ich heiße Emily.«

»Hi, Emily.«

»Ich bin gerade von meinem allerersten Flug zurückgekommen, und es war einfach herrlich! Alles war so hübsch! Aber Paul sagte mir, daß ich unbedingt mit dir fliegen sollte, wenn ich *wirklich* Spaß haben wollte!«

Paul dachte stets, daß ich aus dem Gleichgewicht geriete, wenn mir eine hübsche Frau gegenübertrat, und Emily konnte daher gerade eines seiner heimlichen Experimente sein, um das zu beweisen. Ich blickte daher rasch zu der *Luscombe* hinüber; aber Paul stand dort völlig unschuldig und rieb Flecken von seiner blitzsauberen Motorhaube, wobei er allerdings plötzlich verdächtig genau auf seine Arbeit achtete.

Ich würde es ihm schon zeigen. »Tja, Emily, der gute Paul hat damit sehr recht gehabt. Wenn du wirklich wissen willst, wie das Fliegen ist, dann spring doch rasch zu diesem Burschen in dem gelben Springeranzug hinüber und hol dir eine Karte – und dann fliegen wir zusammen.«

Sie sah einen Augenblick etwas enttäuscht aus, dann stellte sie sich ganz dicht neben mich und sagte sehr sanft: »Ich habe aber gar kein Geld mehr, Dick.«

»Das glaube ich nicht! Drei Dollar sind gar nichts für so einen Flug in einem Doppeldecker! Davon gibt's heute gar nicht mehr allzu viele, weißt du?«

»Ich möchte ja wirklich zu gern mit dir fliegen«, schmeichelte sie.

»Das würde auch dafürstehen, Mädchen! Ein herrlicher Tag zum Fliegen . . . aber das weißt du ja schon, wenn du mit Paul oben warst.«

Sie hatte es offensichtlich überhaupt nicht eilig, Stu seine drei Dollar zu bezahlen, und hatte einfach Spaß daran, stehenzubleiben, zu reden und in der Sonne die hellen Farben auf ihrem Sommerkleid aufleuchten zu lassen.

Dann kam einer der ersten Passagiere zurück und wollte noch einen solchen »wilden Flug«. Ich sagte daher dem Mädchen ein vorsichtiges Aufwiedersehen, startete meinen Motor und rollte zum Start. Als ich dabei an der *Luscombe* vorbeikam, schüttelte ich meinen Kopf zu Paul hinüber, der jetzt sehr eifrig an seinem makellosen Propeller herumpolierte. Wir sahen Emily übrigens nie wieder.

Der morgendliche Wegesrand auf unserem Frühstücksweg stand in voller purpurfarbener Blütenpracht.

»He, ihr!« rief ich. »Honigklee!«

»Hübsch . . .«

»Nein, der ist nicht nur hübsch, sondern auch gut zu essen! Wie damals als Kinder, erinnert ihr euch nicht?« Ich nahm ein Büschel hoch und saugte an den hohlen Blütenröhren. In jeder einzelnen saß ein winzig kleiner Honigtropfen, ein delikater, süßer Geschmack des jungen Morgens. Paul und Stu versuchten es auch, während wir weitergingen.

»Schmeckt so, als ob man eine Blume ißt«, meinte Stu dazu.

»Ich kann euch wirklich nicht verstehen!« Ich rupfte eine weitere Handvoll aus und saugte an den zarten Stielchen. »Dieses großartige Zeugs wächst hier überall, und ihr geht daran einfach achtlos vorbei.«

Zwischen dem Ort und dem Flugfeld lag eine schmale Betonbrücke, die eines der längsten geraden Stücke des Pecatonica-Flusses überquerte! Wir hörten jetzt das Geräusch von starken Außenbordmotoren, und dann rasten zwei winzige Rennboote mit Vollgas den Fluß entlang und kämpften dabei verbissen um die Führung. Sie donnerten schallend unter der Brücke durch und waren im Nu weit fort. Die Fahrer trugen Sturzhelme und schwere Schwimmwesten und wurden ganz von ihrem Tun gefangengenommen. Am Ende der Geraden verlangsamten sie die Fahrt, wendeten blitzschnell und kamen wieder zurück. Hohe Fontänen aus Millionen von Wassertröpfchen sprangen hinter ihnen auf. Das war eine nautische Art des üblichen Straßenrennens; aber irgendwie erschien mir das als eine wesentlich sauberere Sportart.

Wir gingen dann über die Brücke und kamen an einem Rasenstück vorbei, auf dem ein Junge mit einem gebogenen Drahtschläger einen Teppich klopfte.

»Wie sehen denn nun unsere weiteren Pläne aus?« fragte Paul, während wir an dem freundlich wiehernden Skeeter vorbei zu den Flugzeugen hinausgingen. »Wollt ihr noch etwas während des Tages versuchen? Vielleicht kommt daraufhin ja doch noch jemand . . .«

»Was immer du vorschlägst.«

»Meine Zeit wird allmählich etwas knapp«, fuhr Paul fort. »Ich müßte jetzt wohl bald zurückfliegen. Von hier wären es etwa drei Tage bis nach Hause.«

»Gut, laß es uns doch versuchen . . . wir gehen noch einmal zusammen hoch«, sagte ich darauf. »Vielleicht bringt es tatsächlich wieder ein paar Leute heraus . . . außerdem ist es oben bedeutend kühler.«

Wir starteten also und stiegen in Formation auf dreitausend Fuß über der sommerlichen Stadt. Die Rennboote fuhren immer noch; ihre doppelten weißen Schaumspuren liefen immer noch Kopf an Kopf über den dunklen Fluß. Einen Kilometer unter uns klopfte auch der Junge immer noch seinen Teppich, und ich schüttelte den Kopf. Es war nun doch schon zwanzig Minuten her, seit wir an ihm vorbeigegangen waren. Was für eine Ausdauer der haben mußte! Meine äußerste Leistung beim Teppichklopfen lag bei drei Minuten. Die Welt von 1929 war schon eine ernste Angelegenheit!

Paul zog jetzt in einer weit ausholenden Kurve von mir weg und kurvte dann wieder ein, um die altbekannten

Luftkampffiguren einzuleiten. Ich zog den Doppeldecker senkrecht nach oben und hoffte, daß die *Luscombe* dabei unter mir durchziehen und damit die Chance bieten würde, mich hinter sie setzen zu können. Dieser erste Teil unserer Luftkampfshow war niemals festgelegt, und wir gaben stets unser Bestes, um gegenseitig in gute Schußposition hinter dem anderen zu kommen. Nur gegen Ende der Vorführung mußte ich Paul stets gewinnen lassen, weil ich die Rauchpatrone an meiner Maschine hatte und daher als einziger »in Flammen« zu Boden gehen konnte.

Die Erde um uns herum drehte sich wieder in Grün und der Himmel in Blau; und eine Zeitlang machte es mir überhaupt nichts aus, ob potentielle Fluggäste zuschauten oder nicht. Es ging einfach nicht, daß ich Paul zu Anfang unseres Spielchens hinter mich kommen ließ. Schließlich hatte ich dieses Geschäft ja schon längst bei der *Air Force* gelernt, noch ehe er überhaupt mit dem Fliegen angefangen hatte. Schließlich hatte ich ja den Luftkampf in Kampfflugzeugen geübt, während Paul noch Modefotos in seinem eleganten Studio geschossen hatte.

Alle anderen Piloten, die ich sonst noch kannte, fingen auf kleinen, langsameren und älteren Maschinen zu fliegen an und gingen dann mit der Zeit. Nach ein paar Jahren flogen sie schnellere, größere und immer modernere Maschinen. Mit mir war das genau umgekehrt:

Anfangs waren es die nahtlosen, militärischen Trainingsflugzeuge und Einsatzmaschinen und dazu Luftkampf im Schallgrenzbereich, dann kamen Transporter, danach moderne Geschäftsflugzeuge, dann ein älteres Leichtflugzeug . . . und jetzt dieser Doppeldecker, der fest im Vorgestern verhaftet war. Vom komplizierten Waffenradar über moderne zivile Fluginstrumente und einfache Funkausrüstung zu einem absoluten Minimum; denn mein Doppeldecker war nicht nur ohne Funkgerät, sondern auch ohne jegliche Stromquelle. Er war ein Relikt aus den Tagen, als ein Pilot noch sein eigener Heer war, ohne irgendwelche Verbindungen zu Erdenmenschen, die ihm helfen oder ihn belästigen konnten. Im allgemeinen ist 1929 eine fröhliche Zeit; aber wenn ich manchmal einem Kondensstreifen nachschaute, der sich hoch oben durch die Stratosphäre zog, dann mußte ich doch zugeben, daß mir die Kraft, die Geschwindigkeit und das hohe, einsame Vergnügen des Jetpiloten irgendwie fehlten. Manchmal . . .

Die *Luscombe* lag jetzt genau auf gleicher Höhe neben mir und versuchte krampfhaft, Fahrt zu verlieren, um sich hinter meinen Schwanz klemmen zu können. Ich schob jetzt den Gashebel ganz nach vorn, hielt die Nase hoch und sah lachend zu Paul hinüber. Das kleine Sportflugzeug konnte jetzt nicht länger mithalten; plötzlich fing es zu schütteln an und sackte dann bei abgerissener Luftströmung an den Tragflächen voll nach unten durch. Ich trat das Seitenruder durch, während der Doppeldecker einige Sekunden später ebenfalls durchzusacken begann, und ließ mich direkt hinter die *Luscombe* fallen. Meine Reputation war damit wieder einmal gesichert. Ganz gleich, was jetzt noch passierte, ich konnte danach immer sagen, daß ich Paul eine Chance gab, nachdem ich bereits einmal hinter ihm gesessen hatte. Er zog jetzt wieder hoch, rollte in die Rückenfluglage und ließ sich wieder durchfallen; und der Himmel rotierte wieder um uns beide, als ich mitrollte, um ihm zu folgen.

Stu arbeitete unten bereits daran, die Zuschauer zu überzeugen, daß es ein fabelhafter Tag zum Fliegen sei, und bis Mittag hatten wir dann auch schon fünf Passagierflüge gemacht. Wir verbrachten den frühen Nachmittag im Schatten der Tragfläche, um nicht zu schwitzen, und das war gar keine leichte Aufgabe.

Ein paar Minuten nachdem ich endlich eingeschlafen

war, kam Paul herüber und weckte mich wieder auf. »Was würdest du jetzt zu einer frischen Wassermelone sagen? Wäre das nicht toll . . . schöne kalte saftige Wassermelone?«

»Hört sich ganz groß an; du holst sie – und ich helfe dir gern beim Essen.«

»Ach, komm schon! Laß uns doch zusammen eine holen!«

»Du bist wohl total verrückt! Es sind anderthalb Kilometer bis zur Stadt!«

»Stu! Wie wär's, wenn wir zusammen eine Wassermelone holten?« fragte Paul weiter. »Wir könnten sie dann hierherbringen und gemeinsam essen . . . und diesem Kerl hier nichts davon abgeben . . .«

»Geh du nur ruhig und hol sie«, meinte Stu. »Ich warte auch lieber hier auf dich.«

»Aah! Ich kann es einfach nicht länger aushalten, hier so herumzusitzen und nichts zu tun! Ich starte noch einmal und mache ein paar Flipflops.«

»Klasse«, entgegnete ich müde, während Stu schon längst wieder eingeschlafen war. Paul startete ein paar Minuten später, und ich sah ihm bei Fliegen zu . . . dann drehte ich mich ebenfalls um und suchte mir ein kühleres Plätzchen unter den Flügeln.

Ich hörte nicht einmal, wie er zurückrollte und stoppte; aber er weckte uns wieder auf. »He, wir müssen einfach eine Wassermelone haben! Es kommt jetzt sowieso niemand zum Fliegen heraus.«

»Weißt du, Paul«, entgegnete ich träge, »du gehst jetzt rüber und holst erst einmal eine Melone, und ich möchte wetten, daß du dann mein scharfes Messer zum Schneiden brauchen kannst. Na, wie klingt das?«

Ein paar Minuten später kam ein Lkw aus dem Hangar und fuhr mit Paul am Steuer in Richtung Stadt davon; er war völlig auf seine Wassermelone versessen. Na gut, dachte ich, während ich wieder einschlief . . . wenn er so scharf auf seine Melone ist, dann sollte er auch eine haben.

Eine halbe Stunde später hörten wir Skeeter zur Begrüßung wiehern, und Paul war tatsächlich mit einer Melone unter dem Arm aus der Stadt zurück. Es war fünfunddreißig Grad im Schatten, und er hatte das Ding die ganze Zeit mitgeschleppt!

»Hallo, ihr zwei!« rief er. »Frische Wassermelone!«

Es war schon schwer zu begreifen, dachte ich, während ich die kühle Herrlichkeit mampfte. Wenn ich an Pauls Stelle gewesen wäre, dann hätte ich diese faule Bagage hier unter der Tragfläche verschmachten lassen. Ich hätte ihnen vielleicht höchstens ein Stück Schale zugeworfen. Aber tatsächlich das erste Stück meiner Melone mit diesen Schmarotzern zu teilen? Niemals!

»Ich glaube, ich mache mich jetzt besser auf die Socken«, meinte Paul dann. »Ich glaube nicht, daß noch sehr viele Passagiere kommen werden, jedenfalls bis später . . . es ist ganz schön weit bis Kalifornien . . . und ich sollte daher doch wohl besser schon heute losfliegen.«

Dann fing er an, seine Sachen aus dem Stapel herauszusuchen und sie ordentlich in seinem Flugzeug zu verstauen. Kameras, Filmkassetten, Schlafsack, Kleidersack und Karten. »Ich überlasse euch den Rest der Wassermelone«, meinte er dann.

Da fuhr ein Wagen auf die Wiese und dann noch einer . . :

»Jetzt haben wir die Methode C mit Verzögerung entdeckt«, sagte ich zufrieden, als der dritte Wagen auf dem Gras parkte.

Wir warteten die *Parks*, und Stu ging hinüber, um mit den Leuten zu sprechen. Die ersten Passagiere waren ein Mann mit seinem Jungen, und der Mann trug eine Brille, die er wahrscheinlich zuletzt beim Afrikakorps getragen hatte. Er sprach ein paar windverwehte Worte, dann waren wir schon in der Luft und stiegen zum Fluß hinüber in die kühle Luft hinaus.

»He, das war wirklich gut«, sagte der Mann elf Minuten später, als Stu ihm beim Aussteigen half. »Wirklich nett! Von da oben kann man auch recht weit schauen, nicht?«

Stu schloß die Seitentür hinter dem nächsten Passagier und kam noch einmal an mein Cockpit heran. »Du hast jetzt zwei Neulinge darin, und einer davon hat etwas Angst.«

»Okay!« Ich fragte mich, warum er das gesagt hatte. Die meisten unserer Mitflieger waren etwas ängstlich, da sie häufig zum ersten Mal in die Luft gingen. Allerdings zeigten sie es meist nicht. Diese beiden haben also wohl etwas mehr Angst als gewöhnlich vor dem Flug in unserem rachitischen, alten Doppeldecker . . . Aber sobald sie halbwegs durch den ersten Vollkreis über der Stadt waren, hatten sie sich gefangen und baten von sich aus um weitere Steilkurven. Es ist also immer das Unbekannte, vor dem unsere Passagiere Angst haben. Sobald sie dann selber sehen, wie das Fliegen ist . . . und daß es sogar ein wenig schön ist, wird es auch für sie vertraut und angenehm, und sie verlieren allen Grund zur Angst.

Furcht ist ohnehin nur eine bestimmte Art zu denken, ein Gefühl. Wenn man das Gefühl los wird, weil man die wahre Natur einer Sache erkennt, dann verliert man damit auch meist die Furcht davor.

Unser Geschäft lief auf einmal sehr gut. Auf dem Rasen parkten acht Autos, und Stu wartete schon mit zwei weiteren Passagieren.

Paul kam zu meinem Cockpit herüber. »Sieht so aus, als ob im Westen eine Gewitterfront steht. Ich will daher sehen, daß ich bis zum Einbruch der Dunkelheit in Dubuque bin«, meinte er. »Ich wage ein bißchen viel, nicht?«

»Nicht – solange du deine Maschine unter Kontrolle hast, denk daran!« entgegnete ich. »Wenn dir irgend etwas nicht gut genug aussieht, geh halt einfach runter, lande auf irgendeiner Wiese und warte erst einmal ab. Meinst du nicht, daß du aber ebensogut noch eine weitere Nacht hierbleiben könntest?«

»Nö ... ist besser, wenn ich schon ein Stück unterwegs nach Hause bin. Du hast noch vier weitere Passagiere, die warten, ich sollte daher nicht mehr länger bleiben, sondern gehe jetzt gleich mit raus.«

»Okay, Paul! Es hat Spaß gemacht ...«

Stu schloß die Tür hinter den neuen Passagieren und winkte dann, daß sie fertig seien.

»Tja ... war wirklich nett«, entgegnete Paul. »Wir sollten das im nächsten Jahr eigentlich noch einmal aufziehen, wie? Aber dann vielleicht für etwas länger ...«

»Okay, paß gut auf! Hals- und Beinbruch ... und geh einfach irgendwo runter, wenn dir das Wetter zu schaffen machen sollte.«

»Ja ... schreib mal!«

Ich nickte und zog die Brille herunter, dann schob ich den Gashebel wieder nach vorn. Das war ein verdammt knappes Aufwiedersehen nach der langen gemeinsamen Zeit.

Wir starteten über die Maisfelder und stiegen durch die warme Abendluft und kurvten dann über dem Fluß auf die Stadt zu. Paul flog eine kurze Weile zum Vergnügen der Passagiere in enger Formation mit ... beide hoben ihre Kameras und hielten den Augenblick fest.

Was bedeutete es wirklich, daß uns jetzt gerade dieser Mann verließ, der mit uns geflogen war, der einen Teil des Risikos getragen hatte, der Freude, der Arbeit und der Versuche? All das Verstehen und die Mißverständnisse der Showfliegerei ...

Paul winkte uns dann noch einmal zu, dann riß er die *Luscombe* in eine scharfe Kehrkurve und beschleunigte nach Westen, wo die Sonne von einer riesigen Gewitterwand blockiert wurde. Seltsamerweise bedeutete es überhaupt nicht, daß er uns verließ ... sondern viel eher, daß er noch anwesend sei. Daß wir auch nicht allein dastehen würden, wenn die Zeit für einen weiteren Test käme, einen weiteren Plan, um zu beweisen, daß wir auf keine andere Art leben müssen als diejenige, welche wir uns selbst wünschen. Wie viele Männer wie er sind in unserem Land noch übriggeblieben? Ich vermochte nicht zu sagen, ob es zehn oder vielleicht zehntausend waren ... aber ich wußte ganz genau, daß es diesen einen gab!

»Bis bald, Gefährte«, sagte ich ... aber das hörte nur noch der Wind.

Kapitel 13

Das Gewitter überfiel uns um fünf Uhr morgens, und wir erwachten über dem lauten Getrommel der schweren Tropfen auf den Tragflächen.

»Jetzt werden wir wohl gehörig naß«, bemerkte Stu ganz ruhig.

»Ja sicher, Mann . . . und wir können entweder hier unter der Tragfläche bleiben oder türmen und uns zum Schuppen hinüberretten.«

Wir entschlossen uns zur Flucht, schnappten unsere Schlafsäcke und rannten los, während die schweren Tropfen auf uns herunterprasselten. Ich blieb zunächst an einem der Tore stehen, da ich von dort sowohl das Gewitter als auch den Windsack im Auge behalten konnte. Der Regen machte mir dabei keine Sorgen; aber ich hätte gern gewußt, ob es auch noch Hagel geben würde. Es hätte schon großer und schwerer Hagel sein müssen, der senkrecht herunterfiele, ehe dadurch ein Flugzeug beschädigt werden konnte. Und ich beruhigte mich etwas bei dem Gedanken, daß so schwerer Hagel auch dem Mais und Hafer schaden würde . . . und das Getreide nahm im allgemeinen nur selten am Hagel Schaden.

Der Doppeldecker selbst schien sich vorerst überhaupt nicht um das Gewitter zu kümmern, und nach einer Weile verlegte ich daher meinen Schlafsack in die Stahlschaufel einer *Case-300*-Lademaschine. Die schweren Metallteile der Schaufel bildeten, mit zwei Lagen meines Schlafsackes kombiniert, ein recht bequemes Bett. Der einzige Nachteil war die ziemlich lautstarke Nähe der vielen Schweine, mit ihrem lauten Ork-ork und dem ständigen Klappern der metallenen Futtertrogdeckel. Wenn ich ein Hersteller solcher Futtertröge wäre, dann würde ich große Gummistreifen an diese Deckel kleben, um dieses gräßliche Geräusch zu dämpfen. Alle zwanzig Sekunden: *Kloing!* Ich verstand auch nicht, wie Skeeter das aushalten konnte.

Der Regen hörte etwa nach einer Stunde auf, und Stu ging noch einmal zu den Tieren hinüber, um ihnen beim Fressen zuzuschauen. Nach ein paar Minuten kam er wieder zurück und fing an, seine Sachen im Schuppen einzusammeln.

»Jetzt weiß ich auch, wo der Ausdruck ›Schnuffelschwein‹ herkommt«, meinte er.

Unser Frühstück aßen wir diesmal in der anderen Cafeteria und betrachteten dabei eine Texaco-Straßenkarte der östlichen Teile der USA.

»Mir wird dieser Norden allmählich ein wenig langweilig«, sagte ich dazu. »Laß uns doch ein bißchen nach Süd-Illinois oder Iowa oder Missouri fliegen . . . Illinois nicht, das habe ich satt.«

»Wie du meinst«, entgegnete Stu. »Wir könnten hier allerdings vorher noch mal einen Sprung versuchen und sehen, ob sich danach noch viel tut. Ich hatte auch noch keine Gelegenheit, diesen Mehlbeutel auszuprobieren.«

Kurze Zeit später stand Stu dick vermummt auf der Tragfläche, hielt sich an einer Strebe fest und sah hinunter. Sein Zielpunkt war die Mitte des Landeplatzes, doch der Wind blies hier oben ziemlich kräftig und trug seinen Driftanzeiger bis gut eine Meile östlich vom beabsichtigten Landeplatz. Ich dachte schon fast, daß er den Sprung aufgeben würde; aber er stand auf der Fläche und gab mir Korrekturanweisungen, die ihn zu seinem Absprungpunkt bringen würden. Der erste Anflug klappte aber nicht so, wie er wollte, und um es noch schwieriger zu machen, versteckte sich jetzt auch noch die Landebahn unter einigen niedrigen Wolken. Wir mußten abdrehen, um es noch einmal zu versuchen.

Mit Stu auf der Tragfläche war der Luftstrom nach hinten natürlich völlig verwirbelt . . . das Seitenruder bockte, und die Pedale sprangen unter meinen Füßen schmerzhaft hin und her, und auch der Steuerknüppel schüttelte in meiner Rechten unter der Gewalt des verwirbelten Luftstromes. Es flog sich immer etwas schwerer, wenn er dort draußen stand; aber es war jetzt in dem starken Wind noch schwieriger, diese leichte Kurve zu fliegen, um den neuen Anflug zu versuchen, während das Höhenruder verrückt spielte.

Langsam schob sich jetzt die Wiese unter der Wolke hervor, und dieser zweite Anflug gefiel Stu schon viel besser. Er winkte mich noch zwei Grad nach rechts . . . noch einmal zwei Grad, dann schlitzte er den Mehlbeutel auf. Das Mehl zog in einem breiten, weißen Streifen im Fahrtwind nach hinten weg; unser eigener Kondensstreifen in viertausend Fuß. Dann sprang er ab und zog von dem restlichen Mehl auch noch selbst einen Streifen hinter sich her.

Ich nahm das Gas zurück, legte die Maschine hart auf die Seite, um ihn im Blick zu behalten, und folgte ihm dann nach unten . . . Ich würde mich wohl nie daran gewöhnen! Ich wünschte schon jetzt, daß er sich doch beeilen und die Reißleine ziehen möge.

Stu kam mir wie eine nach unten abgefeuerte Rakete vor. Auf der Tragfläche war er noch eben ganz still und abwartend gewesen; dann hatte er sich nach unten abgeschossen, und jetzt zog er durch seine eigene Schallgrenze und die hohen Beschleunigungskräfte davon.

Endlich stoppte er all seine Umdrehungen und Überschläge, zog die Reißleine, und der Schirm entfaltete sich wieder recht ruckartig am Himmel. Es sah alles kinderleicht aus! Er korrigierte jetzt gegen den starken Wind, richtete sich genau über seinem grasigen Zielpunkt aus und kam dann ganz genau in der Mitte der Bahn herunter ... fiel und sprang sofort wieder auf, um den Schirm zum Zusammenfallen zu bringen. Bis ich gelandet war, hatte er schon alles zusammengepackt und wartete auf mich, um das kurze Stück mit mir zurückzurollen.

»Guter Sprung, Stu!«

»War wohl einer von den besseren ... klappte genau, wie ich es wollte!«

Es warteten eine ganze Menge Leute, und ich bereitete mich innerlich schon auf eine intensive Flugperiode vor; aber dann klappte es doch nicht so wie erwartet. Insgesamt wollten nur fünf Leute fliegen, obgleich einer von ihnen Stu einen Zehndollarschein gab und fragte: »Kann ich wohl für das Ganze fliegen?« Ich blieb mit ihm zwanzig Minuten in der Luft, und er wurde immer noch nicht müde, nach unten zu schauen. Ein Farmer war dann der letzte Fluggast an diesem Morgen, und wir flogen über seinen Hof und die zugehörigen Ländereien, die nach dem Regen so frisch und grün aussahen. Er schien mehr darüber nachzudenken, als daß er sein Land nur einfach angesehen hätte; ich konnte ihm die Gedanken förmlich vom Gesicht ablesen: »Das ist also mein Land ... da verbringe ich also mein Leben! Sicherlich gibt es im Umkreis noch gut fünfzig andere Farmen genau wie diese; aber das hier ist mein Land, und jeder Morgen davon ist gut!«

Als keine weiteren Passagiere auf einen Flug warteten, gingen wir zum Mittagessen; ein junger Mann, der nach seinem Flug noch zum Zuschauen dageblieben war, nahm uns mit in die Stadt.

»Mann, wie ich euch beneide«, sagte er sehnsüchtig, als wir auf die Hauptstraße einbogen. »Ich wette, ihr trefft unterwegs auch eine Menge netter Mädchen, wenn ihr so überall herumfliegt!«

»Tja, das stimmt allerdings«, entgegnete ich.

»Junge, würde ich gern mitkommen! Aber ich habe eben leider einen Job, der mich ganz festhält ...«

»Na, dann kündige doch einfach«, erwiderte ich, um ihn zu testen. »Schließ dich uns an und komm einfach mit!«

»Nein, das geht doch nicht ... ich könnte doch meinen Job nicht so ohne weiteres aufgeben ...«

Er war damit bei dem Test natürlich durchgefallen. Nicht einmal der reizvolle Gedanke an die Mädchen konnte ihn von seinem Job weglocken, der ihn so stark festhielt!

Als wir vom Mittagessen zurückkamen, sah ich, daß der Doppeldecker etwas schmierig zu werden begann. Ich wählte daher einen Putzlappen aus und fing an, damit die silberne Motorhaube abzuwischen.

»Warum machst du dich nicht über die Windschutzscheibe her, Stu? Es ist so viel Öl drauf, daß die armen Leute kaum noch etwas sehen können.«

»Ist gut ...«

Wir redeten miteinander während der Arbeit weiter und beschlossen, den Rest des Tages noch in Pecatonica zu bleiben und dann zeitig am nächsten Morgen wegzufliegen. Ich trat zurück, betrachtete die Maschine und war zufrieden. Sie sah jetzt wieder viel netter aus. Stu wischte das Oberteil der Motorhaube ab, was eigentlich gar nicht so wichtig war ... und da fiel mir plötzlich irgendwas an seinem Lappen auf.

»Stu! Der Lappen, den du da hast, ist mein T-Shirt! Du benutzt mein T-Shirt!«

Erschreckt öffnete er den Mund und erstarrte.

»Das lag aber bei all den anderen Lappen«, druckste er verlegen, »... und es sah ... so vergammelt aus.«

Er zog es jetzt hilflos auseinander. Es sah jetzt nicht mehr länger wie Stoff aus, sondern war nur noch eine einzige Masse aus schmierigem Ventilfett und Öl. »Oh, das tut mir aber wirklich schrecklich leid«, meinte er kleinlaut.

»Aaah, Schwamm drüber! Nimm es halt weiter als Putzlappen. Es war ja nur mein Unterhemd . . .«

Er dachte einen Augenblick nach, sah sich das Hemd an und wischte dann weiter Fett damit ab. »Irgendwie war es mir ja doch ein wenig komisch vorgekommen«, meinte er dann noch. »Es war ein so schrecklich sauberer Lappen gewesen . . .«

Methode C brachte uns am Nachmittag noch ein paar Passagiere, und die ersten beiden waren das Ehepaar, das neben der Landebahn wohnte.

»Wir haben euch die ganze Zeit beobachtet, und ihr saht uns dann doch ziemlich zuverlässig aus; daher haben wir uns entschlossen, den Sprung zu wagen.«

Der »Sprung« gefiel ihnen gut. Wir kreisten zum Abschluß noch einmal über ihrem Haus an der Landebahn, ehe wir landeten; und während wir dort unsere Kreise zogen, fuhr unten ein Wagen vor das Haus. Ein Mann stieg aus und klopfte an die Tür. Die Frau lächelte und zeigte hinunter, damit ihr Mann aufmerksam wurde. Ihr Besucher wartete geduldig an der Tür und dachte natürlich nicht im geringsten daran, seine Freunde hier oben, tausend Fuß darüber, am Himmel zu suchen.

Dann landeten wir, und die Frau lief lachend hinüber, um zu verhindern, daß er das leere Haus wieder verließ. Das Geschäft ließ dann wieder nach, obwohl immer noch einige Leute herumstanden und den Doppeldecker bestaunten. Ein schlanker Herr kam jetzt herüber und sah in das Cockpit hinein, nachdem ich den Motor bereits abgestellt hatte . . . »Haben Sie schon einmal von Bert Snyder gehört?« fragte er dann.

»Nein, ich glaube nicht ... Wer ist denn dieser Bert Snyder?«

»Ach, da gab es so um 1923 den großen Bert-Snyder-Luftzirkus. Kam immer zur Kirmeszeit hierher. Er hatte eine Menge Flugzeuge dabei, eine ganze Menge! Und ich war damals der meistbeneidete Junge der ganzen Stadt; denn ich durfte in einem der Vordersitze mitfliegen und warf Reklamezettel über Bord ... das war eine ziemlich große Sache damals ... Dieser Ort war so vollgepackt mit Leuten, die ihn sehen wollten und deshalb zur Kirmes kamen, daß man sich kaum umdrehen konnte ... der gute alte Bert Snyder!«

»Das muß ja wirklich ein toller Bursche gewesen sein!«

»Das war er auch ... ein toller Bursche! Ach, wissen Sie, auch all die jungen Leute, mit denen Sie hier geflogen sind, die werden sich an diesen Flug noch für den Rest ihres Lebens erinnern. Ja, natürlich werden sie mit großen Düsenriesen durch die ganze Welt reisen; aber sie werden bestimmt ihren Kinder davon erzählen: ›Ich erinnere mich noch gut an den Sommer 1966, als ich in einem alten Doppeldecker mit offenem Cockpit mitflog ...‹«

Natürlich, er hatte ja recht ... sicher hatte er recht! Schließlich waren wir hier ja wirklich nicht nur für uns selber da. In wie vielen Fotoalben mochte die *große amerikanische Flugshow* jetzt vielleicht schon Unsterblichkeit erlangt haben? In wie vielen Gedanken oder Erinnerungen mochte unser Eindruck in diesem Augenblick ruhen? Plötzlich fühlte ich das Gewicht der Geschichte und der Ewigkeit auf uns allen lasten.

In diesem Augenblick kam ein anderer Wagen angefahren; unser Freund, der Panzerfahrer. Er hatte seine Frau mit zum Fliegen herausgebracht, und sie fing an zu lachen, sobald sie ausgestiegen war.

»Ist das hier ... das *Flugzeug* ... in dem ich unbedingt einmal mitfliegen sollte?«

Ich verstand nicht, was sie daran so lustig fand; aber sie lachte so heftig, daß auch ich lächeln mußte. Vielleicht sah es für manche Leute wirklich so lustig aus. Die Frau konnte sich gar nicht beruhigen; sie lachte, bis sie Tränen in den Augen stehen hatte. Sie lehnte sich an die Seitenwand des Rumpfes, vergrub ihr Gesicht in den Händen und lachte ... Es dauerte gar nicht lange, da lachten wir alle mit; sie hatte uns alle zusammen in eine sehr frohe Gruppe verwandelt.

»Ich bewundere euren Mut«, sagte sie dann halb erstickt. Nach einer ganzen Weile hatte sie sich dann beruhigt und meinte, daß sie nun doch auch fliegen wolle. Wir flogen um die Stadt herum, machten unsere Kurven und kamen dann wieder zur Landung herein ... und sie lächelte immer noch, als sie ausstieg. Ich konnte nur hoffen, daß sich inzwischen aber der Grund für ihr Lachen verändert hatte.

Die Sonne wechselte jetzt am Horizont zu einem tiefen Goldton, und im ganzen Tal stand ein dünner Dunstschleier, der diese Farben auffing und sie über das weite darunterliegende Land verbreitete. Wir hatten jetzt fast zwanzig Leute um uns herumstehen; aber alle waren schon einmal mitgeflogen ... oder wollten es nicht. Sie hatten ja gar keine Ahnung, was sie sich entgehen ließen; das würde heute aus der Luft ein großartiger Sonnenuntergang werden!

»Kommen Sie mit«, rief ich engagiert, »heute abend werden Sonnenuntergänge geboten! Wir garantieren Ihnen ein Minimum von zwei erstklassigen Sonnenuntergängen – aber nur, wenn Sie jetzt gleich handeln! Sehen Sie sich erst einmal den Sonnenuntergang von unten an; dann rasch hinauf in den Abendhimmel, um es noch einmal aus der Luft zu sehen! Ein Anblick, den Sie nie wieder geboten bekommen, solange Sie leben ... der schönste Sonnenuntergang des ganzen Sommers! Es ist ein Abend wie gebranntes Kupfer – ganz wie aus der innersten Empfindung eines Beethoven! Wer ist nun bereit, mit mir in die Lüfte zu steigen?«

Eine ältere Dame, die ganz in der Nähe in einem Wagen saß, hatte wohl angenommen, daß ich nur zu ihr persönlich spräche. Ihre Antwort klang sehr deutlich und wohl auch lauter als beabsichtigt durch die ruhige Abendluft. »Ich fliege nur, wenn ich absolut muß!«

Ich war ärgerlich und traurig zugleich! Diese armen Leute hatten ja gar keine Vorstellung; mit ihrer ängstlichen Vorsicht verpaßten sie glatt das Paradies ... Wie überzeugt man so jemanden von etwas Gutem? Ich machte noch einen letzten ernsthaften Versuch und startete dann allein, als kein Echo kam – nur um zu fliegen und das Land noch einmal aus der Luft zu sehen.

Es war noch viel schöner, als ich es versprochen hatte. Der Dunst reichte etwa bis eintausend Fuß über Grund, und von zweitausend Fuß an lag die Erde wie ein stiller See aus reinem Gold unter mir, mit ein paar schimmernden, smaragdgrünen Hügelspitzen, die sich wie Inseln in die kristallklare Luft darüber erhoben.

Das Land war wie ein einziger, goldener Traum, wo nur das Gute und Schöne zu Hause war, und es breitete sich unter uns aus wie eine der faszinierenden Erzählungen von Marco Polo, während der Himmel über uns sich immer mehr zu einem samtartigen Schwarz verfärbte. Diese Erde erschien mir wie ein fremder Planet, ein von Menschenaugen noch nie geschauter ... und der Doppeldecker und ich behielten diese Pracht für uns allein!

Ich fing die erste Rolle anderthalb Kilometer hoch an, und der Doppeldecker hörte nicht mehr auf zu rollen und zu steigen und wieder zu stürzen und mit seinen Spanndrähten zu singen, bis der Erdboden ganz dunkel geworden und der goldene Dunst aus dem Himmel verschwunden war.

Wir landeten dann ganz sanft auf dem Rasen, parkten die Maschine an ihrem alten Platz und stellten den Motor in die fast spürbare Stille hinein ab. Ich blieb dann noch eine Minute lang ganz still im Cockpit sitzen und wollte die ganzen anderen Leute weder sehen noch etwa mit ihnen sprechen. Ich wußte, daß ich diesen Flug nie wieder vergessen würde, und ich wünschte mir einen stillen Augenblick, um diese Erinnerung sorgfältig in meinen Gedanken zu verwahren; denn ich würde mich daran in all den kommenden Jahren wohl noch so manches Mal erinnern wollen.

Irgend jemand aus der Menge sagte dann ganz leise: »Er hat den Mut von zehn Männern, daß er mit diesem alten Kasten da fliegt.« Ich hätte am liebsten geheult . . . sie verstanden überhaupt nichts . . . ich . . . ich konnte . . . sie nicht zum Verstehen führen!

Dann fuhren die Autos allmählich wieder ab, und es wurde wirklich sehr dunkel. Die Hügel am Horizont standen rabenschwarz gegen das letzte Licht der untergehenden Sonne; mit ihren Bäumen, Windmühlen und rollenden Feldern erschienen sie wie mit dem Rasiermesser scharf ausgeschnittene Silhouetten; wie der Hintergrund in einem Planetarium, während darüber die Sterne in der Kuppel angeknipst werden . . . scharf und schwarz und klar.

Der Oldtimer fuhr als letzter fort, und als er in seinen Wagen stieg, meinte er noch ernsthaft interessiert: »Junger Mann, was würden Sie sagen, was Ihre Maschine wert ist?«

»Wissen Sie, selbst wenn Henry Ford persönlich hierherkäme und diese Maschine haben wollte – ich würde ihm glatt sagen: ›Hank, du hast nicht genug Geld, um mir diese Maschine abzukaufen!‹«

»Das hatte ich beinahe vermutet«, meinte der Mann, »ich habe genau gewußt, daß Sie so etwas sagen würden . . .«

Wir zählten unser Geld während des Frühstücks; es waren insgesamt achtundzwanzig Passagiere dagewesen, und das ergab einen recht ansehnlichen Gewinn.

»Weißt du, Stu, mit all diesen kleinen, gut ausgebauten Landeplätzen wie diesem hier, all diesen Miniplätzen im ganzen Lande, könnte das Showfliegen heutzutage vielleicht sogar noch besser laufen als in den alten Zeiten . . .«

»Das gibt einem ein gutes Gefühl von Stärke, nicht?« entgegnete er darauf recht nachdenklich.

Wir gingen zum letzten Mal durch Pecatonica und kamen an einem Hund vorbei, der bei seiner Hundehütte angekettet war. Er hatte schon vorher auf uns gebellt.

»Wie oft wird der Hund diesmal bellen, Stu?«

»Der Hund wird genau zweimal bellen.«

»Ich sage, er bellt viermal . . . wenigstens viermal!«

Wir gingen an ihm vorbei, und er gab überhaupt keinen Ton von sich. Er saß einfach still da und achtete genau auf jede unserer Bewegungen.

»Du, Stu . . . ich glaube, der Hund kennt uns bereits!« Ich blieb dabei auf der Straße stehen, sah ihm ins Auge und sagte: »Er scheint jetzt tatsächlich unser Freund geworden zu sein . . .« Bei diesen Worten fing der Hund laut zu bellen an, und wir hörten sein volles, rasches Bellen ganze zwölf Mal, bis wir bei der Brücke angelangt waren.

Stu fand ein halbes Comic-Heft neben der Straße und hob es auf. Es war ein Reklameheft für Wrangler-Jeans, und es handelte ganz von Tex Marshall, dem *Rodeo* Star*.

* Jährliche, herbstliche Cowboy-Reiterfestspiele zur Zeit des Viehauftriebes, meist mit Kirmescharakter und entsprechend attraktiv.

Stu las laut daraus vor, während wir weitergingen, und übernahm dabei selbst die Rolle des jungen Tex, der seine Rodeo-Karriere als Stierreiter anfing. Der Tenor der ganzen Geschichte war der, daß man als Kind brav seine Schule zu Ende machen soll, was durch den eisernen Willen von Tex dokumentiert wurde, der auch unbedingt seinen College-Abschluß in der Tasche haben wollte, ehe er sich ganz auf das Rodeo-Reiten und das dicke Geldverdienen verlegte.

Wir fragten uns beide ein wenig, wie dieses Examen Tex wohl dabei helfen mochte, seine ungebärdigen Herford-Kälber erst mit dem Lasso zu fangen* und sie dann innerhalb von sechs Sekunden kunstgerecht mit einem kleinen Bändel an den Vorderfüßen zu fesseln; aber das war wohl etwas, das alle Leute für selbstverständlich ansahen ... Du holst dir ein schickes Abschlußzeugnis irgendeiner Schule, und schon verdienst du in jedem Job mehr Geld.

Wieder drängte ich Stu, doch seine alberne Schule zu verlassen, bis er sich genau entschließen konnte, was er in dieser Welt überhaupt anfangen wolle. Er sollte doch einfach alles andere aufschieben, bis er das herausgefunden hätte ... und daß es ein Verhängnis sei, je ein Zahnarzt zu werden, wenn er in seinem Herzen eigentlich ein echter Abenteurer sei. Er ließ sich aber nicht überzeugen.

Wir sagten dann auch noch Skeeter auf Wiedersehen und ließen ihn wissen, daß er ein gutes Pferd sei und daß wir uns immer an ihn erinnern würden. Und dann beluden wir wieder unsere Maschine. Der Motor lief bereits für das nächste Abenteuer warm und peitschte das hohe Gras in

* Calf Roping ist stets eine der Rodeo-Übungen, die große Geschicklichkeit von Reiter und Pferd verlangen, da das Ganze nach Zeit geht. Das Fesseln der Vorderfüße der Wildkälber gehörte zu den Standardarbeiten der Cowboys, um nach dem Auftrieb das Brandmal des Eigentümers anzubringen.

Fünf-Sekunden-Intervallen nach hinten. Es sah alles genau wie bei einem Film-Doppeldecker von 1910 aus, der dort im Gras ruckend und zitternd auf seinen Start wartete.

Gegen zehn Uhr waren wir dann bereits eine weite Strecke mit starkem Seitenwind geflogen; dabei zogen wir unseren Schatten wie einen gigantischen, kämpfenden und schlagenden Lachs an einer dreihundert Meter langen Schnur seitlich neben uns her. Wir kamen dann auch nicht eher wieder zu unserem nächsten Eindruck vom Mittleren Westen, als bis unserer Räder auf dem weichen Gras von Kahoka in Missouri ausrollten.

Kapitel 14

Unten erwarteten uns schon zwei muntere Jungen und ein Hund. »Haben Sie Schwierigkeiten, Mister?«

»Nöh, das haben wir nicht.«

»Haben Sie mich winken sehen?«

»Habt ihr uns nicht zurückwinken sehen? Ihr habt doch wohl nicht gedacht, daß wir so einfach vorbeifliegen und nicht zurückwinken würden, oder? Menschenskind, was meint ihr eigentlich, wer wir sind?«

Wir luden unseren Berg an Vorräten wieder aus und trugen ihn durch das frische Gras in den Schatten eines halbverfallenen Hangars. Bis wir unsere Schilder aufgestellt hatten und flugbereit waren, hatten sich bereits elf Jungen und sieben Fahrräder über die Maschine und den ganzen Rasen ringsum verteilt.

Das wurde langsam etwas ungemütlich. Einerseits wollten wir sie natürlich nicht alle verscheuchen; aber andererseits wollten wir auch nicht, daß sie uns irgendwo durch die Flächenbespannung traten.

»Natürlich dürft ihr euch mal auf den Vordersitz setzen, Jungs; ihr dürft aber nur auf den schwarzen Stellen der Unterflügel gehen und nicht auf das Gelbe treten. Vorsicht, dort drüben!«

Ich wandte mich an einen ganz vernünftig aussehenden Jungen, der nur von weitem zusah. »Na, junger Freund. Wie viele Leute wohnen denn hier in Kahoka?«

»Zweitausendeinhundertsechzig . . .« Er kannte tatsächlich die genaue Zahl.

Plötzlich hörte ich einen scharfen Knall neben dem

Schwanz des Flugzeuges, und ein Sprühregen aus Gras flog dort auf. »He, da! Laßt ja die Kracher von dem Flugzeug weg, okay!«

Aus dem Knäuel der Jungen kam Gekicher und Gelächter als Antwort, und dann gab es unter einer der Flügelspitzen eine neue Explosion. Ich kam mir in diesem Augenblick eher wie ein High-School-Lehrer mit einem echten Autoritätsproblem vor.

»Den nächsten Kerl, der einen Kracher in die Nähe dieses Flugzeuges wirft, nehme ich eigenhändig hoch und schmeiße ihn dort drüben über die Straße! Wenn ihr mit diesem Zeug spielen wollt, dann verschwindet hier gefälligst!«

Die Anwendung brutaler Gewalt wirkte sofort. Im Umkreis von hundert Metern gab es keine einzige Explosion mehr.

Die Jungen kreisten um uns wie Pilotfische um die Haie. Wenn wir von den Maschinen etwas zurücktraten, traten auch alle anderen zurück. Wenn wir uns an die Tragflächen lehnten, dann lehnten sich auch alle anderen an die Flächen. Alle waren damit beschäftigt, einander zu beweisen, daß sie keinerlei Angst vor dem Flugzeug hätten . . . es war eine gewaltige Herausforderung für sie!

»Ich würde ja fliegen, wenn ich das Geld dazu hätte . . . ich habe nur leider kein Geld!«

»Wenn ich dir nun die drei Dollar leihen würde, Jimmy . . . würdest du dann fliegen?«

»Nööh«, entgegnete Jimmy gedehnt. »Ich könnte es dir ja doch nicht zurückzahlen . . .«

Ihre Furcht vor dem Flugzeug stieg weiter. Alle sprachen von Abstürzen . . . was man macht, wenn die Tragflächen abfallen, was man beim Fallschirmspringen machen kann, wenn sich der Schirm nicht öffnet . . . Die Enttäuschung bei der Jugend von Kahoka würde sicher sehr groß sein, wenn wir nicht wenigstens mit einem Toten in den Boden fahren würden.

»Und ich dachte, ihr seid lauter mutige Burschen«, stichelte Stu weiter, »und dann hat keiner von euch den Mut, einmal mit hochzugehen!«

Sie steckten die Köpfe zusammen, fanden heraus, daß sie drei Dollar zusammenbrachten und schickten damit einen Sprecher vor.

»Wenn wir Ihnen nun drei Dollar zahlten, würden Sie uns dafür ein paar Kunststückchen vorfliegen, Mister?«

»Ihr meint, daß dabei keiner von euch selbst mitkommt?« fragte ich ungläubig. »Ihr wollt tatsächlich alle nur vom Boden aus zusehen?«

»Ja . . . und wir zahlen Ihnen drei Dollar dafür.«

Hier hatte man ein typisches Beispiel für das Wirken menschlicher Gesellschaft. Wenn das Wagnis des einzelnen ausscheidet, kann man sich immer noch gut und ohne Gesichtsverlust in einer Gruppe als Zuschauer zusammenfinden.

Die Jungen versammelten sich jetzt rasch am Ende des langen Landestreifens und hockten sich dort alle neben der Straße ins Gras. Ich rollte erst einmal zur anderen Seite der Landebahn, so daß ich genau über ihre Köpfe und auf die Stadt zu starten würde. Beides würde gute Reklame für uns sein!

Sie waren nur kleine Punkte, als die Räder des Doppeldeckers vom Gras abhoben; aber anstelle nur weiter zu steigen, blieb ich tief am Boden, ganz flach über dem Gras und holte tüchtig Fahrt auf, während ich genau auf die Gruppe der Jungen zuhielt.

Falls der Motor jetzt aussetzte, würde ich einfach hochziehen, nach rechts abdrehen und auf dem Bohnenfeld da drüben landen. Aber die Jungen wußten das ja nicht. Alles, was sie sehen konnten, war ein Doppeldecker, der plötzlich riesengroß wurde und dabei direkt auf sie zugerast kam ... weder stieg noch wegkurvte und größer und lauter als ein fünf Tonnen schwerer Kracher daherkam!

Sie fingen gerade an, auseinanderzuspritzen und in Dekkung zu gehen, als ich die Maschine steil nach oben wegzog und dabei gleichzeitig hart nach rechts wegkurvte, um das Bohnenfeld in Gleitflugdistanz zu halten. Wir umkreisten zunächst einmal die Stadt zur Reklame und gingen dann direkt über dem Flugfeld durch eine Serie von Loopings, Rollen, Kleeblättern und einem kurzen Stück Trudelfluges wieder nach unten. Einschließlich des Steigfluges dauerte die Flugshow genau zehn Minuten, und ich erwartete schon fast allgemeine Enttäuschung darüber zu hören, daß drei Dollar so schnell verbraucht sein sollten.

»Das war aber toll, Mister!«

»Jau! Mann, dieser erste Teil, als Sie zzzooommm direkt auf uns zukamen! Das war gerade schön zum Fürchten!«

Ein paar Minuten danach kamen schon die ersten Autos angefahren, und wir freuten uns sehr darüber. Stu trat gleich in Aktion und sprach über das Vergnügen, an einem so heißen Tag zu fliegen, indem er Kahoka aus der herrlich kühlen Luft anpries.

Als Stu den ersten Passagier anschnallte, sagte dieser: »Ich möchte mal etwas Aufregendes erleben!« Und als wir schon gerade losrollen wollten, trat noch rasch ein anderer Mann an mein Cockpit und sagte mit leiser Stimme: »Dieser Bursche ist das Großmaul der Stadt. Drehen Sie ihn bitte ein paar Minuten so richtig durch, ja?«

In jeder Stadt, wo wir den Sommer über arbeiteten, war der dominierende Blickpunkt stets der Wasserturm. Und in der Tat wurden für uns diese Wassertürme genausosehr zu Symbolen dieser Städte wie für all die Leute, die so lange in ihrem Schatten gewohnt hatten. Und jetzt, hoch oben im Sonnenlicht und dem Fahrtwind, dem Leder und dem Gesang der Drähte des Doppeldeckers, konnten unsere Passagiere zum ersten Mal auf den Turm und seinen schwarz daraufgemalten Namen hinabblicken.

Ich beobachtete meine Mitflieger aus Kahoka ganz genau, und jeder einzelne von ihnen sah lange und nachdenklich auf das Oberteil des Wasserturmes und dann zu der Straße hinab, die zu dem fernen Horizont führte. Als ich das festgestellt hatte, wurde es zu einem festen Bestandteil jeden Fluges, einen zusätzlichen, siegreichen Kreis über dem glänzenden vierbeinigen Ding und seinen Drei-Meter-Buchstaben für den Namen *Kahoka* einzuschieben. Sich einmal über diesen Turm erhoben zu haben, wurde ein unvergeßliches Erlebnis.

Bis Sonnenuntergang hatten wir insgesamt neunzehn Passagiere geflogen.

»Was sage ich immer wieder, Stu?« bemerkte ich dazu, als wir durch die hereinbrechende Dunkelheit zum Städtchen gingen. »Wenn wir dicht genug an einem Ort dran sind, können wir gar nicht verlieren!«

Wir aßen unsere Hamburger im Orbit-Restaurant und gingen dann im Dunklen bis zum Marktplatz des Ortes. Die Geschäfte waren alle schon lange geschlossen, und in den Ulmenzweigen hing die nächtliche Stille wie ein leichter Schleier.

In dem Park stand ein kleiner Musikpavillon ganz still und friedlich in der warmen Sommernacht; er hatte ein schräges Dach, und davor standen einige Reihen hölzerner Bänke. Das Seyb-Warenhaus lag schräg gegenüber, ebenso das übliche Gemischtwarengeschäft und das Hotel mit seinen hölzernen Ventilatorflügeln, die sich in dem hohen Vorraum drehten. Wenn ich aus unseren Einnahmen für jede Veränderung an diesem Platz seit 1919 je einen Dollar zu zahlen hätte, dann würde ich das mit Leichtigkeit bestreiten können und bliebe immer noch reich.

Wir gingen die stillen Gehwege entlang zu unserem Flugfeld zurück und hörten dabei schwache Radiomusik, die aus dem gelblichen Licht der Häuser zu uns herausrieselte.

Der Frieden des nächtlichen Kahoka schloß allerdings nicht die Moskitos ein. Es war wieder wie in Erie, nur noch etwas schlimmer! Zuletzt erfand ich die Methode D der Moskitoabwehr. Dazu mußte ich voll bekleidet in meinem Schlafsack liegen und einen Seidenschal mit einem winzigen Atemloch über meinen Kopf ziehen. Das funktionierte ziemlich gut, obwohl es mir auch nicht das Sirren tausender, kleiner Flügel ersparte, die um mich herumschwirrten. Wir erwachten beim ersten Hahnenschrei, ungefähr zur gleichen Zeit, als die Moskitos sich zum Tagesanbruch von ihrem Schlachtfeld zurückzogen.

Ich stand auf, goß einen halben Liter Motorenöl nach und sah die Maschine auch sonst gründlich durch; es könnte ja sein, daß uns ein geschäftiger Tag erwartete. Ich hatte die Motorhaube gerade wieder geschlossen, als ein Wagen neben der Startbahn hielt und eine feine Staubfahne vom Feldweg hinter ihm herwehte.

»Fliegen Sie heute morgen schon?«

»Ja, Ma'am ... bin gerade fertig geworden, damit Sie starten können.«

»Ich habe es gestern verpaßt und hatte schon Angst, daß Sie bereits abgeflogen sein könnten ...«

Sie war eine Lehrerin, daran gab es gar keinen Zweifel. Sie besaß diese besondere Art von Selbstsicherheit und Kontrolle über ihre ganze Umwelt, wie sie sich wohl nur durch vierzigjährigen Umgang mit Zehntausenden von High-School-Kindern erlangen läßt.

Der heftige Fahrtwind über der morgendlichen Stadt zerstörte ihre silberblaue Frisur; aber das machte ihr gar nichts aus. Sie blickte auf Kahoka hinunter und hinüber zu den Farmen am Horizont, genau wie Kinder es taten, ohne sich dabei ihrer selbst bewußt zu sein.

Zehn Minuten später gab sie Stu drei Ein-Dollar-Noten, dankte uns beiden und fuhr in einer langsam dahintreibenden, sommerlichen Staubfahne davon ... Da liegt Amerika, dachte ich ... das ist das echte Amerika, wie es sich noch hundert Jahre nach den ersten Pionieren in seinen Töchtern widerspiegelt.

»Was hältst du davon?« fragte Stu. »Ich würde sagen, daß es ein guter Tag wird, wenn sie schon so früh zum Fliegen herauskommen ...«

»Was schätzt du?« Wir starteten gerade wieder zu unserem Frühstücksspaziergang in den Ort. »Wie viele Passagiere werden es heute sein?«

»Ich sage ... fünfundzwanzig! Wir werden bestimmt fünfundzwanzig Leute fliegen«, entgegnete Stu zuversichtlich und nahm meinen Schritt auf.

»Sind wir damit heute morgen nicht etwas zu optimistisch? Ach, es wird ganz sicher ein guter Tag ... aber so gut doch auch wieder nicht. Ich schätze, wir werden vielleicht auf achtzehn Leute kommen.«

Beim Frühstück gesellte sich einer unserer gestrigen Passagiere zu uns; irgendein Paul, dem außerhalb der Stadt eine *Dragster*-Rennbahn gehörte.

»Ich trinke rasch eine Tasse Kaffee mit euch«, meinte er leutselig und setzte sich zu uns. Ich dachte gerade daran, daß es wohl nichts Schrecklicheres auf der Welt gäbe als einen altbackenen, zuckerglasierten Doughnut*.

»Hatte immer schon mal fliegen wollen«, meinte Paul. »Hatte es immer vor, bin aber bis gestern nie dazu gekommen. Erst waren meine Eltern dagegen, dann sagte meine

* Ein beliebtes amerikanisches kleines Schmalzgebäckstück in Cafeterias. Vergleichbar einem kleinen Berliner.

Frau nein ... aber gestern abend, da hat man mich dann endlich losgelassen!«

Die alten Gebäckstücke veränderten meine Gedanken. Wie würde die Welt wohl aussehen, wenn wir immer erst die Erlaubnis der Familien oder Frauen haben müßten, ehe wir etwas tun könnten, was wir gerne tun wollten. Falls wir alle unsere Wünsche erst immer im Komitee durchdenken müßten? Würde es wohl eine andere Welt sein ... oder leben wir vielleicht jetzt schon ein einer Welt, die dem ziemlich nahe kommt? Ich weigerte mich, das letztere zu glauben, und legte den Rest Doughnut angeekelt in den Aschenbecher.

»Ihr solltet einmal den alten Kelly mit hochnehmen. Mann, der würde in dem Ding ganz wild werden! Ich werde ihn euch rausbringen ... bringe ihn heute abend raus! Ich werde mich überhaupt ein wenig darum kümmern, daß ihr eine hübsche Menge Passagiere bekommt ... Ist ja eine Mordssache, daß ihr hierhergekommen seid! Dieser kleine, alte Flugplatz liegt einfach so da, und es kümmert sich kein Mensch darum. Wir hatten anfangs auch einmal einen kleinen Fliegerclub mit ein paar Maschinen; aber dann verloren bald alle das Interesse daran; und jetzt gibt es nur noch eine einzige Maschine. Ihr könntet da vielleicht einen neuen Start bewirken ...«

Paul ging dann nach ein paar Minuten, und wir traten langsam in die Julihitze von Missouri hinaus. Ein Farmtraktor fuhr so eilig über den Marktplatz, daß seine riesigen Hinterräder auf dem Asphalt sangen.

Gegen 10.30 Uhr waren wir dann schon voll im Geschäft. Ein junger Mann flog sogar viermal mit und verschoß dabei etliche Filme mit seiner Polaroidkamera. Er sollte in zwei Wochen zum Heer eingezogen werden und gab daher sein Geld aus, als ob er alles loswerden müßte, ehe die zwei Wochen um waren. Ich erinnerte mich an meine lustigen, frohen Tage als junger Flugschüler, die jetzt schon eine Reihe von Jahren zurücklagen ... Diesem armen Kerl würde wohl bald das Herz brechen, falls er seine erste Woche beim Heer überleben sollte.

Als nächster Fluggast kam ein Riesenkerl, der einen ganzen Sack voller Süßigkeiten in der Hand hielt.

»He, Dick!« rief er, nachdem er meinen Namen an der Außenwand des Cockpits gelesen hatte. »Wieviel muß ich wohl zahlen, wenn du mich über meine Farm da draußen fliegst, damit ich das hier für meine Kinder abwerfen kann? Das liegt so ungefähr fünfzehn Kilometer nördlich der Bundesstraße 81.«

»O Mann, das sind ja insgesamt etwa dreißig Kilometer ... das wären dann ... fünfzehn Dollar. Ziemlich teuer; aber weißt du, wenn wir aus dem Nahverkehrsbereich rausfliegen ...«

»Der Preis ist schon in Ordnung, das zahle ich. Die Kinder werden ganz aus dem Häuschen sein, wenn ihr alter Daddy in einem Flugzeug vorbeikommt ...«

In fünf Minuten hatten wir Kahoka hinter uns gelassen und brummten über die sanft gewellten Hügel und Felder südlich vom DeMoines River. Er wies mir den Weg und zeigte dann hinunter auf ein weißes Farmgebäude, das etwa einen Kilometer neben der Hauptstraße lag. Wir gingen tiefer herunter und umkreisten das Haus. Das laute Brummen des Motors ließ seine Frau und die Kinder aus dem Haus stürzen. Er winkte heftig, und sie winkten alle mit beiden Armen zurück.

»Jetzt genau drüberfliegen!« rief er und hielt den Beutel hoch, damit ich ihn richtig verstände. Der Doppeldecker flog jetzt in fünfzig Fuß über ein Maisfeld und donnerte dann über die kleine Gruppe am Boden. Sein Arm bewegte sich, und dann wirbelte der Beutel mit den Süßigkeiten nach unten. Die Kinder stürzten sich blitzschnell darauf und sprangen dann gleich wieder auf, um ihrem Vater wieder zuzuwinken.

Einen so zufriedenen Kunden hatte ich wohl noch nie geflogen. Auf seinem breiten Gesicht lag das Lächeln des Weihnachtsmannes ... mitten im Sommer und hoch oben auf einem donnernden rot-gelben Schlitten.* Er war genauso gekommen, wie er es ihnen versprochen hatte. Die braven kleinen Kinder waren alle glücklich, und die Geschichte hätte damit eigentlich zu Ende gehen können.

Aber es wartete bereits viel Arbeit auf den Schlitten, als er zurückkehrte. Ein älterer Skeptiker ließ sich endlich auch überreden; er ermahnte mich aber nachdrücklich: »Keine von diesen Sperenzchen, klar? Schön ruhig und geradeaus ...«

Es wurde ein richtig sanfter und gemütlicher Flug, bis wir zur Landung einkurvten. Mein Passagier suchte sich ausgerechnet diesen Zeitpunkt aus, um wild mit den Armen zu wedeln und dazu unverständliche Anweisungen zu brüllen. Ich nickte und lächelte ihn freundlich an, ganz auf meine Landung konzentriert und hörte ihn absolut nicht, bis wir die Maschine wieder neben der Straße geparkt hatten.

»Was war denn bloß los?« fragte ich interessiert. »War irgend etwas nicht in Ordnung? Was wollten Sie mir denn so unbedingt sagen?«

»Puh!« rief er mit einem gequälten Lächeln wie jemand, der gerade den Tod überlistet hat. »Als wir da so herunterkamen, völlig verquer und um alle Ecken herum ... Puh! Ich sah gleich, daß wir mitten in dem Teich dort drüben landen würden; daher rief ich ganz laut: ›Nimm sie grade, Junge! Nimm sie grade!‹ Na, ja ... und Sie haben sie dann ja auch noch eben rechtzeitig geradegelegt.«

* In Amerika kommt Santa Claus zu Weihnachten mit Schlitten und Rentiergespann durch die Lüfte gefahren.

Der Tag war recht heiß, und solange der Motor lief, stand eine ganze Schar Jungen in dem kühlen Wirbelwind hinter dem Schwanz des Doppeldeckers. Sie waren wie junge Forellen in einem Fluß aus Luft, die jedesmal lustig umhersprangen, wenn ich den Gashebel vorschob, um zum Start zu rollen. Zwischen den einzelnen Passagieren schob ich immer ein wenig die Fliegerbrille hoch und erholte mich selbst etwas in demselben Luftstrom, der ja auch über mein Cockpit hinwegwirbelte.

Als ich das nächste Mal landete, sprach Stu gerade mit ein paar Radioreportern. Sie waren sowohl an dem Flugzeug als auch an uns selber interessiert, fragten und machten einige Aufnahmen.

»Vielen Dank«, sagten sie zum Abschied. »Wir werden Sie höchstwahrscheinlich in den Zehn-Uhr-zwanzig-Lokalnachrichten bringen.«

Wir flogen noch den ganzen Nachmittag; aber das war nun schon unser zweiter Tag in Kahoka, und es wurde daher schon wieder Zeit, an das Weiterfliegen zu denken.

»Ich selbst bin hin- und hergerissen zwischen der Möglichkeit, hierzubleiben und gutes Geld zu verdienen«, meinte Stu dazu, »und der anderen Möglichkeit, weiterzufliegen und woanders noch mehr zu bekommen . . .«

»Dann laß uns heute abend noch hierbleiben und morgen ganz früh abhauen.«

»Ich gehe nur ungern von einer guten Stelle weg; aber wir können ja jederzeit wieder herkommen, nicht?«

Später lagen wir dann noch ein wenig in dem warmen nachmittäglichen Schatten unter der Tragfläche und versuchten, in die Kühle des Schlafes zu entkommen . . . Plötzlich hörten wir beide ein feines Geräusch in der Luft.

»Flugzeug«, sagte Stu lakonisch und fuhr dann fort, »he, sieh mal . . . kommt dir der Vogel nicht auch irgendwie bekannt vor?«

Ich sah hinauf. Hoch oben flog eine gelbe *Cub* ihre Kreise und hielt offensichtlich Ausschau. Dann kam sie zurück, ließ sich rasch fallen, zog in einem Looping hoch und drehte danach noch eine Rolle. Es war dieselbe *Piper*, die mit uns schon in Prairie du Chien geflogen war, als die Gruppe der großen Amerikaner noch fünf Flugzeuge besaß.

»Menschenskind, das ist ja Dick Willets!« rief ich begeistert. »Aber das ist ... ja, wie konnte er denn überhaupt wissen ... Ja, natürlich, er ist es!«

Ein paar Minuten später war die *Cub* unten und rollte auf dem Gras neben uns aus. Wirklich ein guter Anblick! Dick war ein großer, ruhiger und sehr erfahrener Pilot – und das erinnerte uns das erste Mal wieder daran, wie einsam es doch eigentlich war, nur mit einer einzigen Maschine als Luftzirkus herumzuziehen.

»Hallo! Hatte es irgendwie im Gefühl, daß ich euch hier unten herum finden würde!«

»Mann, wie hast du bloß rausgekriegt, wo wir gerade sind? Hast du Bette angerufen oder so etwas? Wie hast du uns nur gefunden?«

»Ich weiß auch nicht so recht ... hatte mir einfach gedacht, daß ihr hier irgendwo stecken könntet«, entgegnete Dick, der ganz entspannt in seinem Cockpit saß und dabei langsam aus seiner Pfeife paffte. »Dies war wirklich der letzte Platz, an dem ich es noch einmal versuchen wollte ...«

»Hm, das ist ja geradezu phantastisch!«

»Na ja ... wie geht's denn so mit dem Showfliegen?«

Dick blieb bei uns und flog den ganzen Nachmittag mit; er hatte dabei fünf Passagiere. Ich hatte so ab und zu Gelegenheit, einmal auch am Boden zu bleiben und den Leuten zuzuhören, nachdem sie gelandet waren, und entdeckte auf die Weise, daß eine starke Tendenz dazu besteht, daß man glaubt, der Pilot, mit dem man selbst geflogen ist, sei der beste Flieger der ganzen Welt.

»Konntest du fühlen, als er landete?« fragte zum Beispiel ein Mann. »Ich konnte absolut nichts spüren. Ich konnte es zwar hören; aber da war absolut nichts zu merken, so sanft war er!«

»Weißt du, ich habe viel Vertrauen zu ihm . . .«

»Wie gefiel dir dein Pilot, Ida Lee?« fragte ein Farmer im Arbeitsoverall seine Frau, nachdem sie mit Dick geflogen war.

»Ach, das war alles so hübsch und angenehm«, erwiderte sie. »Ich würde schon sagen, daß er gut ist.«

Kurz vor fünf Uhr sah ich, daß mein Sprit zu weit herunter war, um mich über die Periode des starken Flugverkehrs bis Sonnenuntergang hinwegzutragen; und zur selben Zeit stellte sich heraus, daß der Mann mit dem Schlüssel zur Benzinpumpe nicht in der Stadt war.

»Ich rutsche mal schnell nach Keokuk hinüber, Richard«, sagte ich daher. »Du kannst ja die Leute hier solange bei Laune halten . . .«

»Laß dir nur ruhig Zeit«, erwiderte er.

Nach etwas zwanzig Minuten sah ich überrascht auf den Flugplatz von Keokuk hinunter. Er hatte eine neue Betonlandebahn erhalten, und überall ringsum waren Baustellen. Wenn ich auf dem Beton runterginge, würde das wohl meinen ganzen Schwanzsporn abschleifen; aber ich hatte nicht mehr genügend Sprit übrig, um noch einen anderen Flugplatz zu finden. Am Westrand des Platzes war noch ein kleines Rasenstück übriggeblieben . . . dort machte ich daher meine Landung. Danach mußte ich die neue Startbahn überqueren, um die Pumpen zu erreichen. Überall entlang der Kante verlief ein tiefer, schlammiger Graben mit einer etwa zwölf Zentimeter hohen Betonkante dahinter. Wir rollten an dieser

Kante entlang und nahmen sie an der besten Stelle zum Direktangriff . . .

Aber es funktionierte nicht! Der Schlamm bremste die Maschine so stark ab, daß an der Kante selber nicht einmal Vollgas ausreichte, um das Hindernis endgültig zu nehmen.

Ich stellte daher den Motor ab und wälzte allerlei finstere Gedanken über den fliegerischen Fortschritt und die Zerstörung der Graslandebahnen im allgemeinen und schwor, nie wieder in Keokuk oder irgendeinem anderen dieser supermodernen Flugplätze zu landen . . . Dann ging ich los, um mir eine Zugmaschine zu suchen.

Ein Traktor, der Gras mähte, bot sich als Lösung geradezu an.

»Hi!« rief ich dem Fahrer zu. »Ich hab da ein kleines Problem beim Überqueren der neuen Startbahn. Meinen Sie, daß mich ihr Trecker da aus dem Graben ziehen könnte?«

»Aber sicher! Er kann Flugzeuge ziehen, die zehnmal so groß sind.«

Er ließ sein Gras sofort liegen, und wir fuhren zusammen zu meiner Maschine zurück. Als wir hinkamen, fanden wir dort bereits einen Wart von der Flugschule an der anderen Platzseite, der sich das Cockpit anschaute.

»Sieht ganz so aus, als ob Sie hier festsäßen . . .«, meinte er lässig.

»Stimmt genau«, entgegnete ich, »aber wir werden sie gleich heraushaben, dann komme ich rüber und hole mir bei Ihnen etwas Sprit.«

Ich holte eine Rolle mit starkem Tauwerk vom Traktor herunter und führte es von dem eisernen Schlepphaken zum Fahrwerk des Doppeldeckers. »Das sollte eigentlich langen . . . wir passen hier an den Flächenenden auf, und Sie sehen zu, ob der Traktor die Sache schafft.«

»Ach, das macht er schon. Nur keine Sorge!«

Mit dem Traktor sah das Ganze wirklich einfach aus, und in ein paar Sekunden stand der große Doppeldecker wieder oben auf der Zementbahn und war startklar, um zum Tanken zu rollen.

»Vielen Dank! Sie haben mich wirklich aus großer Bedrängnis gerettet!«

»Is' schon recht ... aber der zieht wirklich zehnmal so schwere Flugzeuge ...«

Der Mechaniker blickte jetzt nervös auf den riesigen Metallpropeller und hoffte offensichtlich, daß ich ihn nicht bitten würde, das Ding zum Starten durchzureißen. Für jemanden, der noch nie einen *Wright* mit der Hand gestartet hat, ist das schon eine furchterregende Angelegenheit; aber wir hatten keine andere Wahl, weil ich die Starterkurbel in Kahoka gelassen hatte.

»Warum setzen Sie sich nicht hier ins Cockpit«, schlug ich daher vor, und ich reiße den Propeller an ...« Ich ging mit nach hinten, als er an Bord ging, und zeigte ihm den Gashebel, den Zündschalter und die Bremsen.

»Und wenn er dann angesprungen ist, einfach den Gashebel etwas zurücknehmen«, instruierte ich ihn. »Er sollte eigentlich sofort kommen.«

Ich zog dann den Propeller ein paarmal so durch und rief darauf: »Okay, Zündung ein und bremsen ... dann woll'n wir mal!«

Ich zog das große Propellerblatt rasch und mit einem Ruck herunter ... und der Motor kam sofort. Guter, zuverlässiger alter *Wright!*

Dann ging ich gelassen auf das Cockpit zu und sah plötzlich, daß der Mann auf dem Pilotensitz vor Schreck ganz starr war ... und dann hörte ich auch schon, daß der Motor viel lauter lief, als normal war. Der Gashebel mußte fast voll nach vorn geschoben sein, und bei all dem Propellerwind und dem plötzlich einsetzenden Lärm hatte mein Helfer offensichtlich völlig vergessen, was er tun sollte!

Er saß einfach geschockt da und starrte ängstlich geradeaus vor sich hin, während sich der Doppeldecker plötzlich ganz von selbst zu bewegen begann.

»Den Gashebel!« schrie ich entsetzt. »Zieh doch den Gashebel zurück!« Rasche Visionen von meiner Parks, die selbständig mit einem Mann in die Lüfte geht, der nicht die geringste Ahnung vom Fliegen hat, blitzten in mir auf. Ich lief auf das Cockpit zu; aber das Flugzeug rollte jetzt schon recht flott mit wild dröhnendem Motor auf der Zementbahn dahin. Es war wie in einem Alptraum, in dem man vor einem Zug davonrennt. Ich warf mich jetzt mit einem verzweifelten Sprung auf die Tragfläche und packte den lederbezogenen Rand mit einer Hand; aber ich konnte mich nicht weiter vorziehen. Der gewaltige Propellerwind drängte mich zurück; alles, was ich tun konnte, war, daß ich neben dem Doppeldecker dahinraste.

Die Vision von meiner zerstörten Maschine gab mir dann einen letzten Kraftstoß, der mich meinen Weg gegen den Hurrikan auf die Fläche finden ließ. Wir bewegten uns jetzt sicher schon mit 35 Stundenkilometern und beschleunigten rasch weiter. Ich klammerte mich dabei mit aller Kraft an das hintere Cockpit. Der Mann am Steuer saß stocksteif mit glasigen Augen und offenem Mund im Cockpit.

Der Doppeldecker war bereits viel zu schnell, und jetzt fing er auch noch zu drehen an! Wir würden todsicher einen schrecklichen Ringelpiez veranstalten! Mit einer letzten Anstrengung langte ich jetzt über den Cockpitrand und riß den Gashebel ganz nach hinten ... Aber es war schon zu spät, und ich konnte mich nur noch festhalten, als die Maschine herumschwang. Die Reifen kreischten, als sie seitwärts weggedrückt wurden; eine Tragfläche hob sich, und dann kam die andere hart herunter und streifte dabei über den Zement. Ich hing einfach dran und wartete darauf, daß ein Reifen platzen oder das Fahrwerk abbrechen würde ...

Nach etwa fünf nervenzerfetzenden Sekunden richteten sich die Tragflächen wieder auf, und wir rollten – immer noch in einem Stück – langsam aus ... »Das war ein ausgewachsener Ringelpiez, Sie Niete!« rief ich keuchend.

Der Mann stieg jetzt steif wie ein Roboter aus dem Cockpit und brachte dabei kein einziges Wort heraus. Er setzte seine Füße auf den Boden und ging dann starr und hölzern auf das Flugbüro zu ... Das war das letzte, was ich je von ihm sah.

Der Motor lief immer noch, daher setzte ich mich auf meinen Sitz und sprach eine Weile beruhigend mit dem Doppeldecker. Das war seine Art gewesen, mir zu sagen, daß ich ihn doch keinem Unwissenden überlassen dürfe ... und ich versprach ihm, daß es auch nie wieder passieren würde.

Es war dann schon fast Sonnenuntergang, als ich endlich wieder in Kahoka landete, wo Dick schon abflugbereit wartete.

»Muß wieder los«, sagte er bedauernd. »Ich hatte meiner Frau gesagt, daß ich gegen 19 Uhr zurück sein würde ... und es ist gerade 19 Uhr geworden. Ich werde über dem Landeplatz noch ein paar Kunstflugfiguren hinlegen und danach zurückfliegen. Laß es mich doch bitte wissen, wenn du wieder mal hierherkommst!«

»Danke, Richard! ... Das mache ich bestimmt!«

Ich warf seine *Cub* für ihn an, und dann war er gleich fort. Er flog noch ein paar hübsche Kunstflugfiguren, wie er versprochen hatte, und dazu noch ein paar verrückte eigene Sachen ... Seitwärtsfliegen, Flachkurven, steile

Männchen mit anschließendem Nachdrücken ... Der Ansturm begann, noch ehe Dick ganz im Westen verschwunden war, und wir flogen die letzte Stunde bis zur Dunkelheit stramm durch.

Als wir dann unser Flugzeug abgedeckt hatten und wieder zum Orbit gingen, hatten wir wirklich das sichere Gefühl, diesmal für unseren Lebensunterhalt schwer gearbeitet zu haben. Bis zum Ende des Tages hatten wir sechsundzwanzig Passagiere gehabt, und bei Dick waren es noch fünf weitere. Er hatte sich sein Benzingeld verdient, und Stu und ich teilten uns achtundneunzig Dollar.

»Stu, wir hätten es beinahe geschafft ... hätten fast einen Einhundert-Dollar-Tag gehabt!«

Wir fühlten uns reich und bestellten gleich doppelte Milch-Shakes.

Stu hatte Angst, die 10.20-Uhr-Nachrichten zu verpassen; daher setzten wir uns in den Lobbyraum, wo sich ein uralter, unbeachteter Fernsehapparat befand.

Es war ein interessanter Lobbyraum. Die Ventilatoren bliesen milde Luft von der Decke her über uns und erinnerten uns damit an längst vergangene Zeiten. Auf dem Tresen befand sich eine Schelle von der Sorte, die läuten, wenn man oben auf einen Knopf tippt. Gegen die Wand gelehnt stand eine riesige, 1,30 Meter hohe und ein Meter breite Radiokonsole mit Pappschildchen über den Druckknöpfen: WGN, WTAD, WCAZ.

Ich fragte mich, ob vielleicht der berühmte Fred Allen mit leichten Statikgeräuschen die *»Allen's Alley«* hinunterschleudern würde ... oder Jack Armstrong, der *»All-American Boy«* ... oder Edgar Bergen und Charlie McCarthy zu hören sein würden, wenn ich einen dieser Knöpfe drückte? Ich getraute mich aber nicht, den Versuch zu machen.

Die 10.20-Uhr-Nachrichten kamen, ohne diese reizenden *Barnstormer* am Rande von Kahoka auch nur zu erwähnen – und Stu war erschüttert.

»Meine einzige Chance, einmal ins Fernsehen zu kommen! Einzige Chance! Und jetzt liegt alles im Abfallkorb des Studios!«

In der Nacht probierte Stu dünne Gaze als Moskitonetz aus, indem er sie erst einmal oben an der Fläche befestigte und das Ganze dann um uns herumhängen ließ. Soweit ich das im Dunklen sehen konnte, machte es einen guten Eindruck; aber es funktionierte trotzdem nicht! Die Moskitos lernten sofort den Trick zu laufen . . . unter dem Tuch durchzukriechen und dann immer wieder zu starten . . . Es wurde wieder eine üble Nacht.

Als wir am nächsten Morgen verschlafen in unserer Frühstücksnische saßen, fragte ich: »Na, Stu, ist es soweit, daß wir weiterziehen sollten?«

»Ich glauhaube schon«, gähnte er . . . »'tschuldigung! Verdammte Moskitos!«

Wir waren wieder mit einer ganz entzückenden Bedienung gesegnet, die irgendwie ihre Warner-Brothers-Probeaufnahmen verpaßt zu haben schien.

»Was soll es heute morgen zum Frühstück sein?« fragte sie flötend.

»Kirschpfannkuchen, bitte«, sagte ich darauf, ». . . und eine ganze Menge davon . . . und mit Honig!«

Sie schrieb die Bestellung auf und stockte. »Kirschpfannkuchen haben wir leider nicht . . . steht das denn auf der Speisekarte?«

»Nein . . . es schmeckt aber schrecklich gut!«

Sie lächelte. »Na, wir wollen Ihnen die Kirschpfannkuchen gern backen, wenn Sie die Kirschen dazu besorgen . . .«

Wie der Blitz fuhr ich zur Tür hinaus und kaufte zwei Häuser weiter im Supermarkt eine Dose Kirschen für 29

Cents. Als ich zurückkam und die Dose triumphierend auf den Tisch stellte, stand das Mädchen noch immer an unserem Tisch. »Nehmen Sie einfach diese hier! Sie kommen direkt so in den Teig hinein . . .«

»Die ganze Dose?«

»Ja, Ma'am! Einfach in den Teig hinein . . . das gibt ganz großartige Pfannkuchen!«

Kurz nachdem sie gegangen war, sah ich, daß wir bei Tisch Gesellschaft bekommen hatten. »Stu, da ist eine Ameise auf unserem Tisch . . .«

»Frag sie doch einmal, wo wir heute hinfliegen sollen.« Und schon breitete er die Straßenkarte aus.

»Hier geht's lang, mein Kleiner«, sagte ich zu ihr und setzte sie auf die Karte. »Man kennt das in der Navigation als ›Ameisen-Methode‹, Mister MacPherson. Man folgt ihr einfach mit dem Bleistift und fliegt dann genau dorthin, wo sie hingekrochen ist.«

Die Ameise hatte Angst und lief daher rasch über das östliche Missouri davon. Dann blieb sie kurz stehen, wanderte nervös nach Süden, dann nach Westen . . . blieb wieder stehen und wandte sich dann endgültig nach Nordosten. Stus Bleistiftstrich passierte dabei einige durchaus vielversprechende Orte; aber dann richtete sich die Ameise genau nach Osten zu auf die Zuckerdose aus. Sie überstieg dabei eine Falte der Karte und brachte damit lässig fünfhundert Kilometer über das ganze südliche Illinois hinter sich. Dann sprang sie von der Karte hinunter und lief zum Zucker.

Wir aßen genüßlich unsere köstlichen Kirschpfannkuchen und sahen uns dabei den Bleistiftstrich genauer an. Bis zu der übersprungenen Falte sah der Ameisenplan gar nicht übel aus . . . Erst nach Osten und Westen vorstoßen und dann in einem weiten Bogen bis nach Hannibal in Missouri herumschwenken. Wir würden dabei den Süden von Illinois ein wenig kennenlernen, und dann wären wir auch schon mitten in der Country-Fair*-Saison, während der Sommer zu Ende ging. Wir würden dabei sicher einige gute Orte finden können.

Die Entscheidung war also gefallen. Wir füllten auch unsere Wasserflaschen, sagten jetzt noch dem Mädchen auf Wiedersehen und gaben ihr ein gutes Trinkgeld, weil sie hübsch war. Dann gingen wir zur Maschine zurück.

Nach einer guten halben Stunde waren wir schon wieder in der Luft und stießen gleich auf recht starken Gegenwind. Darüber hatte uns die Ameise leider nichts mitgeteilt; und je länger wir flogen, desto mehr ärgerte ich mich über die dumme Ameise. Unten gab es überhaupt nichts! Nur ein paar armselige Städtchen ohne Landemöglichkeit, eine ziemlich isolierte Garnison des Heeres, dann wieder tausend Morgen Ackerland. Falls unser »Zucker« also auch im Osten liegen sollte, dann fanden wir ihn einfach nicht.

In Griggsville, Illinois, war auch gerade Country Fair; aber außer den anschließenden Weizenfeldern gab es wieder einmal keinerlei Landeplatz. Das Gold dieser Felder ließ gar keinen Zweifel daran, daß es uns gut fünfundsiebzig Dollar kosten würde, wenn wir in den hohen Halmen einen Landestreifen niederwalzten, jedenfalls bei den derzeitigen Weizenpreisen. Wir flogen also weiter, und unsere Reichtümer schmolzen zusehends dahin.

In Rushville war auch wieder Country Fair, mit Traberrennen und ganzen Scharen potentieller Passagiere; aber auch da fanden wir keinen Landeplatz. Mißmutig umkreisten wir den Ort eine Weile, flogen schließlich weiter und verfluchten allmählich unsere Ameise!

Zu guter Letzt schaukelten wir nach Hannibal und sprachen mit Vic Kirby, der selbst ein ehemaliger Barnstormer

* Ländliches Ereignis mit Kirmescharakter, Ausstellung usw.

war und dort den Flugplatz leitete. Wir blieben eine Weile, kauften Benzin auf Pump – denn in Hannibal haben alle Oldtimer Kredit – und flogen dann entsprechend seinem Rat in Richtung Norden nach Palmyra in Missouri weiter.

Es war gar kein Vergleich zu Palmyra in Wisconsin, das jetzt schon Jahrzehnte zurück in einer fernen Vergangenheit lag. Dieser Landestreifen war kurz, schmal und von Farmgerätschaften und hohen Maisstauden umstanden. Wir blieben gerade lange genug, um einen einzigen Passagierflug zu machen ... dann flogen wir schon wieder ab und ließen uns ziemlich planlos nach Süden treiben. Wir überquerten auf diesem Kurs jetzt ständig den Mississippi, um uns dann schließlich wieder nach Osten in Richtung Illinois zu wenden.

Als wir dann endlich auf einem Rasenplatz in Hull landeten, rechnete ich mir aus, daß wir damit wohl den Rekord für Doppeldecker im Überqueren des Mississippi innerhalb eines Tages aufgestellt haben mußten. Wir verkauften in einem Städtchen von nur fünfhundert Seelen drei rasche Flüge und hörten dabei, daß die Wiese, auf der wir soeben gelandet waren, erst am Vortage als offizieller Flugplatz anerkannt worden war. Der Flugklub selber lief recht gut, und man baute gerade mit freiwilligen Helfern ein Flugplatzgebäude aus Zement.

»Sie sind tatsächlich die erste Maschine, die hier landet, seitdem wir offiziell zugelassen worden sind!«

Wir hörten das immer wieder, und man machte uns dabei klar, daß es eine große Ehre sei. Das war recht komisch! Wir wollten doch nicht das geringste mit offiziellen Flugplätzen zu tun haben, sondern suchten uns stets einfache, kleine Rasenflächen zum Landen ... und jetzt hatte man diese Wiese hier buchstäblich unter unseren Rädern amtlich zum Flugplatz gemacht ...

Wir flogen den ganzen Tag, verbrauchten zwei volle

Tankfüllungen und hatten danach jeder zwölf Dollar verdient.

»Ich weiß nicht recht, Stu . . . außer in Pecatonica läuft das doch nicht alles so einfach, wie? Als nächstes kommt sicher dieser ›Wie-heißt-er-noch‹ vorbei und fragt uns wieder nach unserer Illinois-Registrierungsnummer . . .«

Stu murmelte irgend etwas, hing wieder sein nutzloses Moskitonetz auf und ließ sich dann in seinen Schlafsack fallen.

»Du bist doch selbst auch in diesem Staat geboren, nicht?« fragte er und war danach sofort eingeschlafen. Ich fand nie heraus, was er damit hatte sagen wollen . . .

Kapitel 15

Gegen 6.30 Uhr erwachte ich durch das Klicken einer Polaroidkamera. Ein Mann schoß Bilder von uns, wie wir da so unter der Tragfläche lagen.

»Morgen«, sagte ich schläfrig. »Hätten Sie heute morgen nicht auch Lust auf einen kleinen Rundflug?« Es war mehr ein Reflex als der Hunger auf seine drei Dollar gewesen.

»Vielleicht ein wenig später. Ich möchte jetzt nur ein paar Aufnahmen machen. Sie haben doch nichts dagegen, oder?«

»Nein.« Ich ließ meinen Kopf auf das Kissen zurückfallen und schlief sofort wieder ein.

Gegen neun Uhr wachten wir dann wieder auf; in diskreter Entfernung standen einige Leute herum und betrachteten das Flugzeug. Ein Mann sah mich genauer an und studierte dann den Namen am Cockpitrand.

»Sagen Sie mal«, meinte er dann schließlich. »Sie sind doch nicht etwa der Dick Bach, der für dieses Flugmagazin schreibt?«

Ich seufzte . . . Ade, Hull in Illinois! »Ja, ich schreibe ab und zu einmal eine kleine Story . . .«

»Na, das ist ja toll. Stellen Sie sich doch einmal bitte dort neben Ihr Cockpit, damit ich ein Foto machen kann.«

Ich tat ihm den Gefallen, freute mich ein wenig, daß ihm meine Storys gefielen; aber ich war jetzt nicht länger der anonyme *Barnstormer*, der ich hatte bleiben wollen.

»Laß uns einpacken, Stu!«

Illinois im Hochsommer war wie ein malerischer, grüner Backofen, und wir brummten wie aufgeregte Bienen durch die kochende Luft. Wir folgten dabei dem Illinois River einige Tage nach Norden, machten dabei aber keinerlei Profit. Und dann wanderte eines Nachmittags eine Stadt vom Horizont herüber . . . Monmouth in Illinois . . . zehntausend Einwohner, Flugplatz im Norden der Stadt.

Stu blickte zu mir zurück, als wir über der Stadt kreisten, und ich zuckte mit den Schultern. Jedenfalls war es ein Rasenplatz, soviel stand schon einmal fest. Die Frage war nur, ob eine Stadt dieser Größenordnung überhaupt Interesse an *Barnstormern* haben würde.

Wir würden es schon herausfinden, dachte ich zuversichtlich. Wir würden einfach so tun, als ob es einer unserer kleinen Orte sei. Dann landeten wir, rollten bis vor die Benzinpumpe und stellten erst einmal den Motor ab.

Es stand dort noch eine ganze Reihe neuer Flugzeuge geparkt, und dann gab es auch einen großen Backsteinhangar mit einer antiken Dampflokomotive darin. Der Mann, der jetzt herauskam, um die Pumpe aufzusperren, war ebenfalls ein Oldtimer, der schon seit dreißig Jahren auf dem Flugplatz arbeitete.

»Ich habe schon Zeiten erlebt, da haben hier sechs bis acht Fluglehrer gearbeitet«, sagte er. »Damals gab es auch etwa dreißig Piloten und eine recht lange Reihe der verschiedensten Flugzeuge. Damals hatten wir auch noch eine andere Startbahn . . . dort drüben, wo jetzt das Maisfeld liegt. Sie müssen wissen, daß dies hier der älteste, durchgehend benutzte Flugplatz von ganz Illinois ist . . . seit 1921!«

Bis er uns einen Kilometer vom Flugplatz entfernt an einem Restaurant abgesetzt hatte, lernten wir noch eine ganze Menge über das Fliegen in Monmouth. Eine glorreiche Zeit, die jetzt vorüber war; einst der Treffpunkt aller glänzenden Namen der Fliegerei . . . und heute ein ruhiger Erholungsort für einige wenige Wochenendflieger.

In der kühlen Luft des Restaurants war Beth der erste Name auf unserer Liste der Dinge, die uns in Monmouth vertraut wurden. Sie interessierte sich stark für unser Flugzeug, ließ uns dafür aber wenig Hoffnung, schnell zu unseren Hamburgern zu kommen.

»Der Sommer ist für mich hier die falsche Jahreszeit; dann sind alle Studenten vom College zu Hause ...« Danach trat eine längere Pause ein ... und schließlich lächelte sie traurig und ging fort.

»Na«, meinte Stu müde, »also keine Kiddies ... und wo fliegen wir von hier aus hin?«

Ich nannte einige Orte, von denen keiner vielversprechender als Monmouth klang, und meinte dann: »... und als allerletzte Zuflucht können wir ja immer noch Muscatine versuchen.«

»Das klingt mir zu sehr nach Moskito!« Damit schied Muscatine natürlich ebenfalls aus.

»Ach, was soll's! Laß uns halt Monmouth ausprobieren; wir werden ja sehen, was passiert. Wir wollen ihnen eine echte Chance geben, weißt du? Ich könnte ja vielleicht wieder einmal einen Sprung versuchen und sehen, ob wir damit noch einige Leute anlocken können.«

Der Sprung hatte natürlich erste Priorität. Bis wir die Flugzeuge entladen hatten und wieder einsatzbereit waren, war es fünf Uhr geworden und damit die beste Zeit, um viele Leute anzuziehen.

Stu sprang diesmal aus dreitausendfünfhundert Fuß, in einen Dunst ohne Horizont hinein; und er bewegte sich wieder rasend schnell auf das Gras der Landebahn zu. Sein Schirm öffnete sich in einem großen, weißen Staubball – dem letzten Rest von unserem Mehl, das Stu absichtlich oben auf das zusammengefaltete Nylon gepackt hatte. Und dann schwebte er wie eine kleine müde Kumuluswolke nach unten.

Während ich jetzt in einen Sturzflug überging, um ihn wieder zu umkreisen, sah ich noch, daß sich bereits einige Wagen versammelten; aber es waren längst nicht so viele, wie ich bei einer Stadt dieser Größe erwartet hätte. Ich flog einige einfache Kunstflugfiguren über den Maisfeldern und landete wieder. Stu konnte einen weiteren guten Sprung verbuchen; und als ich zurückgerollt kam, bearbeitete er schon die geparkten Wagen und erzählte den Insassen, wie angenehm kühl die Luft in dreitausendfünfhundert Fuß sei.

Aber die Leute wollten trotzdem nicht fliegen. »Ob das Ding da wohl staatlich geprüft ist?« hörte ich einen Mann fragen, der mißtrauisch herüberblickte.

Wie weit wir hier doch wieder einmal von der freundlichen Atmosphäre der kleinen Orte entfernt waren, dachte ich für mich. Es ist wohl einfach so, daß diese Stadtleute zu sehr in der modernen Gegenwart leben ... Als ob sie nur nach heutigen Geschwindigkeiten leben könnten und moderne Sicherheitsgarantien für ihr ganzes Leben erwarteten. Bis Sonnenuntergang hatten wir daher auch nur zwei Passagiere.

Die ortsansässigen Piloten waren sehr freundlich zu uns und verbürgten für den nächsten Tag größere Zuschauermengen. »Vor einem Monat hatten wir hier ein Fallschirmspringer-Treffen; damals parkten die Wagen von hier bis zur Hauptstraße«, sagten sie beruhigend. »Es braucht hier immer etwas länger, bis sich eine Sache herumgesprochen hat.«

Als wir dann zum Abendessen gingen, hatte ich wieder meine Zweifel über Monmouth. »Stu, was hältst du davon, wenn wir morgen früh weiterfliegen? Hast du bei diesem Ort ein gutes Gefühl?«

»Zwei Flüge ... das ist doch ganz normal für den ersten Tag, nicht?«

»Jaah . . . aber irgendwie paßt der ganze Ort nicht dazu, weißt du? In den kleineren Orten sind wir ein großes Ereignis, und die Leute kommen wenigstens heraus, um zu schauen. Und hier sind wir halt einfach ein zusätzliches Flugzeug . . . es kümmert gar keinen!«

Wir bestellten wieder bei Beth, die uns mit einem frohen Lächeln begrüßte und dabei sagte, daß sie sich freue, uns wiederzusehen.

»Ach, laß es uns ruhig hier versuchen«, fuhr Stu fort. »Wir haben doch auch so lange nach ihm gesucht; und anfänglich sahen auch einige andere Orte schlecht aus.«

»Okay, dann bleiben wir.« Ein weiterer Tag würde meine Befürchtungen bezüglich des Showfliegens über einer größeren Stadt vielleicht bestätigen; es fühlte sich einfach alles nicht richtig an . . . wir waren hier nicht in unserem Element, nicht länger in unserer Zeit . . . Stu und ich schliefen die Nacht wieder im Flughafenbüro; dort gab es einmal keine Moskitos.

Es quälte mich noch den ganzen nächsten Tag. Wir hatten zwar genügend Passagiere – bis 19 Uhr waren wir insgesamt achtzehnmal geflogen; aber der echte Geist des *Barnstorming* war nicht mehr vorhanden. Wir waren nur noch zwei verrückte Kerle, die Rundflüge verkauften.

Um 19 Uhr kam ein Mann zu uns unter die Tragfläche.

»He, ihr Leute! Ich möchte gern wissen, ob ihr wohl etwas Besonderes für mich machen könntet?«

»Sprechen Sie nur freiweg«, erwiderte ich in altem Air-Force-Slang; Stu und ich hatten gerade über die Militärzeit gesprochen.

»Ich gebe nämlich heute bei mir zu Hause eine nette Party und hätte gern gewußt, ob ich euch dazu vielleicht für eine kleine private Flugshow anheuern könnte. Wir wohnen direkt am Rande der Stadt . . . gerade dort drüben.«

»Ich bezweifle nur, daß ihr viel davon sehen werdet«, entgegnete ich zögernd. »Meine Mindesthöhe über Grund beträgt eintausendfünfhundert Fuß, und ich fange meinen Kunstflug meist in dreitausend Fuß an. Das wäre für euch nur ein kleiner Fleck . . . das ist alles!«

»Ach, das macht gar nichts. Könntet ihr uns nicht trotzdem eine kleine Show bieten, sagen wir für . . . fünfundzwanzig Dollar?«

»Aber sicher, wenn ihr das wollt . . . aber ich gehe nicht unter eintausendfünfhundert Fuß!«

»Gut!« Er nahm jetzt zwei Zehner und eine Fünfdollarnote aus seiner Brieftasche. »Könntet ihr dann bitte genau um 19.30 Uhr in der Luft sein?«

»Kein Problem . . . aber behalten Sie ruhig Ihr Geld erst einmal. Wenn ihr meint, daß es sich gelohnt hat, können Sie ja morgen vorbeikommen und das Geld bringen. Falls es nicht gefällt, vergessen wir's!«

Pünktlich um 19.30 Uhr waren wir über den Maisfeldern am Stadtrand, und ich fing meinen ersten Looping an. Gegen 19.40 Uhr war die ganze Show vorbei und wir kreisten noch einmal über dem Park, um dem Baseballspiel zuzusehen.

Als ich landete, hatte Stu zwei Passagiere für mich.

»Machen Sie bitte einen wilden Flug mit uns!« verlangten sie.

Sie bekamen den Standardflug für solche Fälle: Steilkurven, Slips, die ihnen den Fahrtwind um die Ohren blasen ließen, steile Sturz- und Steigflüge. Sie waren dabei so lustig und aufgekratzt, als sei mein Doppeldecker für sie die größte und schnellste Achterbahn der Welt . . .

Und plötzlich wunderte ich mich. Während des ganzen Fluges hatte ich daran gedacht, Monmouth zu verlassen, und ich fragte mich nur, wohin wir wohl als nächstes geraten würden . . . Ich sah den Flug jedenfalls nicht als »wild«

an, und meine Maschine war auch keine Achterbahn! Spaß? Vielleicht ... auf eine sanfte Weise ... und auch interessant ... aber wohl kaum nervenkitzelnd!

Das war für mich gleichzeitig Offenbarung und Warnung vor dem Übel.

Der Sommer fing an schal zu werden; und ich selber fing bereits an, das fremdartige und abenteuerliche Leben eines Luftzigeuners als selbstverständlich zu empfinden ... und genau wie irgendeinen anderen Job!

Ich zog das Flugzeug zu einer halben Rolle hoch, und sie klammerten sich in angstvollem Entzücken an den lederbezogenen Seitenrand des Cockpits, während ich laut mit mir selber sprach:

»Hör mal her, Richard! Das ist der Wind! Hörst du ihn in den Drähten, fühlst du ihn im Gesicht ... wie er auf die Brille trommelt? Wach auf! Dies ist hier und jetzt und die Gelegenheit, um ganz lebendig und da zu sein! Laß solche Gedanken ... komm da raus und sieh und schmecke die Realität! Wach endlich auf!«

Und plötzlich konnte ich wieder hören ... das Donnern des Motors verwandelte sich von einem mäßigen Niagarafall zu dem unbändigen Gebrüll eines wilden, alten Motors ... eines Hochleistungsmetronoms, das mit jedem Schlag seiner Propellerblätter eine Dynamitladung zündete. Dieser herrliche, perfekte Klang! ... Wie lange war es her, seit ich das zum letzten Mal bewußt gehört hatte? Wochen! Diese Sonne, so hell wie weißglühender Stahl in einem feurig blauen Himmel ... Wie lange war es her, daß ich meinen Kopf zurückgelehnt hatte, um den Geschmack dieser Sonne mit meinem Mund festzuhalten? Ich öffnete meine Augen, sah einen Augenblick direkt hinein und trank von ihrer Gluthitze. Ich zog einen Handschuh aus und griff mir eine Handvoll von dem Fahrtwind, den seit Millionen von Jahren niemand mehr geatmet hatte ... ergriff ihn und saugte ihn dann tief in mich hinein.

Diese Leute da vor dir, Richard! Öffne deine Augen ... Wer sind sie? Schau sie dir genau an ... sieh! Und sie verwandelten sich sofort von beliebigen Passagieren zu lebendigen Menschen ... einem jungen Mann und einer jungen Frau, wach und glücklich und schön ... auf eine Art, wie wir alle es sein können, wenn wir einen Augenblick lang unser Selbst nicht mehr bewußt vor uns haben und etwas erblicken, das uns vollständig absorbiert.

Ich stellte die Maschine jetzt wieder steil auf eine Tragfläche, und sie sahen gemeinsam an dem fünfzehn Fuß langen, zitronengelben Flügel entlang und dann durch neunhundert Fuß klarer Luft und noch fünf Fuß einer grünen See aus Maispflanzen auf ein Stückchen dunklen Lehmbodens, der mit Mineralien vollgestopft war.

Flügel und Luft, Mais und Lehmboden, Mineralien ... die Vögel, die Seen und Straßen, Zäune und Kühe ... die Bäume, das Gras und die Blumen – jede Einzelheit davon bewegte sich in einem großartigen Farbanstrich. Und diese Farben drangen direkt durch die weitgeöffneten Augen meiner menschlichen Gefährten, bis tief in ihre Herzen, um ein Lächeln oder Lachen hervorzulocken und den tapferen klaren Blick derjenigen, die sich noch nicht für den Tod entschieden haben.

Hör niemals auf, wie ein Kind zu sein, Richard! Hör niemals auf zu schmecken, zu fühlen, zu sehen und dich von den großen Dingen begeistern zu lassen, wie es dir in der Gestalt von Luft und Motor und dem Mitschwingen des Sonnenlichtes in deinem Inneren begegnet. Trag ruhig deine kleine Maske, wenn es sein muß, um das Kind vor der Außenwelt zu beschützen; solltest du aber selbst jemals dieses Kind in dir sterben lassen, Buddy ... dann bist du vielleicht erwachsen, aber du bist andererseits auch tot!

Die wuchtigen alten Räder rumpelten und bumsten auf die Erde wie auf ein gewaltiges, versteinertes Kissen ... und der Flug war zu Ende. Für die beiden der allererste und für mich der tausendste. Sie kamen wieder zu sich, sagten danke schön und daß es toll war, bezahlten ihre sechs Dollar an Stu und stiegen in ihr Auto, um davonzufahren. Auch ich sagte danke und daß es nett war, mit ihnen zu fliegen ... und ich war mir dabei absolut sicher, daß wir unseren gemeinsamen Flug noch lange in Erinnerung behalten würden!

An diesem Abend legten Stu und ich unsere Sofakissen als weiche Inseln auf dem Boden des Büros aus, verfluchten den Mann, der nicht wiedergekommen war, um uns unsere Fünfundzwanzig-Dollar-Flugshow zu bezahlen, und dann legten wir uns – mit Erdbeerlimonade wohl versehen – in völlig mückenfreier Luft zur Ruhe.

Das einzige Licht in dem Raum stammte von der fernen Sonne, und der Mond reflektierte es hell genug, um darin unseren Doppeldecker genau erkennen zu lassen.

»Stuart Sandy MacPherson«, sagte ich in die Stille hinein, »wer zum Teufel bist du?«

Die ernste ruhige Maske des Jungen erschien mir mehr und mehr als künstlich; denn ganz ernsthafte Leute springen nicht anderthalb Kilometer hoch von den Tragflächen der Flugzeuge ... und sie fahren auch nicht durch einen halben Kontinent, um ein *Barnstormer* zu werden! Auch Stu erkannte an, daß diese Frage wohl berechtigt war und wich ihr darum nicht länger aus.

»Manchmal bin ich mir selbst nicht so ganz sicher, wer ich bin«, entgegnete er ganz ruhig. »Auf der High-School war ich in der Auswahl-Tennismannschaft – falls dir das irgendwie weiterhilft. Außerdem habe ich ein wenig Bergsteigen ...«

Ich horchte auf. »Meinst du echtes Bergsteigen? So mit

Kletterseilen, Haken und Krampen, Steilwänden und so? Oder meinst du einfache Berge, auf die man hinaufgehen kann?«

»Das echte Klettern ... es hat mir viel Spaß gemacht ... bis ich einmal einen Felsbrocken auf den Kopf bekam, der mich auf eine Weile bewußtlos machte. Ich hatte Glück, daß ich mit meinem Seil am Vordermann hing.«

»Du baumeltest also am Ende eines Seiles frei im Raum?«

»Tja ...«

»Mann!«

»Na, ja ... danach gab ich dann das Bergsteigen auf und verlegte mich aufs Fliegen. Holte mir meinen Privatflugzeugführerschein auf *Piper Cubs.*«

»Stu! Warum hast du mir denn nie gesagt, daß du auch deine PPL* hast? Mein Gott ... So etwas solltest du uns wirklich sagen!«

Ich dachte mir, daß er jetzt im Dunklen vielleicht mit den Schultern zucken würde.

»Ich bin auch viel Motorrad gefahren. Es macht mir sehr viel Spaß, mit einer dieser großen Maschinen zurechtzukommen ...«

»Phantastisch, Kid!« Wenn man normalerweise nicht viel miteinander redet, dann kann man den anderen so verblüffen, daß er einem wirklich zuhört.

»Jetzt hör mal her«, fuhr ich dann fort. »Ich habe ja schon von vielen blöden Dingen gehört, wo sich jemand echt verkauft hat ... aber du bist da wohl einsame Spitze! Da macht dieser Kerl lauter tolle Sachen, wie ein echter, lebendiger Mensch ... und dann studiert er in Salt Lake Zahnmedizin! Nun sag mir doch bloß einmal – *warum?*«

Jetzt stellte er seine Sodawasserflasche mit einem lauten

* Private Pilot Licence = Privatflugzeug-Führerschein.

Klicken auf den Boden. »Ich bin es meiner Familie schuldig«, entgegnete er dann leise, »sie haben alles für mich bezahlt ...«

»Du bist deiner Familie vor allem schuldig, daß du dabei glücklich wirst! Meinst du nicht auch? Sie haben doch kein Recht dazu, dich in irgendeine Sache hineinzuzwingen, bei der du nicht glücklich bist!«

»Vielleicht ...« Er dachte einen Augenblick nach. »Das ist vielleicht mein Problem ... so wie die Dinge liegen, ist es so einfach, innerhalb des Systems zu bleiben. Wenn ich da rausrutsche, würde ich auch wohl gleich zum Militär eingezogen werden – und was wäre dann?«

»Ach so ist das, Stu?« entgegnete ich erstaunt. Ich hatte eigentlich gar nicht über seine Ausbildung reden wollen; aber seine letzte Bemerkung hatte mich ein wenig erschrecken lassen, und ich fragte ihn: »Was steckt für dich eigentlich in dem Wort Patriotismus? Was denkst du, daß es bedeutet?«

Da entstand plötzlich die längste Stille, die ich den ganzen Sommer über erlebt habe. Vielleicht dachte der Junge jetzt nach und wälzte das Problem hin und her ... aber er fand keine passende Antwort. Ich lag neben ihm und hörte zu, wie er nachdachte; und dann fragte ich mich plötzlich, ob in all diesen Köpfen unserer College-Jugend dieselbe Leere zu der Frage vorhanden sein mochte. Falls das so wäre, stünden uns noch schlimme Zeiten bevor!

»Ich weiß nicht recht«, meinte er schließlich. »Ich weiß wirklich nicht, was Patriotismus ... bedeutet.«

»Na, Mann! Dann wundert's mich auch nicht weiter, daß du dich vor der Einberufung fürchtest!« gab ich zurück. »All dieses Gerede über den Begriff Patriotismus läßt sich im Grunde genommen mit vier einfachen Worten sagen: Dankbarkeit für dein Land! – Du läufst herum, steigst auf deine Berge, fährst mit deinen Motorrädern durch die

Gegend; und ich kann hinfliegen, wo ich will, schreiben, was ich gern schreiben möchte, und ich kann auch über meine Regierung schimpfen, wann immer sie Blödsinn macht ... Was meinst du, wie viele Leute deswegen schon zusammengeschossen worden sind, während du und ich unser Leben so führen können, wie wir gern wollen? Hunderttausend ... oder vielleicht eine Million?«

Stu saß auf seinen Kissen, die Hände hinter dem Kopf verschränkt, und blickte in den dunklen Raum hinein.

»Wir nehmen uns also ein Jahr oder fünf aus dieser phantastischen Freiheit«, fuhr ich lebhaft fort, »und dann sagen wir irgendwann: ›He, danke, Land!‹«

In dem Augenblick sprach ich gar nicht allein mit Stu MacPherson, sondern vielmehr zu all meinen armen, freien jungen Landsleuten, die überhaupt nichts verstanden und mitten in der geheiligten, seltenen und wunderbaren Freiheit über ihre Wehrpflicht jammerten ... In dem Augenblick hätte ich am liebsten alle in eine große Kiste gepackt und zu irgendeiner Sklavenhalter-Nation geschickt, um sie so lange dortzulassen, bis sie bereit wären, sich ihren Rückzug in die Freiheit zu erkämpfen!

Wenn ich dann aber ihren Kistendeckel zugenagelt hätte, dann hätte ich damit diese Freiheit, die ich ihnen so gern zeigen wollte, selber zerstört ... Ich mußte sie also jammern lassen und konnte nur beten, daß sie vielleicht doch noch eines Tages begreifen würden, ehe sie das ganze Land in einzelne Glibberkleckse voller Selbstmitleid verwandelt hätten.

Stu schwieg ... Ich wollte auch nicht, daß er jetzt sprach. Ich hoffte nur ganz stark, daß er in dieser Stille gut zugehört hatte.

Kapitel 16

Um zehn Uhr morgens war aus dem sommerlichen Ofen Illinois bereits ein glühendheißer Brennofen geworden. Selbst das Gras unter unseren Füßen war versengt. Dazu wehte eine ganz leichte, heiße Brise, und in den Spanndrähten klang es wie leise orientalische Flötenmusik, als wir im Schatten unter der Tragfläche saßen.

»Okay, Stu-Baby . . . hier ist die Landkarte! Ich werde jetzt mein großes Messer nehmen und es irgendwo dahin auf diese Karte schleudern. Wo immer das Messer hintreffen mag, fliegen wir hin.«

Ich wirbelte das Messer herum, und zu meiner eigenen Überraschung schnitt es hart und fest durch die Karte. Ein gutes Omen . . . Wir untersuchten daher den Schlitz ganz eifrig.

»Großartig«, sagte ich dann enttäuscht. »Wir sollen also im Mississippi landen . . . vielen Dank, Messer!«

Wir versuchten es immer wieder, aber das einzige Ergebnis war eine Karte voller Löcher. Und für jeden einzelnen Platz, den uns das Messer vorschlug, gab es mindestens einen guten Grund, dort nicht hinzufliegen.

Ein Wagen hielt jetzt an, und ein Mann mit zwei Jungen kam auf uns zu.

»Wenn sie aussteigen, haben wir sie schon fest«, bemerkte Stu. »Wollen wir heute überhaupt jemanden fliegen . . . oder sollen wir nur den Abflug vorbereiten?«

»Wir können sie noch eben fliegen.«

Stu machte sich daher an die Arbeit. »Hi, Leute!«

»Gehören Sie mit zu diesem Flugzeug?«

»Ja, Sir.«

Wir möchten gern fliegen.«

»Wir freuen uns ... warum kommen Sie nicht gleich hierher und ...« Er brach mitten im Satz ab. »He, sieh mal, Dick! Ein Doppeldecker!«

Klein und ruhig wisperte es von Westen heran und sank langsam durch den Himmel auf uns zu.

»Stu, das ist ja eine *Travelair*! Das ist Spencer Nelson! Er hat es also doch noch geschafft!«

Das hatte wie eine Bombe mitten zwischen uns eingeschlagen! Ich sprang rasch ins Cockpit und warf Stu die Starterkurbel zu.

»Es macht Ihnen doch nichts aus, eine Minute zu warten, wie?« fragte ich noch rasch den Mann mit den Kindern. »Diese andere Maschine kommt aus Kalifornien! Ich will nur rasch hoch und ihn gebührend begrüßen, dann fliegen wir sofort mit Ihnen.«

Sie hatten gar keine Chance zu protestieren. Unter dem Kreischen des Schwungradstarters sprang der Motor an, und wir rollten sofort los, nahmen Fahrt auf, hoben ab und drehten dem Neuankömmling entgegen. Er wollte gerade in die Platzrunde einkurven, als ich ihn einholte und zu enger Formation aufschloß.

Der andere Pilot winkte freudig herüber.

»Hi, Spence!« rief ich, obgleich ich genau wußte, daß er durch den Fahrtwind kein einziges Wort verstehen konnte.

Seine Maschine war bildschön! Sie kam gerade aus der Werft und war von diesem Airline-Kapitän selbst gebaut worden, der vom Fliegen nie genug bekommen konnte. Das Flugzeug glänzte, funkelte und blitzte im Sonnenlicht. Es wies in seiner ganzen Länge keinen einzigen Flicken, keinen Ölstreifen oder Fettfleck auf – ich staunte über diese Perfektion!

Das große, ausbalancierte Seitenruder schlug jetzt leicht

aus, und wir wendeten elegant für einen Anflug entlang der Grasbahn.

Travelair Aircraft Co., Wichita/Kansas stand in sauberen, professionellen Schriftzügen am Heck. Diese Maschine war wie ein schlanker, behender Delphin am Himmel . . . viel größer und eleganter als meine *Parks.* Wir fühlten uns daher auch wie ein kleiner, schmieriger Schlepper, der die »United States« in den Hafen bugsiert. Ich fragte mich, ob Spence wirklich wußte, worauf er sich da einließ . . . und ob seine glänzende blaue Maschine beim Heimflug noch genauso aussehen würde wie jetzt.

Wir zischten noch einmal durch die Platzrunde und landeten dann, mit der Königin aller Doppeldecker an der Spitze, rollten auf die Passagiere zu und stellten die Motoren für einen Augenblick würdevoller Ruhe ab.

Ich hatte diesen Piloten noch nie persönlich getroffen und kannte ihn nur von vielen Telefonaten und Briefen her, als er noch darum kämpfte, seine Maschine rechtzeitig für diesen Sommer fertigzubekommen. Als er jetzt seine Haube abnahm und aus dem Cockpit herausstieg, sah ich, daß Spencer Nelson ein kleiner, behender Mann mit den Habichtsaugen eines Oldtimerpiloten war . . . ein klar geschnittenes Gesicht mit scharfen, blauen Augen.

»Mister Nelson!« rief ich.

»Mister Bach, nehme ich an?«

»Spence, du verrückter Kerl . . . du hast es also tatsächlich geschafft! Wo kommst du denn heute morgen überhaupt her?«

»Komme direkt von Kearny, Nebraska. Fünf Stunden nonstop. Ich hab bei dir zu Hause angerufen, und Bette sagte mir, daß du von hier angerufen hättest.« Er streckte sich, froh, aus der Enge des Cockpits heraus zu können. »So ein alter Fallschirm wird nach einer Weile doch verdammt hart, um darauf zu sitzen, nicht?«

»Nun, von jetzt an befindest du dich im glücklichen Lande der Showflieger, Spence ... aber bist du eigentlich hergekommen, um nur rumzustehen und Reden zu halten, oder willst du auch ein ehrliches Stück Arbeit leisten? Da warten nämlich schon Passagiere!«

»Na, dann man los«, erwiderte er unternehmungslustig.

Er häufte eine Menge Zeug aus dem Vordersitz auf den Boden; dann führte Stu schon zwei Passagiere zu dem großen Flugzeug. Ich half inzwischen dem dritten in die *Parks*, die immer schäbiger aussah, je länger sie so neben der *Travelair* stand.

»Ich fliege hinterher«, rief Spence, während Stu seinen Motor in einer blauen Rauchwolke zu lautem Donnern anließ. Wir starteten und fielen gleich zusammen in die neue Monmouth-Rundflugtour: einen langen Vollkreis um das Städtchen, einen Kreis über einem kleinen See im Westen, mit Sonnengefunkel auf dem Wasser, dann langgestreckte Gleitflugkurven zur Landung. Genau zehn Minuten! Aber die *Travelair* war viel schneller als die *Parks* und zog schon in der ersten Kurve nach dem Start an mir vorbei. Spence brauchte viel zu lange, flog Doppelkurven und machte kleine Abstecher nach allen Seiten. Er landete genau fünf Minuten nach der *Parks*.

»He, was machst du denn?« fragte ich ihn mißbilligend. »Die Leute zahlen doch nicht dafür, um dabeizusein, wenn du den Dauerflugrekord für Doppeldecker brichst. Sie zahlen, um einen kleinen Eindruck von dem Wind in den Drähten zu bekommen und um zu sehen, wie alles aus der Luft aussieht. Dich würde ich ja nicht gern als Konkurrenz haben.«

»War das zu lange? Ich werde darauf achten ... du weißt ja, daß ich hier zum ersten Mal anfange.«

Wir gingen dann zusammen zum Restaurant und hörten seine Story von all den Versuchen und der Verzweiflung über die Behörden und all den Papierkrieg, während er die letzten Handgriffe an der *Travelair* beendete . . . und wie er dann quer über den ganzen Kontinent gerast war, um uns zu suchen. »Ich habe leider nur noch fünf Urlaubstage übrig, durch all diese anfänglichen Verzögerungen. Ich werde daher wohl in ein paar Tagen schon wieder nach Hause müssen . . .«

»Spence! Kommst du etwa den ganzen Weg hierher für nur zwei Tage? Das hört sich aber gar nicht gut an . . . und du mußt wirklich irgendwie verrückt sein, das wollte ich dir nur noch einmal sagen!«

Er schüttelte hilflos die Schultern. »Schließlich war ich ja niemals ein *Barnstormer.*«

»Na, hier müssen wir dann auf jeden Fall weg, wenn wir dir noch etwas Typischeres zeigen und für deinen Rückflug noch ein wenig Geld einbringen wollen.«

»Wie wär's mit Kahoka?« fragte Stu. »Weißt du noch, daß sie uns von dem Autorennen oder sonst irgendeinem großen, kommenden Ereignis erzählten? Jede Menge Leute . . . ganz in der Nähe der Stadt.«

»Das ist aber ein Flugplatz . . . und wir suchen doch eine gute Wiese!«

Wir dachten noch eine Weile darüber nach, und zum Schluß setzte sich dann doch Stus Vorschlag durch. Da wir für unseren neuen Piloten nur noch zwei Tage übrig hatten, konnten wir es uns gar nicht leisten, völlig ziellos umherzufliegen.

Gegen drei Uhr starteten wir wieder und flogen in Richtung Südosten nach Missouri weiter. Stu flog dabei im Vordersitz der *Travelair* mit, während ich das vordere Cockpit voller Gepäck und Fallschirme hatte. Dabei hatten wir gleich zu Anfang ein Problem: Die *Travelair* war zu schnell, und Spence mußte daher ständig das Gas etwas zurücknehmen, um langsam genug zu sein, damit ich dranbleiben konnte. Er vergaß es immer wieder einmal, während er vielleicht an etwas ganz anderes dachte; und wenn er sich dann umwandte, fand er die *Parks* nur noch als winzigen Fleck, etwa zwei Kilometer hinter sich. Doch ehe wir wieder den Mississippi überquerten, waren wir recht gut aufeinander eingearbeitet, und unsere beiden Schatten glitten in guter Formation über das braune Wasser. Es war ein gutes Gefühl, nicht länger so ganz allein zu sein; einen anderen Doppeldecker dabeizuhaben, der mit einem den gleichen Weg durch den Himmel dahinzog. Wir fühlten uns daher glücklich, mein Flugzeug und ich, und wir flogen nur so zum Spaß ein paar enge Kurven und Sturzangriffe.

Ich fand, daß man als *Barnstormer* das Land recht gut kennenlernen konnte. Man brauchte nach einiger Zeit gar nicht mehr auf die Karte zu schauen. Richtung auf die Sonne, bis man an den Mississippi kommt. Den Fluß entlang, bis man den Des Moines River sieht, der von Westen hereinkommt. Nördlich von Keokuk vorbeistechen, etwa zehn Minuten nach Süden halten . . . und da liegt Kahoka!

Die *Dragster*-Rennbahn floß förmlich über vor lauter Leuten. Wir flogen dort einen niedrigen Vollkreis, um allen zu zeigen, daß wir angekommen seien, und kurvten dann zur Landung ein.

»He, das sieht aber gut aus«, meinte Spence, sobald wir gelandet waren. »Guter Rasen . . . die Stadt ist auch in der Nähe . . . das sieht richtig gut aus!«

Die Passagiere kamen sofort, und ich leistete mir den Luxus, der *Travelair* die ersten zu überlassen, einfach am Boden zu sitzen und zuzuschauen, wie Spence das Geld verdiente.

Mit Flugzeug Nummer eins und Flugzeug Nummer zwei kamen wir diesmal ganz groß heraus. Leider konnte ich mich aber über diesen Luxus nicht lange freuen, denn es kamen bereits Passagiere auf die ölverschmierte Nummer eins zu, die geflogen werden wollten. Daher kletterte ich auch in meinen vertrauten Sitz, und dann waren auch wir wieder unterwegs durch diesen Nachmittag. Bis Sonnenuntergang waren nur noch ein paar Stunden übrig; aber wir arbeiteten ganz durch und beförderten insgesamt dreiundzwanzig Passagiere, ehe der Tag zu Ende ging. Zwischen den einzelnen Starts, hörte ich ab und zu ein paar Gesprächsfetzen der Passagiere mit:

»Ich versuche schon seit fünfundzwanzig Jahren, meine Frau einmal in die Luft zu bringen; und heute fliegt sie endlich in diesem blauen Flugzeug mit . . .«

»Dies ist noch das echte Fliegen. All diese moderne Fliegerei ist doch nur Luft-Transport . . . aber das hier ist noch echtes Fliegen!«

»Sind wirklich froh, daß ihr hier aufgetaucht seid – wird für die Stadt viel Gutes bringen . . .«

Und Kahoka selbst war für uns wie ein Nachhausekommen. Das Orbit-Restaurant stand immer noch und lief recht gut, bei seiner Jukebox-Musik und all den jungen Leuten, die in der warmen Sommernacht auf den Kotflügeln ihrer Autos saßen.

»Dies macht wirklich Spaß«, meinte Spence. »Ich meine nicht nur das Geld, sondern auch die Gespräche mit den Leuten . . . das gibt einem wirklich etwas.«

Stu und ich sahen es alles noch einmal durch die Augen dieses anderen Piloten, während der darüber sprach. Es war auch gut, Spencer Nelson hier im nächtlichen Kahoka vom Showfliegen so begeistert zu sehen.

Kapitel 17

»Ich habe einÖlleck!« Spence war etwas besorgt und deutete dabei auf eine winzige, saubere Ölspur an der Motorverkleidung.

»Sollen wir die Öllecks vielleicht einmal austauschen, Mister Nelson?« fragte ich ironisch zurück. »Ich habe da ein paar nette Öllecks, die dir gefallen könnten . . .«

»Ja, dein Motor soll ja immer etwas lecken«, entgegnete er. »Doch mein Continental soll so gut abgedichtet sein wie eine Trommel.« Er war sichtlich beunruhigt und löste deshalb den unteren Teil seiner Motorverkleidung im ersten Morgenlicht.

Na ja, dachte ich, falls wir ein paar frühe Passagiere haben sollten, werde ich halt das Fliegen besorgen. Ich zog meine Werkzeugtasche heraus, und wir fingen an, seinen großen Motor genau zu überprüfen.

»Es ist noch alles so neu«, meinte er entschuldigend. »Sicher nur so eine Verbindung, die sich zurechtrückt und dadurch jetzt etwas lose geworden ist.«

Und tatsächlich war das ein Teil des Problems. Einige der Ölleitungen waren so locker angeflanscht, daß eine ganze Umdrehung notwendig war, bis sie wieder dicht saßen.

»Das sollte ausreichen«, sagte er dann nach etwa halbstündiger Arbeit.

»Wir woll'n ihn mal ausprobieren!«

»Ich drehe für dich den Starter.« Dann steckte ich die Starterkurbel in die dafür vorgesehene Seitenöffnung in der Motorhaube und dachte mir dabei, daß diese Kurbel für einen so massiven Starter wohl etwas zu klein und zu schwach sei.

»Dieses Kurbelding da ist wohl etwas schwächlich«, meinte Nelson dazu aus dem Cockpit. »Wenn ich wieder zu Hause bin, werde ich mich darum ein wenig kümmern.«

Ich drehte die Kurbel dreimal, da brach der Schaft unter meiner Hand durch.

»Was ist denn los?« rief er ungeduldig.

»Spence, Kiddo, ich glaube, du wirst dich um das Ding doch noch vor deiner Heimkehr kümmern müssen . . .«

»Es ist doch nicht etwa abgebrochen?«

»Ja!«

»Na, ich werde in der Stadt schon jemanden finden, der mir das Ganze neu schweißen kann. Da kann ich den Apparat wohl am besten gleich wieder herausnehmen, wie?«

Er holte das abgebrochene Stück heraus und machte sich auf den Weg zum Ort. Falls das in den zwei Tagen sein einziges Problem wäre, dann würde er sich als Luftzigeuner tatsächlich recht gut machen.

Jetzt fuhr ein Mann vor, sah sich die Flugzeuge an und fragte dann: »Fliegen Sie die Maschinen da?«

»Na sicher«, erwiderte ich und trat an das offene Fenster seines Chevrolet.

»Wollen Sie heute keinen Flug machen?«

»Ich weiß noch nicht«, antwortete er nachdenklich. Neben ihm im Wagen saß eine wunderschöne junge Frau mit langem schwarzem Haar und sehr großen, dunklen Augen.

»Stadt sieht am Morgen sehr hübsch aus . . . Die Luft ist dann ganz ruhig und sanft«, fuhr ich fort. »Kühler ist es da oben auch.«

Der Mann schien offensichtlich interessiert zu sein und zögerte am Rande eines großen Abenteuers; aber das schöne Mädchen sah mich nur an wie ein erschrecktes Reh und gab keinen einzigen Laut von sich.

»Meinst du, daß ich mit hochgehen sollte?« fragte er sie.

Keine Antwort... nicht ein einziges Wort, aber sie schüttelte ihren Kopf zu einem fast unmerklichen *Nein*.

»Hatte bisher noch keinen einzigen Passagier, der nicht gesagt hätte, daß er den Flug großartig fand... Ihr Geld zurück, wenn es Ihnen nicht gefallen sollte.«

Ich war selbst ein wenig überrascht. Es war mir im Grunde wirklich völlig gleichgültig, ob dieser Mann nun mitflog oder nicht; später würden ohnehin noch genügend Passagiere kommen... Diese Rückzahlgarantie war wirklich ein guter Einfall, aber er war mir erst in diesem Augenblick gekommen. Es war ein Zusammenprall meiner Welt mit der des Mädchens... und der Mann war zwangsläufig unser Schlachtfeld.

»Ich glaube, ich komme doch mit... Dauert's lange?«

»Zehn Minuten...« So rasch hatte ich diesen Zweikampf gewonnen!

»Bin gleich wieder da«, sagte er zu dem Mädchen. Sie sah ihn mit ihren tiefen, dunklen Augen voller Furcht an, sagte aber immer noch kein Wort.

Wir flogen also die zehn Minuten, und weil ich etwas neugierig war, schaute ich während des Fluges immer wieder zu dem Chevrolet hinunter. Doch die Wagentür öffnete sich nicht, und es schaute auch kein Kopf aus dem Fenster zu uns herauf. Irgend etwas an dieser jungen Frau war recht merkwürdig, und der helle Sonntag wurde plötzlich etwas ungemütlich und unheimlich.

Die Landung verlief ganz normal wie all die anderen Landungen, die wir in diesen Tagen machten. Wir waren schon unten und rollten vielleicht noch mit sechzig Stundenkilometern durch das Gras. Und plötzlich rief mir eine innere Stimme zu: »Geh nach rechts rüber, nach rechts!« Es gab keinen ersichtlichen Grund dafür, aber ich tat es und wunderte mich dabei über mich selbst.

In demselben Augenblick, als der Doppeldecker nach rechts abbog, sauste plötzlich an unserer linken Seite ein anderes Flugzeug vorbei, das genau auf Gegenkurs gelandet war und jetzt vielleicht noch achtzig Stundenkilometer schnell war.

Einen Augenblick lang schreckte ich zusammen, und ein kalter Schauer lief mir durch alle Glieder. Ich hatte die andere Maschine einfach nicht gesehen; und der andere hatte mich ebensowenig gesehen! Falls ich nicht kurz vorher nach rechts ausgewichen wäre, dann wären wohl die *Barnstorming*-Tage meines Doppeldeckers zu einem spektakulären, sehr schnellen Ende gekommen. Die andere Maschine drehte etwas zur Seite, hob wieder ab und verschwand ... Ich dankte der Stimme, diesem Schutzengel, und da der Vorfall vorbei war, würde ich möglichst lässig darüber hinweggehen oder am besten überhaupt nicht mehr davon reden.

Der Mann gab Stu die drei Dollar und stieg wieder in seinen Wagen. Das Mädchen hatte sich immer noch nicht bewegt und kein einziges Wort gesprochen.

»Vielen Dank«, rief mein Passagier zufrieden, und dann fuhr er mit seiner seltsamen Partnerin davon. Wir sahen sie nicht wieder ...

Spence kam mit einer völlig neu zusammengeschweißten Starterkubel aus massivem Eisen zurück, die stark genug war, um daran sein ganzes Flugzeug aufhängen zu können.

»Das sollte eigentlich ausreichen«, meinte er dazu. »Komm, laß es uns gleich noch einmal versuchen!«

Der Motor sprang sofort an, und er startete zu einem Testflug. Als er zehn Minuten später zurückkam, war auf der Motorhaube wieder ein leichter Ölfilm, der aus der Entlüftung des Kurbelwellengehäuses stammte.

»Tja, verdammt noch mal ...«, meinte er sehr unzufrieden. »Ich würde dieses Ölleck wirklich gern loswerden!«

»Spence, das ist nur die Entlüftung! Das ist jetzt doch wirklich nur ganz normaler Ölnebel, um den du dir solche Gedanken machst. Ich kenne nicht allzu viele *Barnstormer*, die sich wegen so geringer Ölspuren an ihren Flugzeugen Gedanken machen. Das einzige, worum wir uns alle wirklich kümmern, ist, daß die Tragflächen immer richtig festsitzen, weißt du?«

»Okay, aber mir gefällt das trotzdem nicht an meiner neuen, hübschen *Travelair!*«

Spence bekam dann die nächsten beiden Passagiere, einen Mann mit Sohn. Nachdem sie gut angeschnallt waren, zog er die Brille herunter, schob den Gashebel nach vorn und startete dann quer über das Gras. Ich wandte mich zu Stu um und sagte gerade: »Es ist schon gut, wenn man noch jemanden dabeihat, der die Arbeit macht, so daß man . . .« Ich hörte mitten im Satz erschrocken auf. Der Motor der *Travelair* hatte beim Start ausgesetzt! »O nein!« Dies ist nicht unser Tag, dachte ich noch im Bruchteil einer Sekunde.

Die große Maschine ging wieder auf dem Grasstreifen herunter und rollte völlig geräuschlos bis zum entferntesten Ende der Startbahn; der Motor hatte zeitig genug ausgesetzt, um noch eine schnelle, sichere Notlandung zu gestatten. Nach kurzer Zeit setzte er dann wieder ein und lief jetzt ganz ruhig weiter, als sei nichts gewesen; aber Spence versuchte natürlich keinen weiteren Start, sondern rollte direkt zu uns zurück.

»Möchte wissen, was sich die Passagiere dabei gedacht haben«, sagte Stu mit einem schwachen Lächeln. Ich öffnete ihnen die Cockpittür, als der Doppeldecker abgestellt war. »War ein bißchen kurz der Flug, wie?« fragte ich, und es klang ganz gelassen. Ich würde mich an ihrer Stelle schrecklich gefürchtet haben, wenn ich vorn gesessen hätte, als der Motor aussetzte.

»Ach, es war lange genug ... aber wir sind dabei wohl nicht allzu hoch gekommen«, erwiderte der Mann ebenfalls gelassen und half seinem Sohn herunter. Es war recht bemerkenswert, wie er das gesagt hatte ... und ich war irgendwie stolz auf ihn!

»Wollen Sie lieber mit der Nummer eins fliegen?«

»Nein danke ... wir wollen Ihnen eine Chance geben, diese Maschine zu reparieren, und kommen dann heute abend noch einmal wieder.«

Ich akzeptierte das als mutige Ausrede und strich sie von der Liste der Passagiere, die jemals wieder einem Doppeldecker trauen würden.

Als sie uns verlassen hatten, machten wir uns ernsthaft an die Arbeit. »Das Ding bekommt eindeutig keinen Sprit, wenn es einfach so aussetzt«, meinte ich.

»Vielleicht Dreck im Benzin?« überlegte Spence.

»Hört sich gut an, laß uns doch mal nachsehen.«

Der Motor war in Arizona gelagert worden, und wir fanden im Benzinfilter gut einen Teelöffel voll Sand.

»Das war mit Sicherheit ein Teil des Problems«, meinte Spence dazu.

»Laß uns den Motor jetzt noch einmal starten.«

Wir versuchten es; aber der Motor spuckte und hustete bei Vollgas und setzte dann wieder aus.

»Wie sieht es eigentlich mit deinem Sprit aus?«

»Oh, ich habe die Tanks noch etwa halb voll.« Dann fiel ihm etwas ein, und er ließ den Motor noch einmal an. Diesmal lief er perfekt!

»Der Mitteltank«, sagte er erklärend. »Er läuft gut mit dem Benzin aus dem oberen Tank ...«

Er experimentierte noch ein wenig damit herum und fand dabei heraus, daß der Motor nie ausging, solange er den Sprit aus dem großen oberen Tank bekam, der im Mittelteil des Oberflügels eingebaut war.

»Das muß es sein«, meinte er endlich. »Der Benzinstand oder sonst irgend etwas im Vergaser stimmt nicht ganz. Er braucht daher diesen zusätzlichen Benzindruck, sobald er mit Vollgas läuft.«

Das Problem war damit gelöst, und wir feierten es gleich mit einem Fallschirmsprung. Stu wollte auch sehr gern einen Sprung aus der *Travelair* in seinem Springerlogbuch haben, und so stiegen wir mitten am Nachmittag im Formationsflug auf die Sprunghöhe. Ich drehte in zweitausendfünfhundert Fuß ab, kreiste und wartete, daß Stu herunterkommen würde. Wir konnten wieder gute Geschäfte erwarten, wenn der Absprung wie geplant verlief; die *»Dragster«*-Zuschauer waren nämlich alle wieder draußen. Es lief aber nicht so ganz nach Plan; denn Stu verfehlte seinen Aufsetzpunkt um ein ganzes Stück. Ich folgte ihm wieder nach unten und wußte, daß ich aus meinem Blickwinkel nicht genau sehen konnte, wo er landen würde. Aber je tiefer er herunterging, desto klarer wurde es, daß er nicht auf der Startbahn landen würde und daß er leicht in den Telefondrähten hängenbleiben konnte.

Er verfehlte diese Drähte nur um ein paar Meter, landete im tiefen Unkraut, stand aber gleich wieder auf und winkte uns sein Okay zu. Spence und ich flogen dann noch etwas Reklameformation, trennten uns und landeten ebenfalls. Es wartete schon eine ganze Menge auf ihre Flüge, und Stu kam jetzt gerade mit seinem Schirm auf den Armen zum Platz zurückgekeucht.

»Mann! Ich sah mich schon in diesen Drähten hängen! Ich hatte zu lange gewartet, ehe ich etwas gegen den Wind unternahm. Schlechter Sprung!« Aber so war es halt . . . Wir versuchen Unglücke zu vermeiden und arbeiten eben einfach weiter.

Er warf den Fallschirm vorerst auf seinen Schlafsack und verkaufte wieder die Tickets. Ich nickte Spence zu, und wir stiegen beide in unsere Maschinen. Wir hörten nicht vor Sonnenuntergang zu fliegen auf. Zu meiner größten Überraschung kamen auch die beiden Passagiere von der Notlandung wieder und wollten fliegen. Diesmal lief der *Continental* anstandslos durch, und sie sahen Kahoka aus der Luft. Ein Städtchen, das heiter über der flachen, grünen See von Missouri dahintrieb.

Ich flog dann mit einem Kerl, der sich oben als betrunken entpuppte. Nachdem wir in der Luft waren, tat er fortlaufend so, als ob er aus dem Vordersitz herausklettern wollte . . . und er benahm sich auch sonst ziemlich blöd.

Ich verpaßte ihm darauf einige scharfe Kurven, um ihn auf seinen Sitz zurückzuschleudern, und wünschte mir die ganze Zeit, daß es legal sei, den Idioten nicht daran zu hindern, daß er sich aus dem Flugzeug stürzte.

»Wenn du mir noch einmal einen solchen Passagier andrehst, Stu«, drohte ich nach der Landung, »dann werde ich dir wohl einmal mit einem schweren Schraubenschlüssel einen Scheitel ziehen.«

»Entschuldigung! Ich habe nicht gewußt, daß er so schlimm war.«

Die Sonne ging unter; aber Spence flog immer noch weiter. Jedem das Seine, dachte ich. Ich hörte mit der *Parks* auf zu fliegen, sobald ich am Boden keine Einzelheiten mehr erkennen konnte. Als auch er dann endlich seinen Motor abstellte, war es bereits völlig dunkel geworden. In seinen vierzehn Jahren bei der *Pacific Southwest Airline* war er eben darauf getrimmt, soweit es nur irgendwie geht, alle Passagiere zu fliegen. Wir brachen dann auf unseren Schlafsäcken förmlich zusammen und holten eine Taschenlampe heraus.

»Wie haben wir denn abgeschnitten, Stu?«

Stu häufte das Geld vor uns auf. »Wir haben einen hübschen Batzen beisammen. Zwanzig, dreißig, fünfunddreißig, fünfundvierzig ...« Es sah ganz so aus, als ob wir einen guten Tag gehabt hätten. »... Einhundertdreiundfünfzig, vierundfünfzig, fünfundfünfzig ... einhundertsechsundfünfzig Dollar! Das macht ... zweiundfünfzig Passagiere für heute ...«

»Wir haben es geschafft!« rief ich. »Wir haben unseren Einhundert-Dollar-Tag geschafft!«

»Ich will euch mal was sagen«, meinte Spence anerkennend. »Es ist ja wohl offensichtlich gar nicht so übel, sich auf diese Art durchzuschlagen ... Mann, wenn ich bloß nicht so früh zurück sein müßte ...«

»Wir müssen für dich auch noch irgendwo so eine richtige Heuwiese finden, Spence. Irgend so ein kleines Feld für das richtige Fliegen als *Barnstormer*!«

»Aber wir haben leider nicht mehr allzuviel Zeit«, entgegnete er.

»Vielleicht sollten wir damit doch lieber bis zum nächsten Jahr warten.«

Stus Zeit ging ebenfalls zu Ende, und er sprach deshalb mit Spence, ob er ihn mit nach Hause nehmen könnte. Am nächsten Morgen flog ich noch mit zwei Nachzüglern; dann beluden wir wieder unsere Maschinen. Spence hatte noch einen Tag zur Verfügung!

Wir starteten nach Westen, flogen einfach an einer Straße entlang und suchten nach einem Ort mit angrenzender Weidefläche. Es war damit so schlecht bestellt wie immer. Zwischen den Städten lagen oft die herrlichsten Wiesen. Das Heu war gemäht, zusammengerecht und weggefahren; und das Land erstreckte sich lang und offen in den Wind.

Aber sobald wir uns einer Stadt näherten, schossen die Telegrafenmasten wie riesige Bambusstangen empor, und die Wiesen wurden kurz und uneben und lagen dazu meist auch noch quer zum vorherrschenden Wind. Wir gondelten noch ein wenig zu den Grenzorten hinunter, aber auch dort fanden wir nichts Gutes. Wir hungerten ja nicht und hatten es daher auch gar nicht unbedingt nötig, von schwierigen Plätzen aus zu arbeiten.

Endlich sahen wir dann einen geeigneten Platz über Lancaster in Missouri. Er würde zwar nicht allzu gut sein – war etwas hügelig, mit steilen Seiten, über die man leicht hinunterstürzen konnte, wenn man nach der Landung nicht geradeaus weiterrollte – aber die Landebahn war lang genug für uns und lag dicht genug bei einem Ort.

Gerade nachdem ich es Spence und Stu gezeigt hatte, stellte ich fest, daß das verdammte Ding schon ein Flugplatz war. Keine Hangars, keine Benzinpumpe; aber die Reifenspuren waren eindeutig. Aber wir hatten das endlose Herumsuchen satt und landeten trotz alledem. Schon während der Landung kamen mir Zweifel über die Möglichkeiten zum Passagierfliegen – selbst wenn das Ganze ein Flugplatz war.

Ich beobachtete jetzt, wie die *Travelair* landete. Sanft, wie ein ruhiger Strom glitt sie die Landebahn entlang . . . völlig das Bild eines alten Profis bei der Arbeit; ganz gleich, wie sehr Nelson auch seinen Status als Anfänger herausstreichen mochte.

Ein niedriges Schild neben einem Baumstamm im Gras besagte, daß dies der *William E. Hall Memorial Airport* sei.

»Was hältst du davon, Spence?« fragte ich ihn, nachdem wir unsere Motoren abgestellt hatten.

»Sieht eigentlich ganz gut aus . . . läßt sich gut landen. Ich flog über den Ort drüber und ließ meinen Motor aufheulen. Ich konnte dort unten Leute erkennen, und sie blieben stehen, weißt du, und schauten interessiert zu uns herauf.«

»Wir sind auch sicher dicht genug am dem Ort dran; aber irgendwie gefällt mir der Platz selber nicht so ganz. Es ist mir ein bißchen zu wellig, und wenn einem beim Start einmal die Latte stehenbleiben sollte, hat man keinen Platz vor der Nase, wo man noch schnell hin könnte, ohne dabei das Flugzeug gleich zu verbiegen.«

Jetzt kam ein Wagen heran, und ein Mann mit einer Filmkamera stieg aus. »Hi«, sagte er freundlich, »hätten Sie was dagegen, wenn ich ein paar Filmaufnahmen mache?«

»Schießen Sie los.« Der Rest unserer Begegnung wurde dann vollständig in Farbe festgehalten; dazu ertönte das leise Surren einer Federzugkamera.

»Es gefällt mir einfach nicht«, fuhr ich fort. »Wir sind außerdem auch gar nicht weit von Ottumwa entfernt, was praktisch mein Heimatplatz ist. Wir brauchen sowieso Benzin, warum machen wir nicht einen Satz und holen uns dort unser Benzin und Öl . . . und du kannst auch noch das Wetter im Westen bekommen. Triff halt deine Entscheidung!«

»Dann woll'n wir mal.«

Ein paar Minuten später waren wir mit nördlichem Kurs unterwegs und landeten eine halbe Stunde später in Ottumwa, Iowa.

Im Westen braute sich unterdessen ein Wetter zusammen, das gar nicht sehr ermutigend war, und Spence machte sich deswegen Sorgen. »Sie haben ziemlich übles Zeug auf unserer geplanten Flugstrecke im Anmarsch«, sagte er langsam. »Starke Winde und niedrige Wolkendekken . . . Dick, ich glaube, ich spare mir das weitere *Barnstorming* lieber bis zum nächsten Jahr auf. Falls ich nämlich im schlechten Wetter festsitzen sollte, würde ich meinen *Airline*-Zeitplan nicht mehr schaffen . . . das wäre nicht allzu gut! Ich sollte daher lieber schon heute losfliegen und versuchen, diesem Zeug zuvorzukommen.«

»Hast du dich schon entschieden, Stu?« fragte ich.

»Höchstwahrscheinlich deine letzte Chance für einen kostenlosen Heimflug.«

»Ich denke, daß ich dann wohl lieber mit Spence zurückfliegen sollte«, erwiderte er zögernd. »Es war eine verdammt nette Zeit . . . aber ich würde es wohl etwas überziehen, wenn ich noch länger bliebe. Die Schule fängt auch bald wieder an . . .«

Sie beluden die *Travelair* mit Fallschirmen, Öldosen, Kleidersäcken und Rasierzeug. Ich ließ ihren Motor an und gab Stu noch eines von unseren Werbeplakaten mit. »Zum Andenken, Mister MacPherson!«

»Gibst du mir darauf bitte noch dein Autogramm?«

»Wenn du willst . . .« Ich legte es auf die Tragfläche und schrieb:

»*Sehen Sie Ihre Stadt doch einmal aus der Luft!*« Dann unterschrieb ich das Ganze und gab es ihm, während er sich auf seinem Platz im Vordersitz zurechtsetzte. Ich schüttelte Spence noch einmal die Hände.

»Schön, daß du es doch noch geschafft hast! Aber du bist auch ganz schön verrückt, diese weite Strecke nur für zwei Tage *Barnstorming* zu fliegen!«

»Hat aber Spaß gemacht! Laß uns das doch im nächsten Jahr wiederholen, ja?«

Ich stieg auf den Laufsteg hinauf und nickte dem jungen Springer zu und fragte mich gleichzeitig, wie ich ihm eigentlich auf Wiedersehen sagen sollte . . .

»Laß es dir gutgehen, Stu!« meinte ich zuletzt. »Und denk dran . . . mach nur das, was du selbst tun möchtest!«

»Tschüs!«

Ganz tief in seinen Augen sah ich ein Signal aufleuchten, das mir anzeigte, daß er zu lernen anfing und daß ich mir um ihn weiter keine Sorgen zu machen brauchte.

Der große Doppeldecker rollte jetzt auf die Startbahn hinaus, stellte sich gegen den zunehmenden Wind auf, und dann zogen sie leicht und elegant in den Himmel hinein. Zwei schnelle Winkzeichen aus dem Cockpit, und ich winkte zurück, während ich dabei durch ihre Augen an mich dachte . . . eine einsame Gestalt am Boden, die kleiner und immer kleiner wurde und dann schließlich ganz in der Ferne verschwand.

Ich stand dort und sah der *Travelair* nach, bis ihr Motorengeräusch völlig verklungen war und auch sie mir im Westen ganz aus dem Blick verschwand. Dann war nichts mehr am Himmel übriggeblieben . . . Spence und nun auch Stu waren Paul gefolgt . . . gegangen und doch nicht fort . . . tot und doch überhaupt nicht gestorben!

Auf dem Abstellplatz fand ich mich plötzlich von lauter modernen Maschinen umgeben; als ich dann aber zwischen ihnen zurückging, hatte ich irgendwie das Gefühl, daß sie es waren, die sich nicht in der richtigen Zeit befanden – nicht ich.

Kapitel 18

Der Nachmittagshimmel sah ganz grau aus. Leichter Regen peitschte über die Windschutzscheibe, und der große amerikanische Luftzirkus bestand jetzt nur noch aus einem Mann und einem einsamen Doppeldecker! Ich hatte einen vollen Benzintank und ganze elf Cent Bargeld in der Tasche! Falls ich also etwas zu essen haben wollte, mußte ich dort unten wohl jemanden finden, der einerseits drei Dollar übrig hatte und außerdem noch den brennenden Wunsch verspürte, mit mir ausgerechnet im Regen zu fliegen ...

Die Aussichten waren nicht allzu gut! Kirksville in Missouri schied für mich aufgrund langer Reihen Heuballen aus Alfalfagras und ganzer Herden träger Kühe auf den Wiesen aus. In Kirksville selbst regnete es Bindfäden, und es sah ganz so aus, als ob die Stadt in einen größeren Binnensee verwandelt werden sollte. Vor der Windschutzscheibe stand eine geschlossene Wasserwand, die am Flugzeug fest anlag ... es war dadurch auch kein angenehmes Fliegen mehr.

Als wir uns wassersprühend von Kirksville abwandten, erinnerte ich mich plötzlich an ein kleines Städtchen im Norden, das vielleicht einen Versuch wert sein konnte; aber ich hatte anscheinend wieder einmal den falschen Augenblick gewählt. Eine gute Wiese, die nur einen Block weit von dem Ort entfernt lag, war wieder voller Heuballen ... eine andere war von einem Zaun eingefaßt, und die dritte lag unter einem Gewirr von Hochspannungsleitungen.

Wir kreisten und dachten dabei nach, der Doppeldecker und ich, und wir ignorierten dabei völlig die Graslandebahn mit den Hangars, die nur anderthalb Kilometer südlich lag. Das wäre eine gute Stadt zum Arbeiten gewesen, aber anderthalb Kilometer Abstand war einfach zuviel! Niemand würde wohl im Regen so weit gehen, um mit einem solchen Flugzeug mitfliegen zu können ... Zu guter Letzt, als uns der Regen von Kirksville schon fast eingeholt hatte, landeten wir doch noch auf der umzäunten Wiese und hofften, daß es dort vielleicht ein Tor geben würde. Als die Räder aufsetzten, sprang ein Fuchs auf und suchte im benachbarten Getreide Schutz.

Es war kein Durchlaß in der Umzäunung; aber es erschienen die beiden Jungen, denen das Geschick – unabhängig von Regen oder Sonnenschein – eine Rolle zugedacht hatte.

»He, wo ist denn hier das Tor?«

»Hier gibt's keins ... wir sind einfach drübergestiegen ... aber nur ein Stückchen weiter liegt auch ein Flugplatz, Mister.«

Es regnete jetzt stärker. »Jungs, wißt ihr einen Weg, wie jemand hier hereinkommen könnte, wenn ich ihn auf einen Flug mitnehmen will?«

»Das wissen wir auch nicht ... höchstwahrscheinlich müßte er auch über diesen Zaun steigen ...«

Wieder ein anderer Landeplatz von der Liste gestrichen. Dann sollte ich also doch wohl auf dem Flugplatz landen ... vielleicht kennen sie dort einen anderen Platz? Noch zwei Stunden weiter, und es wäre zu dunkel zum Fliegen, da Regen und Wolken die Sonne verbergen würden. Ich wählte also den Flugplatz, weil ich nicht wußte, wo ich sonst hin sollte.

Aber selbst das war recht beschwerlich. An der einen Seite der Landebahn zog sich ein Zaun entlang, und auf der anderen lag eine wogende See aus Getreide. Auf diesem Flugplatz war es schwieriger zu landen als auf irgendeiner der Wiesen, die wir benutzt hatten, und ich sagte mir, daß ich von hier aus mit keinem einzigen Passagier fliegen würde, selbst wenn es hier ganze Scharen von Interessenten geben sollte ... Ich konnte die Maschine nur einfach zwischen den einzelnen Hindernissen geradeaus rollen lassen, sie dabei nach den verschwommenen Umrissen rechts und links vom Cockpit geradehalten und dabei hoffen, daß der Pfad nach vorn frei sei ...

Am Ende des Streifens warteten fünf Metallhallen, ein klatschnasser Windsack und ein Farmwagen mit einer im Regen interessiert zuschauenden Familie darin. Der Mann kam dann ohne Hemd aus dem Führerhaus, als ich aus dem Cockpit kletterte und dabei den Motor noch laufen ließ.

»Möchten Sie tanken?«

»Nein, danke ... habe noch genug Sprit; aber ich suche einen Platz, wo ich hinfliegen kann.« Ich schlug meine Straßenkarte auf und zeigte auf ein Städtchen dreißig Kilometer im Südwesten. »Kennen Sie zufällig Green City? Gibt's da irgendwo eine Landemöglichkeit? Wiese oder Weideland ... oder so etwas?«

»Sicher, es gibt dort einen Flugplatz ... südlich von der Stadt neben dem Wasserturm. Was machen Sie denn? Sind sie ein Cropduster*?«

»Ich fliege Passagiere ...«

»Ah, so! Na, Green City könnte da vielleicht ganz gut sein; aber ich glaube, daß auch hier eine Menge Leute mitfliegen würden. Sie könnten doch direkt hierbleiben, wenn Sie wollen.«

»Das liegt hier etwas zu weit von der Stadt entfernt«,

* Pilot mit langsam fliegender Maschine zum Besprühen der Felder oder Plantagen. Weite Verbreitung in den USA.

entgegnete ich. »Man muß dazu ganz in der Nähe eines Ortes bleiben. Wenn man nämlich zu weit draußen ist, kommt keiner heraus.«

Der Regen wurde jetzt etwas schwächer, und im Südwesten sah der Himmel nicht mehr ganz so dunkel aus wie noch vor einer Stunde ... Wenn ich jetzt weiterflöge, würde ich natürlich Benzin verbrauchen, das ich nicht ersetzen könnte, bis ich wieder Geld verdiente ... und wenn ich hier an diesem Flugplatz bliebe, dann würden wir wohl beide arbeitslos und hungrig sein.

»Na, ich sollte dann wohl besser weiterfliegen, solange es hell genug ist.«

Kurz darauf sausten wir wieder zwischen Getreide und dem Zaun dahin, hoben uns sacht darüber hinweg und wandten uns dann nach Süden.

In diesem Teil von Missouri rollen die Hügel dahin wie grüne Seewogen, schütten mit ihrem feinen Schaum die Bäume aus und bergen in ihren Tälern Straßen und winzige Dörfer. Es ist nicht gerade die einfachste Landschaft für den Navigator. Hier gibt es keine dieser so präzisen Nord-Süd-Streifen, die zum Norden zu das Land zerteilen. Ich sichtete den Flecken ein wenig im Süden im Licht der untergehenden Sonne.

Green City! Was für ein Name, was für eine poetische Phantasie steckte dahinter. Ich dachte dabei an hohe, windbewegte Ulmen, Straßen mit hellgrünem, kurzgeschorenem Rasen und Gehsteigen, die im Schatten der uralten Bäume lagen. Ich peilte über die Windschutzscheibe nach vorn; nach einer langen Weile kam dann der Ort unter der Nase des Doppeldeckers in Sicht. Hier war das Reservoir, da die hohen Ulmen, hier der Wasserturm mit seiner schwarzen Aufschrift: *Green City* ... Und hier, du meine Güte (!), auch der Flugplatz ... ein langer Streifen entlang eines Hügelrückens ... und noch schmaler als der, den wir gerade verlassen hatten. Einen Augenblick lang fragte ich mich, ob mein Doppeldecker denn überhaupt Platz darauf hätte.

Zu beiden Seiten fiel der Boden abrupt und uneben ab. Das Ende selber bestand aus einer Reihe von Fässern am Rande eines Steilhanges. Etwa in Höhe der Landebahnmitte stand ein Blechschuppen, der fast noch in die Landebahn hineinragte. Green City hatte den schwierigsten Flugplatz, den ich jemals gesehen hatte. Diesen Platz hätte ich mir nicht einmal für eine Notlandung ausgesucht, nicht einmal mit stehender Latte!

Aber es gab dort einen Windsack und einen Hangar. Durch die Anflugschneise zogen sich auch noch ein paar Telefondrähte; und als ich einen Überflug im Tiefflug machte, sah ich noch, daß die zweite Hälfte der Landebahn gewellt war und zuerst nach links und dann nach rechts abfiel.

Die schmale, gewundene Landebahn war etwa alle fünfzig Fuß mit hohen weißen Pfählen markiert. Der Besitzer mußte sich dabei wohl gedacht haben, daß man sein Flugzeug sowieso beschädigt, wenn man von der Bahn abkommt, so daß ein paar hölzerne Pfähle, die das Flugzeug noch zusätzlich zerschlagen, dann auch nichts mehr ausmachen. Ich stellte außerdem fest, daß wir an jeder Seite etwa acht Fuß Spielraum für die Tragflächenenden haben würden und schluckte ...

Ich machte noch einen Überflug und sah dabei, wie zwei Motorräder den Feldweg entlangbrausten und jetzt dicht an der Grasbahn bremsten, um zuzuschauen. Als die Räder aufsetzten, verlor ich wieder alle Sicht nach vorn, und ich beobachtete daher die weißen Markierungspfähle, die da so dicht an den Flächenenden vorbeiflitzten. Ich hielt das Flugzeug so gerade wie möglich und trat dabei jetzt fest auf die Bremspedale. Nach nervenaufreibenden fünfzehn Sekunden waren wir dann auf Fußgängergeschwindigkeit herunter. Ich drehte die Maschine mit viel Gas und Bremsen sehr vorsichtig in ihrer Spur um und rollte dann zu dem Feldweg und den Motorrädern zurück.

Als ich aus dem Cockpit kletterte, fragte ich mich, wieviel Benzin und Eßbares ich mir wohl kaufen könnte.

»Na, wollt ihr nicht fliegen, Jungs? Green City sieht aus der Luft recht nett aus. Ich mache für euch auch einen extra langen Flug, weil ihr mich so nett begrüßt habt ... Kostet nur drei Dollar pro Mann!«

Ich war geschockt, während ich meinen eigenen Worten zuhörte. Passagiere aus diesem Platz herauszufliegen? Ich mußte total verrückt geworden sein! Aber ich war hier nun einmal gelandet, da würde ich es wohl wieder können! Wofür sonst war denn meine Maschine gebaut, wenn nicht zum Passagierflug?

»Los, komm mit, Bill!« rief einer der beiden. »Ich bin noch nie mit so einem Vogel geflogen ... und das ist doch die Sorte Flugzeug, auf der auch Dad einmal das Fliegen gelernt hat. Können Sie uns beide transportieren?«

»Sicher kann ich das«, erwiderte ich ruhig.

»Aber halt ... ich glaube, wir haben nicht genug Geld!«

Sie durchsuchten ihre Brieftaschen und fischten einzelne Banknoten heraus. »Fünf Dollar fünfzig ist alles, was wir zusammenbekommen ... fliegen Sie uns auch dafür?«

»Na, weil ihr so rasch herausgekommen seid ... okay!«

Ich nahm die fünf Dollarnoten und die zwei Silberstücke und fühlte mich auf einmal wieder ganz reich ... *Essen!* Ich würde heute abend Steak speisen!

Ich leerte den Vordersitz aus und schnallte meine beiden Passagiere an. Unbewußt zog ich ihre Sitzgurte etwas strammer als sonst. Dann schnallte ich mich selbst wieder an, richtete die Maschine sorgfältig auf der schiefen Bahn aus und schob dann den Gashebel ganz nach vorn. Trotz all der Anzeichen, daß ich dabei ein ziemliches Risiko einging, war ich doch froh, endlich einmal wieder mit Passagieren in der Luft zu sein. In diesem Augenblick hatte ich das Anrecht auf das Geld in meiner Tasche bereits verdient, und nach ein paar Minuten Flugzeit würde ich nur noch landen müssen . . . und dann essen!

Ich sah mich wieder nach Notlandeplätzen um . . . es gab aber keine! Hügel, Getreidefelder . . . alles zu kurz und zu weit von der Stadt entfernt. Außerdem warteten ja diese Motorräder immer noch auf unserem Hügel; wir mußten also ohnehin noch einmal auf dem Hochtrapez landen.

In zehn Minuten umkreisten wir unseren Streifen wieder, und die Landung würde im jetzt einsetzenden Dämmerlicht auch nicht gerade einfacher sein! Die Passagiere schauten neugierig über die Flugzeugnase, als wir landeten, und blockierten mir gerade in dem Augenblick, in dem ich das Gas herausnehmen wollte, das bißchen verbleibende Bodensicht. Wir kamen daher hart auf und sprangen wieder hoch, und es fühlte sich so an, als ob wir nach rechts abkamen. Ich dachte an den Randstreifen und trat ins linke Seitenruder. Zu viel! Der Doppeldecker schleuderte jetzt nach links und kam dabei mit einem Rad von der Bahn ab. Bis ich voll ins rechte Seitenruder einsteigen konnte, schoß die linke Tragfläche bereits nur noch einen Fuß hoch über holprige, grasbewachsene Erdhügel und harten Untergrund – und sauste genau auf einen der Markierungspfähle und den Blechschuppen zu. Ich trat jetzt voll ins rechte Seitenruder und gab bei etwa fünfzig Stundenkilometern noch einmal Vollgas.

Das Flugzeug sprang jetzt buchstäblich einen Augenblick, bevor das Gebäude vorbeizog, wieder auf die Landebahn zurück, und wir holten hart nach rechts aus. Ich konterte mit vollem linken Seitenruder und härterem Bremsen. Wir kamen dann noch gerade vor dem Steilabhang zum Stehen, und mir wurde recht flau im Magen. So machten es also die *Barnstormer*, wenn sie verzweifelt nach Geld suchten . . .

»Mann, das war großartig! Haben Sie gesehen, wie alle nach draußen liefen, als wir über das eine Haus flogen?«

Meine Passagiere konnten aber nicht annähernd so froh sein, wie ich es über diese noch einmal geglückte Landung war. Dankbar nahm ich den angebotenen Platz auf dem Rücksitz für eine Fahrt ins Städtchen an.

Der Marktplatz war wie ein verkleinertes Kahoka. Es gab Picknicktische im Park, eine Freiheitsglocke auf einem Podest, einen Baseballplatz und eine Telefonzelle, bei der das Glas auf der Baseballseite herausgeschlagen war. Quadratische Schaufenster blickten nach allen Seiten in den Park; und eines dieser Quadrate gehörte zu Lloyd's Café. Lloyd fegte gerade aus, und das Lokal war sonst ganz leer.

»Ich könnte Ihnen ja etwas herrichten«, meinte er vorsichtig, »aber Sie würden sich wohl kaum durch mein Kochen begeistern lassen. Meine Frau ist noch beim Einkaufen . . .«

Das Stadtgrill war geschlossen; nur Marthas Restaurant, direkt gegenüber von Lloyd's Café, hatte nicht nur offen, sondern auch noch zwei Gäste. Ich suchte mir einen Tisch aus und bestellte die obligaten Hamburger und Schokolademilch-Shakes . . . und ich kam mir sehr reich vor. Wieviel Geld doch verändern kann!

An einem guten Tag waren sechs Dollar vielleicht einmal gar nichts; nur ein winziger Tropfen im gewaltigen Topf des Reichtums. Heute bedeuteten meine fünf Dollar fünfzig echten Reichtum, denn es war weit mehr, als ich für meine Bedürfnisse brauchte. Nach dem ganzen Abendessen, sogar mit Cornchips und Süßigkeiten, hatte ich immer noch genau vier Dollar!

Als ich jetzt zu meiner Maschine zurückging, war ich

wie ein Eindringling in dem kleinen Ort. Lichter gingen in verschiedenen Häusern an, dann klangen wieder Stimmen bis auf den Gehsteig heraus. Ab und zu kramte noch irgend jemand in einem dunklen Blumengarten herum und blickte auf, um mir nachzuschauen. Die Dachfirste der Häuser trugen seltsame Ornamente, drachenähnliche Silhouetten, ganz aus Metall ausgeschnitten.

Der kleine Feuerlöschteich war nicht weit von dem Doppeldecker entfernt, und ich bog dorthin ab. Der Boden war weich und unter tiefem Gras verborgen; überall waren wahllos Blumen verstreut. Schilfhalme zitterten an seinem Ufer, sie sahen eher wie aus dem Himmel gekommene Pfeile aus, nicht wie Pflanzen, die aus dem Wasser herauswuchsen. Ein Frosch quarrte wie eine spanische Kastagnette, und eine unsichtbare Kuh in der Ferne schickte ihr Muhen herüber. Das Reservoir war wie ein winziges Juwel, und über seine dunkle Spiegelfläche liefen nur die kleinsten Wellen.

Ich trabte durch das hohe Gras zu meinem Doppeldecker zurück und rollte dort meine Schlafplane auseinander. Der Mond trat immer wieder zwischen den Wolken hervor, während der Abend mit der Nacht verschmolz. Ich lutschte dann einen Zitronendrops und lauschte dem Klang des Motors, der noch immer in meinen Ohren dröhnte . . .

Einsamkeit ist, entschied ich, wenn man als *Barnstormer* ganz allein ist.

Gegen 9 Uhr eines unbekannten Tages umkreisten wir Milan in Missouri, ließen Geräusch und Farbe auf uns einwirken und landeten dann auf einer Wiese, die einen Kilometer vom Ort entfernt lag. Die ersten Neugierigen waren bereits da, noch ehe ich mein Plakat am Türpfosten aufgehängt hatte. Zwei Farmwagen klapperten über die Hügel herauf, und die Fahrer stiegen beide aus, um sich umzuschauen.

»Hatten Sie eine kleine Motorpanne?« fragte ein alter Mann in einem Overall.

»Aber nein«, entgegnete ich, ». . . fliege nur einfach so herum und mache Passagierflüge.«

»Was Sie nicht sagen . . . und sie ist dabei auch schon eine recht betagte Maschine, wie?«

»Haben Sie keine Lust auf einen Rundflug? Hübsch und kühl da oben . . .«

»O nein . . . ich nicht«, wehrte er ab. »Ich habe Angst!«

»Angst? Dieses Flugzeug fliegt schon seit 1929! Meinen Sie nicht, daß es auch noch einen weiteren Flug aushalten wird, ehe es zerfällt? Ich glaube nicht, daß Sie wirklich Angst haben . . .«

»Sie würde ganz sicher abstürzen, wenn ich mitfliege!«

Ich zog meinen Schlafsack aus dem Vordersitz und wandte mich dem anderen Zuschauer zu.

»Haben Sie keine Lust, heute mitzufliegen? Drei Dollar für Milan aus der Luft . . . und es ist ein recht hübsches Städtchen . . .«

»Ich würde ja vielleicht mitkommen, wenn ich wenigstens einen Fuß auf der Erde behalten könnte.«

»Von da kann man dann nur nicht allzuweit sehen.«

Es war ziemlich eindeutig, daß ich hier wohl nicht gerade von Zuschauern überschwemmt werden würde. Dabei war es eigentlich meine einzige Hoffnung gewesen, daß der Doppeldecker in einer Stadt ohne Flugverkehr interessant genug sein würde, um viele Neugierige anzulocken. Jetzt mußte aber bald etwas passieren! Der Benzinmeßstab zeigte an, daß wir bis auf hundert Liter herunter waren . . . wir würden jetzt recht bald neues Benzin brauchen; aber zuerst mußte ich Passagiere finden, um auch dafür bezahlen zu können. So waren wir von Armut zu Reichtum und wieder zu Armut gekommen.

Ein leuchtendroter, neuer Ford fuhr jetzt mit dumpfem Brummen durch das Eingangstor. Anstelle eines Nummernschildes trug er auf der vorderen Stoßstange die Aufschrift *Chevy Eater**. Und von den gekreuzten Rennflaggen auf seinen Kotflügeln her vermutete ich, daß er wohl irgend so einen aufgedonnerten Motor unter der Haube haben konnte.

Der Fahrer war ein junger Mann mit einem offenen Gesicht, offensichtlich ein begeisterter Sportwagenfahrer; und er kam jetzt herüber, um in das Cockpit zu schauen.

»Na, haben Sie nicht auch Lust auf einen Flug?« fragte ich hoffnungsvoll.

»Ich? O nein . . . ich bin ein Feigling!«

»He, was ist denn hier bloß los, mit all dem Gerede über Feigheit? Haben denn in Milan alle Leute Angst vor Flugzeugen? Ich sollte wohl am besten gleich wieder einpacken und weiterziehen.«

»›Aber nein . . . es werden sicher noch genügend Leute mit Ihnen fliegen wollen! Die wissen nur noch nicht, daß Sie hier sind. Wollen Sie nicht mit in die Stadt kommen und erst einmal etwas essen?«

»Nein danke . . . aber vielleicht sollte ich doch mit rüberfahren. Was für ein Ort ist es denn, eine Buick-Stadt? Meinen Sie, daß ich dort einen Cola-Automaten finde?«

»Sicher finden Sie einen«, antwortete er. »Kommen Sie, ich nehme Sie mit . . . habe sowieso nichts vor.«

Die Farmwagen waren auch schon wieder abgefahren, und es zeigte sich auch sonst niemand auf der Straße. Es schien also durchaus eine gute Zeit zum Frühstücken. Der Ford hatte tatsächlich einen großen Motor, und die Reifen quietschten während der ganzen Fahrt.

»Fliegen Sie die Maschine, die da vorhin hereinkam?«

* Chevrolet-Fresser.

fragte mich der Buick-Händler, als wir sein Geschäft betraten.

»Ja, sicher ...«

»Sie haben doch nicht etwa Schwierigkeiten, oder?«

»Nee ... ich fliege nur so herum und mache Rundflüge.«

»Rundflüge? Wieviel kostet denn ein Flug?«

»Drei Dollar der Stadtrundflug ... etwa zehn Minuten Dauer. Haben Sie wohl einen Cola-Automaten?«

»Da drüben in der Ecke. He, Elmer! Stan! Macht doch mal einen Flug mit diesem Mann ... ich bezahle es euch!«

Ich ließ einen Zehner in den Automaten fallen, während der Mann seine beiden Jungen zum Fliegen schicken wollte.

Elmer stellte seine Schraubzwinge sofort weg. »Soll'n wir gleich gehen?« Aber Stan wollte nicht so recht. »Nein, danke«, meinte er, »... fühle mich heute nicht ganz so danach.«

»Du hast nur Angst, Stan«, sagte der Fordfahrer. »Du hast wohl Angst, mit hochzugehen?«

»Du fliegst ja selber nicht mit, Ray Scott!«

»Ich habe es ihm auch gesagt, daß ich Angst habe ... vielleicht fliege ich etwas später.«

»Nun, ich habe eben vor allen alten Flugzeugen Angst«, fügte Elmer hinzu.

Ich trank langsam meine Cola aus, dann kletterten wir wieder alle in den roten Ford.

»Ich war in Korea bei einer Spezialspringertruppe«, meinte Elmer noch, ehe wir losfuhren. »Wir stiegen immer mit einer *Cooney Bird** auf und sprangen dann mit einem Zehn-Fuß-Schirm aus dreitausend Fuß Höhe. Zehn

* Soldatenspitzname für die DC 3, den alten USAF-Standardtransporter, entspr. Ju 52.

Fuß und etwas ... nein, ich habe keine Angst vorm Fliegen!«

»Ein Zehn-Fuß-Schirm?« fragte ich zurück. Damit wäre Elmer wohl gut mit fünfundsechzig Stundenkilometern unten angekommen!

»Jaah ... genau zehn Fuß und acht Inches*. Daher verstehen Sie jetzt auch sicher besser, warum ich keine Angst vor dem Fliegen habe.«

Der Ford hielt direkt neben dem Doppeldecker, und mein Passagier kletterte ins Cockpit. Kurz darauf waren wir in der Luft; Motor und Fahrtwind brausten uns um die Ohren, während sich unter uns das Land wie zu zerdrückten Smaragdhügeln auftürmte. Wir kreisten jetzt über der Stadt, und ich versuchte damit gleichzeitig einige Passagiere anzulocken. Unten blieben mehrere Leute stehen und sahen zu uns herauf, und einige Jungen auf Fahrrädern fuhren daraufhin los. Ich begann neue Hoffnung zu schöpfen.

Elmer gefiel sein Flug gar nicht allzusehr. Er stemmte sich verkrampft gegen die Seiten des Cockpits und sah kein einziges Mal hinunter. Der Mann hatte ganz offensichtlich fürchterliche Angst! Da mußte wohl eine ziemliche Story dahinterstecken, dachte ich für mich.

Wir gingen jetzt im Gleitflug auf den Platz herunter, und dann war er schon draußen, noch ehe der Motor ganz zum Stillstand gekommen war.

»Sehen Sie? Beim Fliegen kann mich wirklich nichts erschüttern!«

Na, na, sagte ich mir und dachte über diese Geschichte noch etwas nach.

»Hast du jetzt nicht auch Lust zu einem Flug, Ray?« fragte er.

* 1 Inch = 2,5 Zentimeter.

»Vielleicht heute nachmittag ... ich habe immer noch Angst.«

»Verdammt noch mal, Ray!« rief ich ärgerlich. »Warum hat hier denn bloß jeder soviel Angst vor Flugzeugen?«

»Ach, ich weiß nicht recht ... nun, wir hatten eben hier leider in diesem Jahr ein paar böse Flugunfälle. Ein Pilot verlor bei Green City die Orientierung, geriet dann unbeabsichtigt in die Wolken und schlug kurz darauf auf einem der Hügel auf. Dann blieb bei einer nagelneuen Maschine einer ihrer beiden Motoren stehen, und sie schlug zwischen Bäumen und Felsbrocken nördlich von hier auf. Alle Insassen waren tot. Die Leute machen sich deswegen wohl immer noch ihre Gedanken, vermute ich; aber heute nach Arbeitsschluß bekommen Sie bestimmt noch etwas zu tun.«

Das war es also! Dann war es ja wohl kein Wunder, daß sie solche Angst hatten ... wenn die Flugzeuge wie alberne Motten aus dem Himmel fielen. Als sie dann wieder kreischend in einer blauen Gummiwolke abfuhren, war die Zeit für eine Entscheidung gekommen. Ich hatte genau noch sechs Dollar einundneunzig in meiner Tasche ... und besaß noch etwa neunzig Liter Benzin. Falls ich wartete und keine Passagiere kamen, würde ich hier nur meine Zeit verschwenden und noch hungriger werden. Ich konnte jetzt auch kein Geld für ein Mittagessen ausgeben, da ich sonst wohl nicht genug Geld für Benzin haben würde. Später könnten dann vielleicht noch Fluginteressenten kommen – vielleicht aber auch nicht. Ich wünschte, daß Paul da wäre ... oder Stu oder Dick oder Spence, um wieder Boß für diesen Tag zu sein; aber es hing alles ganz allein an mir ... Zuletzt entschied ich mich dafür, das Geld sofort auf Benzin zu verwenden ... vielleicht würde ich ja auf dem weiteren Weg nach Norden eine gute Stadt finden.

Centerville lag nur fünfundsechzig Kilometer entfernt,

und es gab dort sogar einen Flugplatz. Ich belud das vordere Cockpit, drehte die Starterkurbel und lief dann rasch nach hinten, um den Motor zu starten, ehe das schwere, heulende Schwungrad wieder stillstand. Dann startete ich nach Norden.

Mir fiel erst nach einer Weile ein, daß ich mit sechs Dollar einundneunzig wohl nicht allzuviel Flugbenzin kaufen könnte . . . vielleicht fünfundvierzig oder fünfzig Liter. Ich hätte doch lieber noch bleiben sollen, um erst ein paar weitere Rundflüge zu machen! Jetzt konnte ich daran aber nichts mehr ändern . . . das Beste, was ich tun konnte, war, den Gashebel zurückzuziehen und so wenig Benzin wie möglich zu verbrauchen.

Autobenzin, dachte ich. Ich kannte einige Oldtimer-Piloten, die in ihren Flugzeugen nie etwas anderes als Autobenzin benutzt hatten.

Eines Tages werde ich auch einmal Autobenzin benutzen, wenn ich gerade keine Passagiere zu fliegen habe – nur um zu sehen, wie es geht.

Centerville zog jetzt unter den Tragflächen durch, und ich rollte fünf Minuten später zu der Pumpe mit dem Achtzig-Oktan-Benzin.

»Was darf es sein?« fragte der Tankwart höflich. »Wollen Sie etwas Benzin haben«

»Ja. Bitte etwas achtziger Benzin.«

Er drückte einen Schalter, der die Pumpen anspringen ließ, und reichte mir dann den Einfüllstutzen zwischen den Drähten und Streben hoch. Ich überprüfte noch einmal meine Barschaft und rief dann hinunter: »Sagen Sie mir bitte, wenn ich für genau sechs Dollar einundachtzig getankt habe.« Einen Zehner wollte ich für Notfälle zurückbehalten.

»Ist aber eine komische Methode, Benzin zu kaufen«, meinte er dazu.

»Ja.« Der Füllstutzen goß Sprit in die dunkle Leere meines Zweihundert-Liter-Tanks, und ich war für jede Sekunde dankbar. Ich hatte für diese sechs Dollar einundachtzig hart gearbeitet, und dieses Benzin war für mich daher sehr wertvoll ... jeder Tropfen davon! Als die Pumpe stoppte, hielt ich den Füllstutzen noch eine Weile fest, bis auch die letzten Tropfen in die Dunkelheit hinuntergefallen waren ... aber das Schauglas zeigte immer noch eine beängstigende Leere an.

»Das waren genau fünfundsechzig Liter.«

Ich reichte ihm den Schlauch und das Geld hinunter. Nun, fünfundsechzig Liter waren immerhin mehr, als ich gedacht hatte ... wenn ich jetzt mit ganz geringem Spritverbrauch nach Milan zurückflöge, könnte ich dort vielleicht etwas mehr Sprit im Tank haben als vor dem Abflug. Also tuckerten wir mit eintausendfünfundsiebzig Umdrehungen in der Minute nach Süden; das waren gut zweihundert Umdrehungen weniger, als für normalen Reiseflug notwendig waren. Wir krochen damit förmlich durch die Luft; aber unsere Flugzeit nach Milan war dabei nicht wichtig, nur der Spritverbrauch. In dreißig Minuten schafften wir gerade fünfzig Kilometer und glitten dann noch einmal auf die bekannte Wiese hinunter. Es wartete diesmal niemand.

Da ich nicht mehr genug Sprit für eine zusätzliche Kunstflugvorführung übrig hatte und Stu mit seinem Fallschirm wohl schon gut fünfzehnhundert Kilometer entfernt war, blieb mir nur Methode C übrig. Ich rollte meinen Schlafsack unter der rechten Tragfläche aus, wollte den Trick eine Stunde lang ausprobieren. Falls in der Zeit keine Passagiere kämen, würde ich weiterziehen.

Ich studierte die Grasstoppeln neben mir. Es war wie ein riesiger Dschungel, in dem alle möglichen Tiere herumkrochen. Da war wieder ein großer Riß im Boden, der breit genug war, um eine Ameise zurückzuhalten. Hier wuchs ein junger Grashalm, ein bis zwei Zentimeter lang. Ich zog ihn heraus und aß ihn als Mittagessen. Er war zart und schmeckte recht gut, so daß ich nach weiteren Halmen suchte. Das war's dann auch schon; denn all die anderen waren alt und hart. Jetzt stieg eine Spinne auf einen längeren Grashalm und drohte, von dort auf mich herunterzuspringen, um mich zu quälen. Dieser Herausforderung war leicht zu begegnen ... ich zog einfach den Halm heraus und legte die Spinne einen Meter weiter südlich ab. Dann rollte ich mich auf den Rücken und betrachtete längere Zeit die Unterseite der Tragflächen, wobei ich mit den Fingern gegen die Bespannung trommelte.

Es war jetzt 1.30 Uhr. In einer halben Stunde würde ich wieder unterwegs sein, da die Leute hier offensichtlich zuviel Angst zu haben schienen. Aber dieses kleine Städtchen Lemons, auf dem Weg nach Centerville, könnte vielleicht etwas sein ...

Jetzt klapperte ein Farmwagen auf mich zu; und wie jeder andere, so hatte auch er den Namen des Eigentümers an die Tür gemalt. William Cowgill, Milan, las ich auf dem Kopf; der Wagen war schwarz lackiert.

Ich stand auf und rollte meinen Schlafsack wieder zusammen – es war Zeit für mich zu gehen. Ein Paar interessierter, schneller blauer Augen sah mich unter einem Schopf weißer Haare heraus forschend an.

»*Howdy!**« rief ich. »Woll'n Sie mitfliegen? Oben ist es angenehm kühl.«

»Nein danke! Wie läuft's denn so?« Neben ihm saß ein Junge von etwa zwölf Jahren.

»Nicht sehr gut ... ich glaube einfach, daß hier nicht allzu viele Leute überhaupt fliegen wollen.«

* Kurze Umgangsform von »How do you do«.

»Ach, ich weiß nicht. Könnte mir aber vorstellen, daß Sie heute abend eine hübsche Menge zusammenbekommen könnten.«

»Ja, aber dieser Platz hier liegt einfach zu weit draußen«, sagte ich. »Man muß einfach möglichst dicht an einem Ort dran sein – sonst wird man nicht genug gesehen!«

»Vielleicht würden Sie gerade aus diesem Grund bei mir drüben mehr Glück haben«, fuhr er fort. »Das liegt längst nicht so weit draußen.«

»Aus der Luft habe ich den Platz aber auch noch nicht gesehen. Wo liegt er denn?«

Darauf öffnete der Mann die Tür seines Lkw, holte dort ein breites Brett von der Ladefläche herunter und zeichnete darauf eine Kartenskizze.

»Wissen Sie, wo die Käsefabrik liegt?«

»Nein ...«

»Oder dieses Haus von Lu-Juan?«

»Leider nein, aber ich weiß, wo die Schule mit dem Sportplatz liegt.«

»Nun, Sie kennen aber sicher den See, den großen See im Süden der Stadt?«

»Jaah, den kenne ich!«

»Wir liegen hinter der Straße, die vom See kommt. Südseite und Hügelland. Jetzt stehen dort zwar noch einige Kühe; aber die wollten wir dort sowieso heraushaben ... Sie können dort ruhig schon landen. Ich hatte nämlich immer schon daran gedacht, dort einen Flugplatz aufzumachen. Milan braucht einen guten Platz!«

»Glaube, das könnte ich schon finden ... direkt querab vom See?«

Ich war mir eigentlich ziemlich sicher, daß dieses Weideland nicht gehen würde, aber ich mußte ja sowieso los, und somit könnte ich auch ruhig einen Blick riskieren.

»Richtig. Ich fahre mit dem Laster vor, und Cully hat

seinen Jeep an der nächsten Ecke stehen. Wir fahren beide rüber und treffen Sie dort.«

»Okay, ich werde es mir ansehen«, entgegnete ich. »Falls es dort nicht hinhaut, fliege ich halt einfach weiter.«

»Geht in Ordnung . . . komm, Cully!« Der Junge stand neben dem Cockpit und blickte auf die Instrumente.

In fünf Minuten kreisten wir dann über einem Streifen hügeligen Weidelandes. Genau in der Mitte stand eine Kuhherde beisammen und fraß anscheinend Gras. Wir machten einen Überflug, und das Land erschien mir relativ eben zu sein. Die Wiese befand sich am Rande eines langen Hügels und stieg dann sanft bis zu dessen Kuppe an. Direkt dahinter befand sich ein Stacheldrahtzaun, und dann noch eine Reihe von Telefonpfosten mit ihren Drähten . . .

Falls wir über diese Kuppe hinausrollten, wären wir wohl etwas in Schwierigkeiten, aber falls uns das passierte, dann wäre es auch wohl mit unsere eigene Schuld . . . Und wenn man ein wenig aufpaßte, wäre das gar kein schlechter Platz zum Arbeiten. Wir konnten ja den Hügel hinunter starten und hangaufwärts landen . . .

Aber das allerbeste daran war natürlich, daß es hundert Meter weiter eine Würstchenbude gab. Falls ich nur einen einzigen Passagier hätte, konnte ich sogar etwas essen!

Die Kühe galoppierten schon nach dem ersten Überflug davon. Auf dem ganzen Landestreifen lag als einziges Stückchen Papier eine zerdrückte Zeitung, die ausgerechnet die Stelle markierte, wo der Hang sich nach rechts verschob. Sobald ich diese Zeitung sehen könnte, mußte ich dann ein wenig ins rechte Ruder treten . . . nur ganz sachte.

Es war schwieriger, als es aussah, und die erste Landung war daher auch nicht so sanft, wie ich gerne gewollt hätte. Aber am Zaun entlang standen schon eine ganze Reihe Autos geparkt, deren Insassen hergekommen waren, um den Doppeldecker fliegen zu sehen. Ein paar interessierte Mitflieger stiegen sofort aus.

»Wieviel wollen Sie für einen Flug haben?«

»Drei Dollar . . . oben ist es auch schön und kühl!« Passagiere, noch ehe die Schilder aufgestellt sind, dachte ich. Ein gutes Omen!

»Ist in Ordnung . . . dann möchte ich gern mit Ihnen fliegen!«

Haha, dachte ich, das Mittagessen! Ich machte das Frontcockpit frei und hatte dabei irgendwie das sichere Gefühl, daß ich heute bislang den ganzen Tag damit verbracht hätte, den Vordersitz zu bepacken und zu entladen . . . während ich meinen ersten Passagier anschnallte.

Der Blick von der Hügelkuppe herunter war sehr hübsch: wogende Hügel bis zum Horizont, und die Bäume und Häuser der Stadt, deren Namen von den Ortsansässigen wie *Mei-l'n* ausgesprochen wurde, standen ebenfalls auf einer sanft ansteigenden Anhöhe. Den Hügel hinunter startend, stürzte sich der Doppeldecker nach vorn, war in Sekunden in der Luft und stieg rasch über den Feldern weiter.

Wir umkreisten die Stadt, die Passagiere blickten auf den Marktplatz und das Landgericht hinunter . . . und der Pilot dachte darüber nach, ob er nicht doch noch einen guten Platz für sein *Barnstorming* gefunden hätte. Ein Vollkreis nach links, einer nach rechts, eine Kurve über einem privaten See mit Bootsliegeplatz, danach eine Spirale über der Wiese, wo schon eine stetig zunehmende Schlange von Autos wartete – und dann die zweite Landung auf dem Kamm. Sie ging gut ab; der Platz würde also doch gehen. Diesen Platz gefunden zu haben bedeutete sicher ebensoviel, wie einen versteckten Diamanten in einem geheimen, grünen Schatzkästlein entdeckt zu haben.

Diese Stadt war auch ganz anders. Die Leute interessierten sich viel mehr für das Flugzeug ... und sie wollten gern fliegen.

»Sie könnten vielleicht bei ihren Rundflügen noch etwas weiter nach Osten über den Golfplatz ausholen«, meinte Bill Cowgill, als er mit seinem Farmwagen ankam, »vielleicht bekommen Sie dann auch von dort noch ein paar Leute.« Er war mehr als sonst irgend jemand, den wir getroffen hatten, daran interessiert, unserem Fliegen zum Erfolg zu verhelfen. Vielleicht kam das daher, weil er selber gern sehen wollte, wie sich sein Land als Flugplatz machte.

»Wie steht's mit Benzin, Bill?« fragte ich. »Gibt es hier draußen eine Tankstelle, wo ich vielleicht einen Zwanzig-Liter-Kanister mit Normalbenzin bekommen kann?«

»Ich habe selbst welches beim Haus, wenn es gebraucht wird . . . habe genügend.«

»Nun, vielleicht werde ich vierzig Liter brauchen . . .«

Zwei weitere Männer stiegen aus und fragten: »Machen Sie hier Rundflüge?«

»Ja, sicher!«

»Na, dann man los!« Wir gingen zur Maschine.

Als ich dann später zur Landung einkurvte, sah ich, daß die Autos inzwischen genau quer über dem Ende der Landebahn parkten. Falls ich also zu lang landen sollte und genau auf dem Kamm entlangrollte, würden wir genau in die Mitte all dieser Autos hineinstoßen. Ich riß den Gashebel zurück und beschloß für den Fall, daß wir zu schnell rollen sollten, nach links abzubiegen, den Hang seitlich hinunter und dann wieder den Kamm hinaufrollen, um freiwillig einen Ringelpietz nach rechts zu machen . . . Wenn alles gutging, würde ich dabei nicht einmal das Flugzeug demolieren; aber ich wollte doch lieber nicht lang landen.

Als Resultat all dieser Überlegungen machte ich eine harte Landung, sprang noch einmal in die Luft und schlidderte dann auf dem Kamm entlang bis zum Stillstand. Es war eine Warnung, daß ich andererseits auch nicht zu kurz landen durfte!

Von diesen ersten Passagieren hatte ich jetzt neun Dollar in der Tasche. Ich überließ daher das Flugzeug eine Zeitlang den vielen Neugierigen und ging über die Straße zu Lu-Juans Würstchenbude hinüber. Etwas zu essen! Wie das Benzin für den Doppeldecker wichtig war, so waren es die zwei heißen Würstchen und Milch-Shakes für seinen Piloten. Ich war froh, daß ich dort einfach ruhig dasitzen konnte und etwas zu essen hatte, das besser war als Gras.

Das Flugzeug hatte jetzt eine ganze Traube von Zuschauern um sich herum, und ich machte mir Sorgen wegen seiner Bespannung. Ich bestellte noch einen Orangensaft und ging dann zu der Maschine zurück.Es warteten schon wieder viele Passagiere.

Von Zeit zu Zeit während der nachmittäglichen Ruhepause sprach Bill wieder über seinen Flugplatz. »Falls ich aus diesem Streifen einen Flugplatz machen wollte, wie würde man das am besten anfangen? Sagen wir mal für weniger als fünfhundert Dollar.«

»Da brauchte man überhaupt nicht allzuviel zu tun. Vielleicht sollte man dieses eine Stück am Ende etwas auffüllen . . . obgleich gerade das natürlich eine Menge Arbeit wäre . . . nein, ich glaube, das wäre für den Anfang gar nicht nötig. Man müßte halt das ebenste Stück irgendwie markieren. Das wäre das wichtigste! Ganz genau den Platz aussuchen, wo man aufsetzen und ausrollen soll.«

»Man brauchte also nicht den ganzen Platz einzuebnen?«

»Ich glaube nicht. Eigentlich gibt es nichts Besseres, als wenn man hangabwärts starten und bergauf landen kann. Ich würde einfach etwas Kalk oder etwas Ähnliches als Landemarkierung anbringen. Später könnte man dann noch eine Tankanlage einbauen, wenn man will. Mit dem See dort und dem Würstchenstand in der Nähe wäre das hier eigentlich ein recht netter kleiner Flugplatz . . .«

»Wie breit sollte denn die Landebahn etwa sein?«

»Na, vielleicht von hier . . . so bis etwa . . . hier. Das wäre sicher breit genug . . . ja, das wäre wirklich ausreichend!«

Er holte jetzt aus seinem Farmwagen eine doppelschneidige Axt und schlug damit an jeder Ecke der zukünftigen Landebahn eine tiefe Kerbe in den Boden.

»Ich will das nur eben markieren; vielleicht werden wir hier ja eines Tages etwas Entsprechendes aufgezogen haben . . .«

Es erging mir also genauso wie dem allerersten *Barnstormer*. Ein erster Axthieb markiert den Fleck, wo das erste Flugzeug landet, und in naher Zukunft werden dort schon viele landen. Ich dachte jetzt aber nicht weiter an später und daß es dann damit wieder eine Wiese weniger geben würde, die ein echter *Barnstormer* für sich benutzen könnte.

»Ich fliege mit Ihnen, wenn Sie mir versprechen, ganz ruhig zu fliegen . . .«

Es war mein roter Fordfahrer und selbsterklärter Feigling Ray!

»Wollen Sie wirklich mit diesem gefährlichen Ding da hochgehen?« stichelte ich. »So einem gefährlichen, alten Flugzeug?«

»Nur wenn Sie mir fest versprechen, die Maschine dabei nicht auf den Kopf zu stellen.«

Ich mußte unwillkürlich lächeln, denn trotz all seiner Redereien über seine Angst hatte dieser Mann eigentlich gar keine Angst. Er flog wie ein alter Routinier mit, den Kreis über dem Golfplatz, die beiden Stadtkreise, die steile Spirale über dem Landeplatz . . . und immer hinunterschauend, als sei das alles nur ein Traum vom Fliegen.

»Das hat wirklich Spaß gemacht«, meinte er nach der Landung und ging glücklich zu seinem Wagen zurück.

»Freiflug für den Besitzer«, sagte ich zu dem älteren Cowgill. »Wir sollten am besten gleich starten.«

»Ich glaube, daß Cully den Trip lieber mitmacht als ich.«

Das stimmte, und Cully zog seine eigene Lederhaube aus dem Jeep, ehe er zu der Maschine rannte. »Dad hat sie mir aus dem Stegwarenladen gekauft«, erklärte er mir, während er auf den Vordersitz kletterte. Ihm gefiel der Flug schon vor dem Start.

Mit all meinen Schulden bezahlt, goß ich nach dem letzten Flug zwei Zwanzig-Liter-Kanister Normalbenzin in den Tank. Das reichte für den Alleinflug und die Überprüfung, wie sich der Motor dabei benehmen würde.

Er lief damit so ruhig wie mit Flugbenzin, wenn nicht sogar ein wenig ruhiger.

Auf die Art hatte ich also bis Sonnenuntergang zwanzig Passagiere geflogen und trug abzüglich Sprit und Verpflegung noch neunundvierzig Dollar in der Tasche. Ein gutes Gefühl nach der negativen Erfahrung mit der anderen Wiese, als ich nur noch ein Zehn-Cent-Stück besessen hatte.

Ich wußte jetzt ohne weitere Fragen, daß das Land von gestern doch noch existiert, daß es doch noch eine Fluchtmöglichkeit gibt und daß ein Mann ganz allein mit seiner Maschine überleben kann . . . falls er nur den starken Willen dazu hat.

Milan war gut zu mir gewesen, und ich war froh darüber; aber morgen würde ich weiterziehen müssen.

Kapitel 19

Die Tage liefen jetzt gleichförmig ineinander, und von den Begebenheiten im August führten sie nahtlos zu denen im September. Ausstellungen mit besonders gebürsteten Kühen und gekämmtem Schafen, die auf ihre Preisrichter warteten und inzwischen nur auf dem saubersten Stroh standen und fraßen.

Münzen regneten mit dem Klang nächtlicher Glöckchen auf verschiedenartige, billige Glassachen hernieder und übertönten dabei den eintönigen Singsang der Anreißer und Verkäufer: »Groschen im Glas, Folks, und ihr könnt all die herrlichen Sachen mit nach Hause nehmen! Werft einen Nickel und gewinnt dafür ein ganzes Glaskunstwerk ... Kommen Sie ...«

Alte Städtchen, ruhige Straßen, wo das Vogue-Theater in ein Maschinengeschäft verwandelt und schließlich ganz geschlossen worden war. Leute mit Erinnerungen an alte Flugmaschinen, an Dürrezeiten und Flutkatastrophen ... die guten und die schlechten Jahrzehnte.

Hohe Gläser voller *Oatmeal Cookies*, drei für fünf Cents.

Frauen in alten Kleidern aus den Pioniertagen auf den Kleinstadtfesten und beim *Square Dancing** auf den Straßen.

Musik aus Verstärkern, die durch das Sternenlicht hallte, die über die stummen Tragflächen eines Doppeldek-

* US-Volkstanzform im ländlichen Westen als Gruppentanz mit wechselnden Figuren.

kers strich und durch den seidenen Schlafsack eines lauschenden *Barnstormers* filterte, der einfach dalag und in den Sternenhimmel hinaufblickte.

Ein großer kräftiger, grauhaariger Hüne von einem Mann, Claude Shepherd, mit seinem riesigen Dampftraktor von 1909. Zwanzig Tonnen aus reinem Metall, mit Fässern voller Wasser, Kohlebunkern und über zwei Meter hohen Antriebsrädern.

»Ich habe die Dampfkraft von klein auf gemocht, als ich noch auf Großvaters Knien saß. Sanfteste Kraft auf der Welt, dieser Dampf. Schon mit fünf konnte ich die Ventile richtig einstellen ... habe es nie lassen können, habe niemals aufgehört, den Dampf zu mögen ...«

Passagiere und nochmals Passagiere! Männer, Frauen und Kinder, die mit mir aufstiegen, um den Himmel zu sehen, um auf all diese Wassertürme im Mittleren Westen hinabzuschauen. Dabei jeder Start wieder anders, jede Landung neu; jede Person da vorn in dem Cockpit eine andere Persönlichkeit, die sich in ihr ganz privates, kleines Abenteuer hineinführen ließ. Und nichts passierte einfach dabei durch Zufall ... nichts durch reines Glück.

Von Sonnenaufgang bis Sonnenuntergang und zum neuen Morgen. Wilde klare Luft mit Regen und Wind, Sturm und Nebel, Blitzschlag, und immer wieder diese freien, klaren Luftmassen. Eine Sonne, so frisch und gelb, wie ich sie nie zuvor erblickt hatte ... ein so grünes Gras, daß es unter den Rädern direkt aufleuchtete ... ein Himmel, so blau und rein, wie der Himmel früher einmal überall war, und Wolken, weißer als der Weihnachtsschnee! Und am allermeisten und beglückendsten ... unermeßliche Freiheit!

Kapitel 20

Dann kam auch dieser Tag, an dem der Doppeldecker und ich nach Iowa starteten. Wir brummten gemütlich nach Norden, während ich forschend nach unten blickte. Ein Städtchen hatte ein gutes Wiesenstück in der Nähe. Wir kreisten und landeten, aber es bot keinerlei Spielraum für Notfälle. Sollte der Motor tatsächlich einmal beim Start aussetzen, dann gab es dahinter nur unebenen Grund.

Es gibt ja Leute, die sagen, daß die Chancen, ausgerechnet beim Start einen Motorversager zu haben, so klein sind, daß es sich gar nicht lohne, sich deswegen den Kopf zu zerbrechen . . . aber diese Leute fliegen auch wohl mit Sicherheit nicht auf einem so alten Flugzeug wie ich!

Wir starteten daher wieder und wandten uns weiter nach Norden in die kühlere Herbstluft. Auch hier waren die Städte wie Bauminseln, die durch weite Seen von Getreidefeldern getrennt waren – alle reif zur Ernte. Das Getreide wuchs jeweils bis dicht an die Orte heran, und es gab daher nicht allzu viele Stellen, von denen aus man hätte zufriedenstellend arbeiten können. Aber ich war nicht mehr beunruhigt; die Frage nach der Überlebensmöglichkeit als *Barnstormer* war ja schon längst zufriedenstellend beantwortet . . . im allgemeinen zeigte sich auch stets bis Sonnenuntergang irgendwo ein guter Platz.

Ich hatte gerade wieder ein solches Städtchen ausgeschlossen, als sich mein Motor einmal verschluckte und eine weiße Rauchwolke mit dem Fahrtwind nach hinten weggerissen wurde. Ich saß sofort kerzengerade in meinem Sitz, wie zu Eisen erstarrt.

Der Rauch war in keinem Fall ein gutes Zeichen. Der gute *Wright*-Motor benahm sich eigentlich nie seltsam, es sei denn, er wollte mir irgendwie mitteilen, daß irgend etwas nicht ganz in Ordnung sei ... Was wollte er mir nur mitteilen? ... Rauch ... Rauch? Was konnte alles einen weißen Rauchball verursachen?

Der Motor lief ganz ruhig ... oder etwa nicht? Wenn ich jetzt ganz genau hinhörte, kam es mir doch fast so vor, als liefe er ein klein wenig rauher. Und ich meinte auch, daß die Auspuffgase etwas intensiver rochen als sonst. Aber all die Instrumente zeigten völlig normal an: Öldruck ... Öltemperatur ... Drehzahlmesser ... Alles genau, wie es sein sollte!

Ich schob den Gashebel nach vorn, und wir stiegen.* Für den Fall, daß tatsächlich irgend etwas nicht in Ordnung wäre, wollte ich etwas mehr Höhe für den Gleitflug zur Verfügung haben ... falls alles kaputtging und wir irgendwo auf den sanften Hügeln unter uns landen müßten.

Ich entschied mich für zweitausendfünfhundert Fuß. Die Luft war hier schon beinahe eisig, und der Sommer schien vorbei zu sein. Ob da womöglich ein Feuer unter der Motorhaube ausgebrochen war? Ich blickte seitlich aus dem Cockpit heraus in den Fahrtwind, konnte aber vorn keinerlei Anzeichen für ein Feuer erkennen. Aber irgend etwas stimmte mit dem Motor nicht ... da! Jetzt lief er wirklich rauh!

Falls der Motor jetzt stehenbliebe, wäre das Ganze eine klare Sache und Grund genug für ganz bestimmte Maßnahmen. Aber dieser rauhe Lauf, der besondere Geruch in

* Erste Maßnahme bei Motorproblemen ist stets, möglichst keine große Leistung fordern, Höhe halten und schleunigst irgendwo landen, also kein Steigflug, sondern zum letzten Ort zurück. All die weiteren Fragen hätten dann am Boden untersucht werden müssen. Weiterfliegen und abwarten war also sicher falsch.

den Auspuffgasen und dann dieser Rauchball . . . bestimmt hatte das alles seine ganz besondere Bedeutung; aber es war schwer zu sagen, welche.

In diesem Augenblick kam ein großer, weißer Rauchball aus dem Motor, und plötzlich schleppten wir eine dichte Rauchfahne hinter uns her. Ich blickte über den rechten Cockpitrand und sah nichts als Rauch! Als ob wir in einem Luftkampf wirklich abgeschossen worden seien. Öl spritzte über die Windschutzscheibe und meine Fliegerbrille. Flugzeug, jetzt haben wir wirklich Probleme!

Zunächst dachte ich wieder, daß wir Feuer gefangen hätten, was in einem Flugzeug aus Holz und Leinwand in zweitausendfünfhundert Fuß Höhe wohl nicht allzu gut wäre. Ich stellte daher den Motor ab und schloß den Brandhahn; aber der Rauch strömte immer noch über Bord. Ein langer, trauriger Rauchschweif durch den Himmel.

Großer Gott, wir haben tatsächlich Feuer gefangen!

Ich legte den Doppeldecker hart auf eine Fläche, trat dabei voll ins entgegengesetzte Seitenruder und ließ ihn so seitwärts steil auf den Boden zu hinunterslippen.

Dort unten lag eine offene Wiese mit einem Hügel. Und wenn ich es genau hinbekäme . . .

Der Rauch wurde jetzt immer dünner und hörte endlich ganz auf; und das einzige Geräusch war das ruhige Pfeifen des Windes in den Spanndrähten und das schwache Klakken des leerlaufenden Propellers.

Auf der anderen Seite des abfallenden Geländes arbeitete ein Traktor, der dort Heu mähte. Ich konnte im Augenblick nicht sagen, ob er uns gesehen hatte oder nicht . . . und in diesem kritischen Augenblick war mir das auch völlig gleichgültig!

Die Maschine jetzt abfangen, über den Zaun springen, noch ein wenig slippen . . . den Hügel auf der ansteigenden Seite erwischen . . .

Wir setzten auf, und ich zog im selben Augenblick den Knüppel stark zurück, um den Schwanzsporn richtig in den Boden zu drücken. Wir rollten, rumpelten und klapperten immer langsamer werdend über die Hügelkuppe hinaus und standen schließlich still.

Einen Augenblick lang blieb ich noch im Cockpit sitzen und war dankbar dafür, daß die Maschine die ganze Zeit unter Kontrolle geblieben war. Vielleicht war ja auch nur eine Kleinigkeit nicht in Ordnung? Vielleicht war es eines der Ventile oder ein Loch in einem der Kolbenringe, durch das Öl in den Motor gepumpt worden war . . .?

Ich stieg jetzt aus und ging zu dem Motor vor. Öl lief aus jedem der Auspuffrohre; und als ich den Propeller bewegte, hörte ich auch im Motor selbst das Öl gurgeln! Es war also leider keine Kleinigkeit!

Ich schraubte den Vergaser ab und erinnerte mich dabei an eines von Pop Reids Abenteuern. »Kompressor-Öldichtung . . .«, hatte er einmal vor Jahren gesagt. »Sie pumpte glatt zwölf Liter Öl in zwei Minuten heraus. Mußte den ganzen Motor auseinanderreißen . . .«

In ein paar Minuten hatte ich dann die ganze Antwort. Ein Lager mitten im Motor war kaputtgegangen, und das Öl war mit dem Sprit frei in alle Zylinder gelaufen. Daher kam der Rauch und auch das Öl auf meiner Fliegerbrille.

Damit war der *Whirlwind* am Ende des Sommers kaputt!

Ich ließ mich von dem Farmer auf seinem Traktor nach Laurel in Iowa mitnehmen. Ein Anruf genügte, und Dick Willets war mit seiner Piper *Cub* unterwegs. Wieder einmal dankte ich Gott für einen so guten Freund.

Ich ging dann traurig zu meiner Maschine zurück und deckte sie für die kommenden Nächte sorgfältig ab. Ich hatte keinen Ersatzmotor! Ich konnte also nur mit einem Lastwagen herkommen und den Motor oder gleich das ganze Flugzeug zur Reparatur mitnehmen. So oder so würde es wohl eine ganze Weile dauern, ehe sie wieder fliegen würde!

Die kleine gelbe *Cub* war ein herrlicher Anblick am Himmel, und Dick setzte sie so leicht wie eine Feder auf die Hügelkuppe. Wir würden also fortfliegen, und meine Maschine mußte ganz allein auf dieser Wiese zurückbleiben. Ich stieg daher auf den Rücksitz der *Cub*, und dann erhoben wir uns über das Heu und flogen heimwärts.

Mein Flugzeug sah einsam und verlassen aus, wie es so in der Ferne zurückblieb und dann ganz verschwand.

Den ganzen Flug dachte ich über die Bedeutung dieser Motorpanne nach, warum er gerade auf die Art versagt hatte ... wo und wann das genau passiert sein mochte. Ich glaube nicht an Pech! Hinter allen Dingen liegt ein Grund und eine Lektion ... Aber diese Lektion mag nicht immer leicht verständlich sein; jedenfalls hatte ich sie noch nicht verstanden, als wir in Ottumwa landeten. Ich quälte mich immer noch mit dieser einen Frage: *Warum?*

Ich konnte den Doppeldecker jetzt nur noch schleunigst mit einem Lkw nach Hause bringen; denn der erste Sturm, das erste Hagelgewitter könnten die Maschine beschädigen oder ganz zerstören. Sie gehörte nicht nach draußen, wo jetzt schon bald der Winter auf uns zukam.

Ich borgte mir daher einen kleinen Lastwagen und einen langen Flachbodenanhänger bei Merlyn Winn aus ... dem Mann, der in Ottumwa Cessnas verkaufte; und zu dritt fuhren wir dann die hundertfünfundzwanzig Kilometer nach Norden zurück. Ein junger College-Freund namens Mike Cloyd, Bette und ich.

Irgendwie mußten wir eine Möglichkeit finden, das Flugzeug auseinanderzunehmen und es dann in Teilen auf dem Anhänger festzuzurren ... und das alles möglichst in den verbleibenden fünf Stunden bis zur Dunkelheit. Wir verschwendeten bei der Arbeit daher auch keinerlei Zeit.

»So sieht sie schon etwas traurig aus, nicht?« stellte Mike fest, als die gelben, zerbrechlichen Tragflächen dort so auf dem Heu lagen.

»Jaah!« Aber ich stimmte nur zu, weil mir nicht nach Sprechen zumute war.

Das Flugzeug sah für mich nicht nur traurig aus; es war eher wie ein Haufen mechanischer Einzelteile, die da auseinandergenommen überall auf dem Boden herumlagen. Mein Flugzeug war nicht mehr länger am Leben, war keine Persönlichkeit mehr. In diesem Zustand konnte es überhaupt nicht mehr fliegen, und nur dann oder wenn es wirklich flugbereit war, hatte es ein Eigenleben. Im Augenblick war es nur noch ein Haufen aus Holz, Stahl und präpariertem Stoff ... ein wüster Haufen aus lauter Einzelteilen, die jetzt noch auf den Anhänger geladen und nach Hause gefahren werden mußten.

Endlich waren wir damit fertig, und jetzt brauchten wir uns nur noch ins Führerhaus zu setzen und den Lkw nach Hause, immer der Straße lang, zu führen. Ich verstand immer noch nicht recht, warum das alles passiert war, und fragte mich, was für wichtige Ereignisse sich vielleicht noch zugetragen hätten, wenn es diese Motorpanne nicht gegeben hätte.

Wir bogen jetzt auf den modernen *Interstate Highway 80* ein, der einen sehr guten Straßenbelag hatte.

»Mike, achte bitte auf den Anhänger, ja? Sieh hin und wieder einmal nach hinten, ob irgend etwas herunterfallen könnte!«

»Scheint alles soweit in Ordnung zu sein«, meinte er beruhigend.«

Wir waren froh, auf dieser Schnellstraße nach Hause unterwegs zu sein, und beschleunigten langsam auf 65

Stundenkilometer. Bei 67 fing der Anhänger ganz leicht zu schütteln an. Ich blickte rasch in den Rückspiegel und tippte dann ganz leicht auf die Bremse.

»Aufpassen!« rief ich und fragte mich gleichzeitig, warum ich das wohl gerufen haben mochte?

Der Anhänger brauchte dann nur ganze zehn Sekunden, um seine Rolle voll auszuspielen. Von einem sanften Schwänzeln ausgehend, schleuderte er plötzlich heftig nach rechts und links; und dann schlug er auf einmal wild von einer Seite zur anderen wie ein riesiger Fisch, der den Haken in seinem Maul abschütteln will. Die Reifen quietschten immer wieder, und dann wurde der Lkw plötzlich heftig nach links gerissen. Ich hatte jetzt die Kontrolle über das Fahrzeug völlig verloren!

Wir drei saßen jetzt nur noch als interessierte Zuschauer in dem Fahrerhaus und konnten weder steuern noch anhalten. Wir rutschten ganz langsam seitlich über die Straße ... dann rückwärts ... Ich blickte zum linken Seitenfenster hinaus und sah, daß der Anhänger seitlich gegen den Lkw gekracht war und jetzt dort festsaß, während wir in diesem Augenblick von der Straße abkamen. Ich hätte bequem hinauslangen und den großen roten Flugzeugkörper eine Zeitlang berühren können; aber dann rutschten wir in das Grastal zwischen den beiden Fahrstreifen.

Der tote Körper des Flugzeuges richtete sich auf einem Rad auf, hing dort eine Sekunde lang wie in Zeitlupe und krachte dann mit dem Rücken zuunterst in den Graben. Ich saß völlig hilflos da und mußte zusehen, wie der Mittelteil mit seinen Streben ganz langsam eingedrückt wurde und sich unter der Gewalt des tausend Pfund schweren Rumpfes verbog, dann aufriß und zersplitterte. Es geschah alles sehr ruhig, fast in der Art, wie man eine Papiertüte zerknüllt.

Dann lagen wir alle in einer Reihe nebeneinander: Lastwagen, Anhänger und Flugzeugrumpf. Wie große Meerestiere, die man gefangen und nebeneinander ins Gras gelegt hatte.

»Alles in Ordnung?« fragte ich kleinlaut. Es war niemand verletzt!

»Ich kann auf dieser Seite die Tür nicht aufmachen, Mike; der Hänger drückt sie zu. Laß uns auf deiner Seite aussteigen.«

Ich war wütend ... verstand diese Lektion überhaupt nicht! Wenn es keine Zufälle gibt, was in Gottes Namen sollte dann dies alles bedeuten?!

Der Rumpf, den wir kaum gemeinsam auf den Hänger gebracht hatten, war jetzt durch brutale Gewalt einfach auf den Rücken geworfen worden und lag dort mit den Rädern in die Luft gereckt. Benzin und Öl strömten aus den Tanks. Die Unterflügel waren zwischen Hänger und Flugzeugrumpf eingeklemmt und völlig durchlöchert. Ein Zylinderkopf war ganz plattgedrückt ...

Man könnte das Ganze ebenso gleich anzünden, dachte ich, und dann so nach Hause weiterfahren. Sie ist tot ... tot ... tot!

»Die Anhängerkupplung ist gebrochen«, sagte Mike. »Schau mal her! Die ist ganz aus der Stoßstange herausgerissen, und es hat dabei richtig ein Stück Metall weggefetzt!«

So war es. Unsere Hängerkupplung war immer noch fest angekuppelt und gesichert; aber sie selbst war völlig aus dem schweren Stahl der Stoßstange herausgerissen. Es hätten wenigstens fünf Tonnen dazugehört, um die Kupplung abzureißen ... und dabei betrug die Gesamtlast nur etwas über ein Zehntel davon!

Wie standen eigentlich die Chancen, daß so etwas passieren konnte ... bei dem einen Mal, daß ich den Doppeldecker auf einen Flachanhänger nahm und dem einzigen Mal, daß er nicht selbst von einer Wiese abfliegen konnte? Mit einem Hänger, der speziell für den Flugzeugtransport eingerichtet war? Eins zu einer Million?

Personenwagen und Laster hielten inzwischen am Straßenrand, um zu schauen oder zu helfen. Ein Lastwagenfahrer brachte einen schweren Wagenheber, und wir befreiten damit zunächst einmal den kleinen Lkw von dem Hänger. Er war völlig unbeschädigt, und wir fuhren ihn daher auf den Seitenstreifen hinauf.

Inzwischen war es ganz dunkel geworden, und wir arbeiteten im Scheinwerferlicht weiter; alles wie in einem Danteschen Alptraum. Mit zehn Männern und einem kräftigen Seil, vom Laster zum Flugzeugrumpf gespannt, zogen wir schließlich das, was von dem Doppeldecker übriggeblieben war, auf seine Räder zurück und dann wieder auf den Hänger hinauf. Ich fragte mich dabei, wie wir jetzt wohl den Anhänger ohne Kupplung ziehen sollten.

Oben hielt gerade ein großer, kantiger Lkw, und der Fahrer stieg aus.

»Kann ich irgendwie helfen?« fragte er.

»Ich glaube nicht . . . mehr läßt sich wohl im Augenblick nicht machen, denke ich. Vielen Dank.«

»Was ist denn eigentlich passiert?«

»Unsere Kupplung ist abgerissen . . .«

Der Mann stieg hinunter und sah sich das zerbrochene Metall an.

»Hören Sie«, sagte er dann. »Ich habe selbst eine Anhängerkupplung am Wagen und brauche nicht vor ein paar Tagen in Chicago zu sein. Vielleicht kann ich Sie irgendwohin ziehen? Ich interessiere mich auch selbst etwas für Flugzeuge . . . bin Airline-Pilot in Chicago . . . heiße Don Kyte und komme gerade aus Kalifornien. Würde Ihnen wirklich gern helfen!«

Jetzt wachte ich langsam auf! Da war es wieder einmal! Wie standen meine Chancen, daß gerade dieser Mann in diesem Moment, dieser Woche, an diesem Tag, zu dieser Stunde und in dieser entscheidenden Minute hier vorbeikam, als ich keinerlei Möglichkeit hatte, meinen Anhänger fortzubewegen ... und daß er nicht nur mit einem kräftigen leeren Lkw vorbeikommt, sondern auch noch mit einem Lkw mit einer Anhängerkupplung ... und daß er nicht nur Flugzeuge mag, sondern auch noch ein Airline-Pilot ist und noch dazu ein paar Tage Zeit hat? Wie groß sind wohl die Chancen für einen so glücklichen Zufall?

Don Kyte fuhr jetzt seinen Laster rückwärts in den Graben und zog zunächst einmal den Hänger gerade, kuppelte ihn dann an und zog ihn auf die Straße zurück.

Dann kamen auch die Polizei und eine Ambulanz angefahren. Rotlicht blinkte durch die Dunkelheit.

»Ist irgend jemand verletzt?« rief ein Polizist.

»Nein, alles in Ordnung!«

Er lief zu seinem Streifenwagen zurück, um seine Meldung abzusetzen, und dann stieg er noch einmal – diesmal aber viel langsamer – aus, um sich das Flugzeug auf dem Anhänger anzuschauen.

»Wir hörten, daß sich auf dem *Interstate Highway* ein Flugzeugabsturz zugetragen hätte«, meinte er dann erklärend.

»Na ja, so in etwa ...« Ich erklärte ihm, was passiert war.

»Sind irgendwelche Autos dabei beschädigt worden?« Er fing an zu schreiben.

»Nein.«

Jetzt hielt er den Bleistift fest und dachte nach.

»Keine Autos beschädigt und keinerlei Verletzte ... ja, dann ist es ja nicht einmal ein Unfall!«

»Nein, Sir, das ist es wohl auch nicht, und wir sind jetzt auch schon wieder fahrbereit.«

Um Mitternacht kuppelten wir den Hänger neben dem Hangar in der Ottumwa ab, und Don kam für die Nacht mit zu uns nach Hause. Wir stellten dann auch noch fest, daß wir überall eine Menge gemeinsamer Bekannter hatten, und es war schon nach zwei Uhr, bis wir schließlich seine Couch zu einem Bett aufklappten und ihn allein ließen.

Am nächsten Tag fuhr ich wieder zum Flugplatz hinaus, lud die Flugzeugteile sorgfältig ab und verstaute sie ganz hinten in der Halle. Merlyn Winn kam auf mich zu, um mit mir zu reden, und seine Fußtritte hallten wider.

»Dick, ich weiß gar nicht, was ich sagen soll. Diese Kupplung war offensichtlich mit schlechtem Material verschweißt ... und sie mußte sich ausgerechnet diese Zeit aussuchen, um abzubrechen! Es tut mir so leid.«

»Ach, es ist gar nicht so schlimm, Merlyn. Mittelteil und die Streben sind die größte Sache ... den Motor mußte ich sowieso überholen ... etwas Arbeit an den Tragflächen ... wird ein guter Winterjob sein.«

»Das ist das Gute mit den alten Flugzeugen«, meinte er nachdenklich. »Man kann sie einfach nicht totkriegen. Ist aber trotzdem eine Schande, daß es passieren mußte!«

Eine Schande, daß es passiert war? Merlyn ging wieder, und ich trat etwas später aus der Halle in das Sonnenlicht hinaus. Es wäre wohl nie passiert, wenn wir alle zu Hause geblieben wären; wenn ich mit dem Doppeldecker nur an Sonntagnachmittagen um den Flugplatz herumgeflogen wäre! Sicher hätte ich dann jetzt kein zerstörtes Flugzeug, keinen Haufen von Einzelteilen, die im Hangar auf ihre Reparatur warteten. Dann hätte es auch keinen Unfall in Prairie du Chien gegeben! Keinen Unfall in Palmyra, als Paul seiner Herausforderung begegnete! Keinen Unfall auf der Autobahn, als diese dumme Anhängerkupplung auf so merkwürdige Weise kaputtging!

Es hätte dann auch keinen Stu für mich gegeben, der durch die Lüfte taumelte oder uns mit seinen stillen Gedanken verwirrte oder bei uns das größte Vergnügen seines ganzen bisherigen Lebens entdeckte. Keine Passagiere, die sich zum ersten Mal in die Lüfte schwangen, kein »Das ist ja toll!« oder »Wunderbar!« und keine Unsterblichkeit in einigen Fotoalben im Mittleren Westen. Keine zerknitterten Geldhaufen und damit kein Beweis, daß man auch heute noch als *Barnstormer* überleben könne, wenn man nur richtig will.

Es hätte für mich auch keinen Claude Shepherd neben einem gigantischen, zischenden Monster von Maschine gegeben, der die Wunderwelt des Dampfes erklärt hätte. Keine ländlichen Ausstellungen, kein Moskitogesumm um Mitternacht, keinen Honigklee zum Frühstück, keinen Formationsflug im Sonnenuntergang oder vielleicht auch den Schmerz, ein einsames Flugzeug langsam nach Westen verschwinden zu sehen. Es hätte auch nicht den Geschmack jener Freiheit gegeben, keinen dieser Anlässe zu der Feststellung, daß der Mensch keine Kreatur des Zufalls sei, was ich Fügung nannte . . .

Eine Schande? Was wäre mir denn lieber – all meine Erfahrungen und ein Wrack im Hangar oder ein auf Hochglanz polierter Doppeldecker, der nur an ruhigen Sonntagnachmittagen flog?

Ich ging in der Sonne auf die Abstellfläche aus Zement hinaus und saß einen Augenblick lang in Gedanken noch einmal in meinem Doppeldecker, und wir flogen noch einmal neben der *Luscombe* und der *Travelair* hoch oben im Wind über die grünen Felder und Ansiedlungen einer anderen Zeit dahin. Ich wußte dabei immer noch nicht, warum sich dieser Unfall hatte ereignen müssen . . . aber eines Tages würde ich das wissen.

Worauf es ankam, dachte ich, war einzig, daß die Farben

und die Zeit immer noch auf mich warteten, direkt hinter dem Horizont eines besonderen, freien und bezaubernden Landes, das Amerika heißt.

Epilog

Insgesamt dauerte es dann nicht nur einen Winter, um den zerstörten Doppeldecker zu reparieren – sondern zwei ganze Jahre!

Zwei Jahre, in denen ich jeden Dollar sparen und ständig an dem Wrack arbeiten mußte. Das zerschmetterte Holz und die Bespannung waren zu entfernen sowie all die gebrochenen Streben und Reste des Motors. In dieser Zeit baute und bespannte ich ein ganz neues Mittelstück des Oberflügels, ersetzte ein gutes Dutzend gesplitterter Teile im Rumpf und in den Tragflächen der Maschine und stand wieder mit Löschwasser bereit, während neue Streben aus stromlinienförmigen Rohren geformt wurden. Stück für Stück wurde so allmählich erneuert, während darüber Monate vergingen.

Benzintank repariert ... ein bis zwei Monate, Windschutzscheibe ... ein Monat und dann noch einer, Leitbleche aus verbeultem Blech zu glatten Linien zurechtgebogen und neu gespritzt ...

In dieser Zeit war ein Teil meines Selbst in diesen Streben und Bolzen auf dem harten Hallenboden gefangen und kam nicht mehr frei. Und immer wieder quälte mich dieselbe Frage nach dem: Warum! Einerseits hatte ich sehr gern den Preis für die Wiederentdeckung meines Landes bezahlt – und doch erschien es mir andererseits auch wieder so unnötig zu sein. Und dieses Teil von mir, dort in dem einsamen Hangar, war wirklich ein schweres und trauriges Teil!

Freunde – was für ein reines und wunderbares Wort!

Da war Dick McWhorter aus Prosser in Washington zum Beispiel: »Ich habe da immer noch so einen alten *Whirlwind*-Motor in meiner Halle herumliegen. Er ist zwar schon seit 1946 nicht mehr gelaufen, und du solltest ihn dir vorher genau ansehen, aber er sieht immer noch recht gut aus. Ich hebe ihn gern für dich auf . . .«

Oder John Howard aus Udall in Kansas: »Aber sicher, diesen alten Motor will ich mir gern einmal anschauen . . . und übrigens, ich habe da immer noch ein paar Tragflächenbolzen . . .«

Pop Reid aus San José in Kalifornien: »Ach, mach dir deshalb bloß keine Sorgen, Kiddo! Wir haben einen Kollektorring für deinen Motor und auch alle anderen Verbindungsteile – sie sind noch nie benutzt worden! Du kannst sie gern haben . . . das hat hier doch bloß alles rumgelegen!«

Tom Hoselton aus Albia, Iowa: »Im Augenblick habe ich zwar mehr Arbeit am Hals, als ich schaffen kann; aber das ist natürlich etwas Besonderes. Ich werde deine Beschläge in einer Woche fertig haben . . .«

Ganz, ganz langsam – die Jahre vergingen mir dabei an einer gebrauchten Schreibmaschine, um das nötige Geld zu verdienen – veränderte sich der alte Doppeldecker in dem viereckigen Kokon seines Hangars. Erst war der Rumpf fertig, dann die Tragflächen wieder angebaut und sachgemäß verstrebt . . . dann kam der Schwanz hinzu. Der Motor wurde montiert . . . eine neue Motorverkleidung kam darüber.

Und dann kam endlich der heißersehnte Tag, an dem der alte Propeller wieder in seinem flirrenden Kreis aus Silber herumgewirbelt wurde. Und plötzlich war mein Doppeldecker nach zwei toten Jahren wieder lebendig und ließ von der Hallenwand sein lautes Echo zurückwerfen. Oben vor dem Dröhnen und dem scharfen Propellerwind klickten die schwarzen Ventilstößel auf und ab und verspritzten wieder neues Fett aus ihren teilweise unverdeckten Gehäusen.

Ich war selbst so lange tot gewesen, und jetzt erwachte auch ich wieder mit zu neuem Leben. So lange angekettet – und jetzt war ich endlich wieder frei!

Und dann fand ich auch die langgesuchte Antwort auf das große *Warum*. Die Antwort, die so schwer zu finden gewesen war, kam jetzt rasch und klar und war plötzlich so einfach . . .

Das Sinnvolle an den Schwierigkeiten des Lebens ist, daß man lernt, damit fertig zu werden! Aber ich hatte immer gedacht, daß es in der Natur des Menschen läge, über Grenzen vorzustoßen, um seine Freiheit zu beweisen.

Es ist aber nicht die Herausforderung selber, die festlegt, wer wir sind und was aus uns wird, sondern allein die Art und Weise, wie wir dieser Herausforderung begegnen! Ob wir zum Beispiel voller Verzweiflung ein Streichholz an ein Flugzeugwrack halten – oder ob wir uns Stück für Stück wieder zur Freiheit durchkämpfen.

Und dahinter, dachte ich, während ich meinen Doppeldecker wieder glücklich in den weiten Himmel hinaufhob, steht eben kein blinder Zufall, sondern ein Prinzip, das darauf abgestimmt ist, uns verstehen zu lassen. Tausend weitere Umstände und Freunde kommen uns dabei zu Hilfe, um uns den rechten Weg zu zeigen, wenn die Probleme für uns allein einmal unlösbar erscheinen.

Das stimmte sowohl für mich selbst als auch für mein Land . . .

Wir kurvten jetzt ganz sacht um eine Wolke herum, reflektierten in anderthalb Kilometer Höhe blitzend das Sonnenlicht mit unseren Metallteilen und nahmen dann Kurs auf die Städte in Nebraska.

Probleme zum Überwinden . . . Freiheit, um sich daran zu erproben . . . und, solange wir an unser eigenes Tun und an unseren großen Traum glauben, geschieht doch nichts allein durch bloßen Zufall.

Bitte beachten Sie
die folgenden Seiten

Richard Bach

Glück des Fliegens
Ullstein Buch 20711

Die Möwe Jonathan
Ullstein Buch 20897

Illusionen
Ullstein Buch 22117

Brücke über die Zeit
Ullstein Buch 22278

Der unsichtbare Ring
Ullstein Buch 23161

Meine Welt ist der Himmel
Ullstein Buch 23305

Vagabunden der Lüfte
Ullstein Buch 23363

Dieter Vogt

Himmel, wo ist die Erde?

Ein Fliegerbuch

Mit Zeichnungen von
Luis Murschetz

Ullstein Buch 23206

Ullstein

Flieger und Nichtflieger haben sich in dieses Buch verliebt. »Wer es am Strand liest, riskiert einen Sonnenbrand«, schrieb der *Cockpit-Report.* Der fliegende FAZ-Redakteur Dieter Vogt erzählt nachdenklich und ironisch, was der Himmel dem Menschen zu bieten hat: Glück, Angst und Staunen. Ein Fliegerbuch? Entdekkungsreisen am Steuerknüppel, im Ballonkorb, am Fallschirm, im Cockpit der Concorde. Ein Lesevergnügen für alle, für die der Himmel nicht nur Luft ist.